Gudrun Maria Krickl

Brautfahrt ins Ungewisse

Gudrun Maria Krickl

Brautfahrt ins Ungewisse

Lebenswege württembergischer Herzoginnen

Silberburg-Verlag

In Liebe für Michael, Simon und Anna
... und für Ursula

Gudrun Maria Krickl wurde 1968 in Hechingen geboren. Sie hat Betriebswirtschaft studiert und arbeitete in den Bereichen Marketing und Kommunikation. Inzwischen widmet sich die Mutter zweier Kinder neben ihrer Tätigkeit als Referentin für Personal und Öffentlichkeitsarbeit gerne dem Schreiben. Im Silberburg-Verlag ist bereits die Biografie »Geliebte Kinder – Das Leben der Dichtermutter Charlotte Dorothea Mörike« erschienen.

1. Auflage 2012

Umschlaggestaltung: Anette Wenzel, Tübingen,
unter Verwendung eines Details des Freskenzyklus
»Der Hof von Mantua« von Andrea Mantegna
(Camera degli Sposi, Herzogspalast, Mantua).
Druck: Gulde-Druck, Tübingen.
Printed in Germany.

ISBN 978-3-8425-1168-2

Inhalt

Barbara Gonzaga von Mantua

(1455–1503)

»Sie war schön, ziemlich korpulent und gefiel dem Grafen Eberhard gar sehr.«

Eine Italienerin für Eberhard im Bart

Es sollte eine der ganz großen Fürstenhochzeiten werden. Graf Eberhard V. von Württemberg – genannt Eberhard im Bart – hatte die prachtvolle Vermählung des pfalzgräfischen Thronfolgers Philipp in Amberg noch gut in Erinnerung, als er beschloss, seinen Herrschersitz Urach zum Mittelpunkt eines glanzvollen Festes zu machen. Nur wenige Monate standen für die Vorbereitungen zur Verfügung, denn zwischen der ersten Begegnung des württembergischen Grafen mit der mantuanischen Markgrafentochter Barbara Gonzaga und der geplanten Hochzeit in Urach lag nicht einmal ein Vierteljahr.

Während der Ort für die kommenden, prestigeträchtigen Ereignisse herausgeputzt wurde, erwartete die Braut im oberitalienischen Mantua den Tag ihrer Abreise. Ihre künftige Heimat lag jenseits der Alpen und außerhalb jeden Vorstellungsvermögens. Sie würde in die Fremde ziehen, der Bestimmung einer Fürstentochter entgegen, deren persönliche Bedürfnisse den Interessen ihres Landes untergeordnet sein mussten. Die Heiratspolitik innerhalb und außerhalb des Heiligen Römischen Reiches deutscher Nation, die zahlreichen wichtigen, sich ständig verändernden Verbindungen zwischen Nord und Süd, Ost und West bestimmten den Weg der Frauen hoher

Barbaras Heimatstadt Mantua, nach der sie später stets Heimweh hatte.

Herkunft, die ein wichtiges Unterpfand einer jeden Dynastie waren. Familienbande mehrten Besitz und sicherten Herrschaften, schufen Tatsachen und erweiterten Territorien ohne den bitteren Preis eines Krieges. Und so nahm Barbara Gonzaga Abschied von einer glücklichen Kindheit und machte sich auf in eine ungewisse Zukunft – nicht ahnend, dass sie ihr Zuhause niemals wiedersehen sollte.

Die Leichtigkeit des Seins

Die Geschichte der Braut begann gut 18 Jahre zuvor, am 11. Dezember 1455, als Barbara Gonzaga vermutlich innerhalb der Räume des heute so weitläufigen Palazzo Ducale in Mantua zur Welt kam. Ihre aus Deutschland stammende

Im prächtigen Palazzo Ducale verbrachte Barbara unbeschwerte Kinderjahre.

gleichnamige Mutter Barbara von Brandenburg war zu diesem Zeitpunkt bereits seit 22 Jahren mit dem Markgrafen Ludovico II. von Mantua verheiratet. Schon als Elfjährige war sie aus dem vertrauten deutschen Umfeld herausgerissen und gemeinsam mit ihm und seinen Geschwistern am Hof in Mantua erzogen worden. Vielleicht fand sich in dieser Tatsache eines der Geheimnisse ihrer guten Ehe mit Ludovico, denn als aus dem Mädchen eine Ehefrau geworden war, hatte sie in Mantua bereits eine Heimat und in ihrem Mann einen vertrauten Gefährten gefunden.

An jenem Dezembertag war dem Markgrafenpaar also ein weiteres Kind geboren worden. Vier Töchter und drei Söhne hatten das Kleinkindalter bisher überlebt, nun hielt Barbara von Brandenburg eine fünfte Tochter – ihre *quintagenita filia* – in den Armen. Eine Woche nach der Niederkunft unter-

Barbaras Mutter, die selbstbewusste Marchesa von Mantua.

richtete sie ihren dritten, zu jener Zeit beim deutschen Großvater weilenden neunjährigen Sohn Gianfrancesco über die Geburt seiner Schwester und schrieb: »*Siamo venuto al parto et te nata un altra nova sorella, la quala, perche sapi il nome suo si chiamara Barbara – Ich habe entbunden, du hast eine weitere neue Schwester die Barbara heißt.*« Zwar wurde das Neugeborene wie in den adeligen und patrizischen Häusern Italiens üblich nicht von der Mutter, sondern von einer Amme gestillt und den Gepflogenheiten des Fürstenhauses entsprechend von Hofdamen betreut, doch das Familienleben war behütend und harmonisch.

Die Gonzaga, ursprünglich vermutlich aus wohlhabenden, ländlichen Verhältnissen stammend, hatten sich im Laufe des 12. und 13. Jahrhunderts zu einer der führenden Familien Mantuas entwickelt. Am 16. August 1328 war es ihnen gelungen, durch einen überraschenden, blutigen Putsch der bis dahin herrschenden Familie Bonacolsi die Macht über die Stadt zu entreißen. Dieser Weg zur Herrschaft war typisch für die oberitalienischen Städte in jener Zeit; sie entstanden aus Gewaltherrschaften einzelner Familien, die auch vor Bluttaten nicht zurückschreckten, um schließlich zu anerkannten *Signorie* aufzusteigen.

Für die Gonzaga genoss fortan die Sicherung ihrer Macht oberste Priorität, schließlich verdankten sie ihre Position nicht adeligen Wurzeln, sondern dem Kriegsglück. Deshalb hatten sie konsequent daran gearbeitet, ihre Herrschaft zu legitimieren. Gegen eine entsprechende Geldsumme war ihnen im Jahr 1433 durch Kaiser Sigismund der Markgrafentitel verliehen worden. Zudem untermauerten sie ihre Ansprüche durch vorteilhafte Heiraten. Mit Barbara von Brandenburg – die dem aufstrebenden Geschlecht der Hohenzollern entstammte – vollzog sich schließlich der Schritt hin zu einer Blutsverwandtschaft mit dem europäischen Hochadel, denn die Hohenzollern standen als Kurfürsten seit dem frühen 15. Jahrhundert an der Spitze des Reichsadels.

Geographisch und politisch befand sich Mantua mit dem zugehörigen Gebiet des Mantovano zwischen den beiden mächtigen und über viele Jahre miteinander verfeindeten Staaten Mailand und Venedig. Diese Position, verbunden mit den ständig wechselnden Bündnissen, Kämpfen und Wirren innerhalb des italienischen Staatengeflechts – eine besondere Rolle hatte der Kirchenstaat inne – erforderte ein beständiges kluges Taktieren und Paktieren und verschaffte Mantua eine führende Rolle in der hohen Kunst der Diplomatie. Die Gonzaga verstanden, ihre Lage zu nutzen und dienten als Condottiere mit den mantuanischen Streitkräften meist derjenigen Seite, die ihre Dienste am üppigsten vergütete; üblicherweise dem Herzogtum Mailand.

Durch ein grausames Gemetzel verschafften sich die Gonzaga 1328 die Macht in Mantua.

Petrarca, einer der Wegbereiter der Renaissance.

Das Vermögen, mit dem sie ihre Kassen füllten, ermöglichte den Gonzaga weitreichende kulturelle Entfaltungsmöglichkeiten und schuf die Basis für jenen Ruf als glanzvoller Hof der Renaissance, der in die Geschichte eingehen sollte. Die Fürstenfamilie tat sich als Mäzen zahlreicher Künstler, Gelehrter und Literaten hervor. Bereits um die Mitte des 14. Jahrhunderts hatte Petrarca in Mantua geweilt, ein führender Geist des Frühhumanismus in der Zeitenwende zwischen Mittelalter und Renaissance. Mit Beginn des Quattrocento – dem kulturhistorisch bedeutenden 15. Jahrhundert in Italien – gewann dieser Prozess zunehmend an Dynamik und die kleine Barbara, von jedermann liebevoll Barbarina genannt, wuchs hinein in eine wirtschaftlich und kulturell prosperierende, sich wissenschaftlich und menschlich erweiternde Welt.

Ludovico II. Gonzaga hatte 1444 die Herrschaft über die Stadt am Mincio übernommen. Auf seinem Weg vom Gardasee zum Po speist der Fluss eine im 12. Jahrhundert angelegte künstliche Seenlandschaft, die Mantua noch heute umgibt. Der Markgraf förderte die Bautätigkeit und unter der Leitung des vielbegabten Architekten Leon Battista Alberti und dessen Assistenten Luca Fancelli entstanden bedeutende Bauwerke der Frührenaissance, darunter die Kirche San Sebastiano. Besonderes Augenmerk legte Ludovico auf den weiteren Ausbau des fürstlichen Herzogspalastes, dem Palazzo Ducale. Das bereits um 1400 erbaute Castello di San Giorgio ließ er zu einem repräsentativen Wohnsitz für die Gonzaga umbauen. Die Gestaltung der Innenräume vertraute er dem bekannten Maler Andrea Mantegna an, dessen architektonische Illusionsmalerei in der *Camera degli Sposi*, dem Hochzeitszimmer, Weltruhm erlangte.

Das bemerkenswerte Fresko zeigt in mehreren Szenen die Familie Gonzaga des 15. Jahrhunderts im Kreise von Verwandten und Freunden, darunter ein Bildnis von Ludovico II. und seiner Frau Barbara von Brandenburg mit ihren Kindern. Barbarina, die etwas versetzt hinter ihrer Mutter steht und den Blick abgewendet hat, war zu diesem Zeitpunkt etwa 15 Jahre alt.

Die Marchesa Barbara von Brandenburg besaß am Hof in Mantua eine etablierte und einflussreiche Stellung. Sie übernahm die Regierungsgeschäfte, wenn Ludovico durch seine zahlreichen Einsätze als Condottiere abwesend war und pflegte aufgrund ihrer deutschen Wurzeln – sie war die älteste Tochter des auf der fränkischen Plassenburg bei Kulmbach residierenden Markgrafen Johann des Alchimisten – umfassende Beziehungen zum Heiligen Römischen Reich. Die Kinder wurden in der mütterlichen Sphäre erzogen und bildeten eine muntere Schar: Federico, der Älteste und künftige Mar-

Eine ehrgeizige Familie: Die Gonzaga auf Mantegnas Fresko aus dem Jahr 1474.

Im Alter von sieben Jahren schrieb Barbara diesen Brief an ihre Mutter.

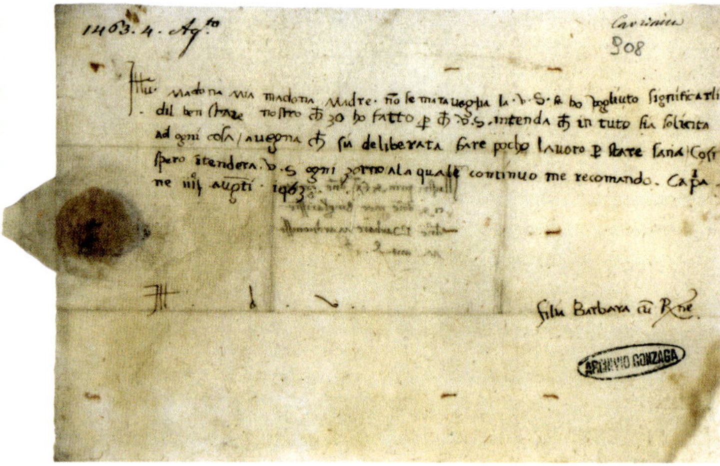

chese, Francesco, der einmal Kardinal werden sollte, Gianfrancesco, Rodolfo, die älteren Mädchen Susanna, Dorotea und Cecilia und Barbarinas jüngere Geschwister Ludovico und Paola. Bei Ludovicos Geburt war Barbarina fünf Jahre alt. Wenige Tage nach der Entbindung wurde ihr das kleine Brüderchen mit der Aufforderung präsentiert, dass Markgraf Ludovico Barbarinas Hilfe bei der Pflege des Kindes wünsche. Doch anstatt die erhoffte Begeisterung in Barbarina zu wecken, stand diese der Überlieferung nach nur stumm und beschämt da. Ihre Mutter, die Markgräfin, zeigte sich jedoch zuversichtlich, dass Barbarinas Freude über das neue Familienmitglied noch wachsen werde.

Die Förderung von Kunst und Kultur fand ihren Widerhall im Familienleben der Gonzaga. Barbarinas Großmutter Paola Malatesta hatte einst den Lehrer Vittorino da Feltre verpflichtet, dessen tadelloser Ruf als Erzieher ihm bereits vorausgeeilt war. Er begründete die Humanistenschule *Casa Giocosa,* in der die Sprösslinge der Gonzaga fortan gemeinsam mit bis zu 70 Kindern erzogen wurden. Nicht nur der Nachwuchs aus fürstlichen Häusern fand hier Aufnahme. Das Konzept des werteorientierten Lehrers schloss Söhne und Töchter armer

Familien mit ein. Als Kind hatte Barbara von Brandenburg selbst da Feltres Schule besucht, auf deren Stundenplan neben Latein, Griechisch, Mathematik, Theologie und Philosophie auch Musik, Zeichnen und Leibesübungen standen.

Vittorino da Feltre war zwar einige Jahre vor Barbarinas Geburt gestorben, doch die *Casa Giocosa* bestand in seinem Sinne fort. Die Markgrafentochter und ihre Geschwister erhielten dort eine umfassende Ausbildung. Barbarina lernte früh lesen und schreiben und unterhielt mit ihren Eltern, die getrennte Höfe führten, alsbald einen regen Briefkontakt. Zu ihrem Vater Ludovico scheint eine besonders innige Beziehung bestanden zu haben, denn er nannte sie zärtlich *»unser Frauchen«* und betonte in Briefen seine Zuneigung.

Doch aller humanistischen Erziehungsideale zum Trotz: Der Zwang, eine gute Partie zu machen und möglichst erfolgreich verheiratet zu werden, warf dunkle Schatten auf die ansonsten so heitere Kindheit der Gonzaga-Töchter. Schmerzlich zu spüren bekommen hatten dies bereits Barbarinas ältere Schwestern Susanna und Dorotea. Susanna litt an einer von ihrer Großmutter Paola Malatesta vererbten Missbildung und entwickelte bereits im Kindesalter einen buckligen Rücken. Sie war seit Jahren Galeazzo Maria Sforza, dem künftigen Herzog von Mailand, versprochen gewesen. Als die Missgestaltung nicht mehr ignoriert werden konnte, sah Mailand von der geplanten Verbindung ab. Während Susanna ins Kloster ging und dort als Fünfzehnjährige die Gelübde ablegte, setzte man kurzerhand ihre Schwester Dorotea in den Mailänder Ehevertrag ein.

Doch die Sforza wollten sichergehen, dass nicht auch die zweite Braut aus dem Hause Gonzaga bucklig werde und als Doroteas 14. Geburtstag und damit ihre Ehefähigkeit nahte, bestanden sie auf einer ärztlichen Untersuchung. Obwohl diese sich nur auf Schultern und Rücken erstrecken und die Brüste züchtig bedeckt bleiben sollten, lehnte Barbara von Brandenburg dieses Ansinnen strikt ab. Daraufhin zerschlug sich das Eheprojekt mit den Sforza; möglicherweise nutzte

Galeazzo Maria Sforza sollte eine der Gonzaga-Töchter ehelichen.

Kaiser Friedrich III.: Sein Wort hatte bei den Gonzaga Gewicht.

Mailand die Entwicklung der Dinge, um für Galaezzo eine Heirat mit dem Hause Savoyen zu ermöglichen. Leidtragende war die gedemütigte Dorotea, die, wenn man den Quellen Glauben schenken darf, ihrem künftigen Ehemann sehr zugetan gewesen war. Sie starb nur wenig später im Alter von achtzehn Jahren.

Auch für Barbarina wurden früh Heiratspläne geschmiedet. Erste Vorschläge existierten bereits drei Jahre nach ihrer Geburt, doch zunächst scheiterten alle aus unterschiedlichen Gründen. Einmal erschien die Heirat nicht standesgemäß, ein andermal die Mitgiftforderung zu hoch zu sein. Eine erste Anfrage aus Württemberg wurde abgelehnt. Etliche wichtige Personen mischten sich in die Verhandlungen ein, darunter die Schwester der Marchesa, Königin Dorothea von Dänemark, Markgraf Albrecht Achilles von Brandenburg, die Wittelsbacher – und auch der regierende Kaiser des Reiches, Friedrich III., bediente sich seines Mitspracherechts. Während die Fäden ihres Schicksals gesponnen wurden, wuchs Barbarina heran, ahnend, dass sie ihr Zuhause in absehbarer Zeit verlassen würde. Denn allen Plänen war eines gemein: die Bevorzugung einer transalpinen Verbindung mit einem Fürsten des Reiches.

Attempto!

In den Jahren 1472 und 1473 reiste der mantuanische Gesandte Konrad von Hertenstein durch halb Europa auf der

Suche nach einer geeigneten Partie für Barbarina. Es kam zu intensiven Verhandlungen mit Kasimir von Polen, doch als Hertenstein in einer Eildepesche nach Mantua melden ließ, dass *»der Kunig von Polen welt (will) ewr (Euer) Gnad Tochter, fraw (Frau) Barbara, lassen besehen durch etlich Pollacken«*, sorgte dies sicher nicht für übermäßige Begeisterung bei der besorgten Mutter. Die Angelegenheit blieb zunächst ohne klare Entscheidung.

Als das Jahr 1473 zu Ende ging, kam erneut Bewegung in die Heiratsangelegenheiten in Form einer weiteren Anfrage des württembergischen Grafen Eberhard im Bart, die dieser durch seinen Brautwerber Ritter Georg von Ehingen nach Mantua überbringen ließ. Der Kontakt war offensichtlich über Barbarinas Schwägerin Margarete von Wittelsbach zustande gekommen, die mit Federico, dem ältesten der Gonzaga-Brüder, verheiratet war und sich zu diesem Zeitpunkt bei ihrer Familie in München aufhielt. Dort ließ sich Georg von Ehingen zunächst bezüglich der italienischen Eheangelegenheit beraten. Mit einem Empfehlungsschreiben in der Tasche reiste er weiter nach Mantua und wurde noch am Tag seiner Ankunft zur Marchesa vorgelassen. Nach einem ersten, sondierenden Gespräch verständigte Barbara von Brandenburg umgehend ihren Mann Ludovico, der sich zu diesem Zeitpunkt auf einem seiner Landsitze aufhielt. Sie schrieb ihm vom württembergischen Interesse an Barbarina und dass ihr *»ritrouandoce cum le mane ligate«* – also die Hände gebunden seien, da aus Polen noch keine endgültigen Nachrichten vorlagen. Eigentlich hatten die Gonzaga *»nicht zu Grafen heiraten«* und damit unter ihrem Stand bleiben wollen. Aber nachdem sich die Anbahnung einer Ehe für Barbarina als kompliziertes Unterfangen darstellte, war offensichtlich ein Sinneswandel eingetreten – auch wenn Eberhard im Bart nicht dem Reichfürstenstand angehörte, sondern lediglich als Fürstengenosse galt.

Kasimir von Polen, der Barbara vor einer Heirat erst besichtigen lassen wollte.

Die Entscheidung zugunsten Eberhards fiel vermutlich an Barbarinas 18. Geburtstag, dem 11. Dezember 1473, nachdem die Gonzaga von polnischer Seite eine Absage erhalten hat-

Links: Zweimal musste Eberhard im Bart um Barbaras Hand anfragen.

Rechts: Mechthild von der Pfalz , Barbaras Schwiegermutter, mochte die Braut ihres Sohnes von Anfang an.

ten. An Weihnachten wurde ein Vertrauter Ludovicos beauftragt, den positiven Bescheid nach Urach zu bringen und im Frühjahr des folgenden Jahres machte sich Eberhard im Bart mit stattlichem Gefolge auf die Reise nach Italien. Er war auf den Tag genau zehn Jahre älter als Barbarina und mit seinen 28 Jahren Herrscher in einem geteilten Reich. Während ihm die Grafschaft Württemberg-Urach unterstand, residierte im zweiten Landesteil Württemberg-Stuttgart sein Onkel Ulrich V. Die Teilung des Landes im Jahre 1442 hatte den bis dahin vielversprechenden Aufstieg Württembergs spürbar aufgehalten. Eberhard verfolgte das ehrgeizige Ziel, zukünftig beide Landesteile unter seiner Führung zu vereinen.

Die Verbindung mit einer Tochter der Gonzaga kam seinen Plänen sicher entgegen, da er sowohl von deren fürstlicher Abstammung als auch von den weitreichenden Verbindungen Mantuas innerhalb des Reiches profitieren konnte. Im

Gegensatz zu Barbarina war Eberhard ohne familiäres Umfeld aufgewachsen. Seinen Vater hatte er bereits als Kind verloren und seine Mutter Mechthild von der Pfalz war bald eine neue Ehe mit Erzherzog Albrecht III. von Österreich eingegangen, der die österreichischen Vorlande regierte. Mechthild von der Pfalz hielt seither in Rottenburg glänzend und kultiviert Hof, während ihr Sohn in Urach zurückgeblieben war.

Eberhard hatte die Regierung über Württemberg-Urach wenige Tage nach seinem 14. Geburtstag übernommen. Trotz der hohen Anforderungen seines Amtes zeigte er sich zunächst als noch junger, ungebärdiger Mann. Sein Erzieher und Berater Johannes Vergenhans beschrieb diese Jugendjahre später als *»leichtsinnig und verlebt«*, zudem als *»reich an Spielen und Ausschweifungen«*; eine wilde Reifezeit, die bei Kindern des hohen Adels durchaus üblich war. Doch Eberhard war nicht in der Position des Lebemannes verharrt geblieben. Eine Pilgerfahrt ins Heilige Land und der Empfang des Ritterschlages in der Jerusalemer Grabeskirche hatten die ernsthaften Seiten seiner Persönlichkeit zutage treten lassen. Und so war Eberhard mit einem Pilgerbart, einer Palme als persönlichem Zeichen und der lateinischen Devise »Attempto« (Ich wag's) nach Hause zurückgekehrt. Fortan bestimmten Entschlossenheit und ein gutes politisches Gespür sein Handeln; belegt ist auch seine aufrichtige Frömmigkeit.

Der Erzieher Johannes Vergenhans wusste den jungen Eberhard zu bändigen.

Mit der italienischen Brautwerbung hatte Eberhard nun einen weiteren wichtigen Schritt persönlichen und politischen Kalküls vollzogen. Am 1. April 1474 erreichten die Württemberger den mantuanischen Ort Reve-

Barbaras Bruder, Kardinal Francesco Gonzaga, war ein nützlicher Kontaktmann in Rom.

re, der etwa dreißig Kilometer südöstlich der Stadt liegt. Dort erwartete ihn Barbarina in Begleitung ihrer Mutter. Die erste Begegnung der Brautleute hat der italienische Chronist Andrea da Schivenoglia festgehalten: *»Madona barbarina Era de anny 18 E bela grasisma E piasite Molte a questo conte Iverardo – Fräulein Barbarina war 18 Jahre alt, schön und ziemlich korpulent und gefiel dem Grafen Eberhard sehr.«* Den württembergischen Grafen beschreibt Schivenoglia als *»klein, mager, mit starkem Haarwuchs, Adlernase und ziemlich guten Gesichtszügen«*. Eberhard beherrschte weder die italienische Sprache noch Latein, so dass ein Dolmetscher für die Unterhaltung herangezogen werden musste. Anderntags trafen Markgraf Ludovico und sein Sohn Federico in Revere ein, um bei einem ersten gemeinsamen Fest den Brautwerber in Augenschein zu nehmen.

Eberhard im Bart fand offenbar Gefallen an Barbarina und das war mehr, als von einer zunächst ausschließlich zweckorientierten Brautschau erwartet werden durfte. Man wurde schnell handelseinig. Eberhard und Barbarina verlobten sich in der Karwoche, kurz darauf zog sich der Graf für drei Tage zur Andacht und zum Fasten in die Kartause von Mantua zurück. Währenddessen machten sich die Räte und Sekretäre daran, alle notwendigen Schriftsätze und Verträge vorzubereiten. Die kirchliche Trauung fand bereits am 12. April 1474, dem Dienstag nach Ostern, im Dom zu Mantua statt. Prächtige Festumzüge beschlossen diesen Tag; sie gaben Eberhard Einblick in die aufwändige Festkultur der italienischen Frührenaissance.

Der Ehevertrag wurde wenig später im Schlaf- und Audienzzimmer Ludovicos, jener *Camera degli Sposi* unterzeichnet, deren Fresken Andrea Mantegna nach jahrelanger Arbeit eben fertiggestellt hatte. Die Braut erhielt eine Aussteuer im

Wert von 9000 Gulden und eine Summe von 20 000 Gulden als Mitgift, die Eberhard in gleicher Höhe widerlegte. Mit einer solchen Wittumsehe sollte Barbarina finanziell abgesichert werden. Da sich mit dem württembergischen Grafen und der italienischen Markgrafentochter zwei verschiedene Kulturkreise verbanden, stand fest, dass in Urach eine weitere kirchliche Hochzeit folgen würde. Drei Tage später reiste Eberhard ab. Er wandte sich zunächst nach Westen und traf kurz darauf in Mailand ein, um Galeazzo Maria Sforza einen Besuch abzustatten. Am 20. April brach er endgültig in Richtung Württemberg auf.

Brautfahrt ins Ungewisse

Es begannen Wochen intensiver Reisevorbereitungen für Barbarinas Brautzug nach Urach. Für Unruhe sorgte zusätzlich die spät erkannte Tatsache, dass Barbarina und Eberhard eine Verwandtschaft vierten Grades verband, die im Falle einer Eheschließung einen päpstlichen Dispens nötig machte. Diesen erwirkte Barbarinas Bruder Francesco, der als Kardinal in Rom entsprechende Beziehungen spielen lassen konnte.

Die Abreise war für Freitag, den 10. Juni 1474 vorgesehen. Ein stattliches Gefolge begleitete die Markgrafentochter, darunter Konrad von Hertenstein und seine Frau Barbara, weitere enge Vertraute Barbarinas, Bedienstete, Adelige, Edelleute, Köche, Musikanten, Pferdeknechte und Maultiertreiber. Insgesamt machten sich an diesem Junitag über 230 Personen mit 217 Pferden und 30 Maultieren auf den Weg. Für das schwere Gepäck und die Aussteuer wurden vier Wagen mitgeführt und zwei Maultiersänften sollten zur Verfügung stehen, falls Mitreisende nicht mehr reiten oder laufen konnten.

Da Ludovico die lange Reise zu beschwerlich war, übergab er die Verantwortung für den Hochzeitszug mitsamt Aussteuer und Mitgift an seinen Sohn Rodolfo und den mantuanischen Rat Raimondo Lupi. Unter ihrer Führung verließ der

In Innsbruck legte der Brautzug einen Ruhetag ein.

imposante Tross Mantua, um am zweiten Reisetag in Verona empfangen zu werden. Wiederum einige Tage später erreichten sie Trient. Barbarina schien gesund und zu Späßen aufgelegt, obwohl sie bereits unter Heimweh litt. Nichts mache ihr so sehr Schmerz, als dass sie nicht zu jeder Stunde vom Wohlbefinden ihrer Eltern vernehmen könne, schrieb sie an ihre Mutter. Und der mitreisende Geistliche ließ die Eltern wissen, dass die ihm abends übergebenen Briefe ihrer Tochter stets von Tränen benetzt seien.

Schwierig gestaltete sich der Weg von Bozen nach Brixen. Bei der Überquerung des Ritten quälten Barbarina starke Kopfschmerzen, die sich erst nach einer kräftigenden Mahlzeit besserten. Unerträgliche Hitze begleitete den Brautzug während der ersten Meilen zwischen Brixen und Sterzing, dann wechselte das Wetter abrupt, ein kalter Wind kam auf und es goss in Strömen. Diese ungemütliche Witterung blieb ihnen auch während des Ritts über den Brenner erhalten; als die Gesellschaft in einer Osteria rastete, musste dort am 22. Juni sogar die Gaststube geheizt werden. Über Matrei erreichten sie Innsbruck und gönnten sich als Gäste von Erzherzog Sigismund und seiner Frau einen Rasttag. Auf dem Weg von Zirl nach Nassereith stieg Barbarina wegen der inzwischen eingetretenen Sommerhitze in einen der Reisewagen um. Allerdings bekam die schaukelnde Sänfte ihrem Magen überhaupt nicht gut, deshalb bevorzugte sie für die nächste Etappe über die Höhe des Fernpasses nach Vils trotz schlechter und steiniger Pfade wieder das Maultier. Der von dichten Tannenwäldern gesäumte Weg bot den Reisenden wenigstens etwas Schatten.

Am 28. Juni 1474 näherten sie sich plangemäß einem weiteren Etappenziel und wurden kurz vor Kempten von württembergischen Abgesandten erwartet, die ihnen fortan Geleit gaben. Gemeinsam zogen sie in die Stadt ein. Während ihres Aufenthalts in Kempten wurden die letzten im Ehevertrag fixierten Vereinbarungen abgewickelt. Hier wechselte Barbarina offiziell aus der Obhut ihrer Familie in die ihres Ehemannes. Reich beschenkt vom Rat der Stadt begaben sich Barbarina und ihr Gefolge schließlich auf die noch mehrere Tagesetappen umfassende Weiterreise. Nur wenige Meilen nach dem Ausritt aus Ulm erwartete sie eine weitere württembergische Abordnung unter der Führung von Eberhards Stuttgarter Cousin Eberhard dem Jüngeren, in deren Begleitung die Reisenden Blaubeuren und damit den ersten Ort auf württembergischem Boden erreichten. Dort verbrachte Barbarina ihre letzte Nacht vor dem *Adventus*, ihrem Einzug in Urach.

Am nächsten Morgen machte sich Eberhard im Bart in fürstlicher Begleitung auf, seiner Braut entgegenzureiten. Irgendwo zwischen Urach und Blaubeuren, vermutlich noch auf den Höhen der Schwäbischen Alb, begegneten sie auf freiem Feld dem italienischen Brautzug und seinem Geleit. Als Barbarina ihren Reisewagen verließ, den vier mantuanische Ritter flankierten, stieg auch ihr Bruder Rodolfo vom Pferd. Eberhard im Bart und die ihn begleitenden süddeutschen Fürsten taten es ihm gleich, um *»einer nach dem andern mein gnedig frawe (Barbarina) und ihrn Bruder«* zu empfangen. Ein Schaukampf mit Spießen – das *Berennen der*

Braut – beschloss die Begrüßungszeremonie, nach der man gemeinsam weiterzog. Mühsame Reisewochen lagen hinter Barbarina, als sie an diesem 3. Juli des Jahres 1474 endlich das Ziel ihrer Reise erreichte: die Residenzstadt Urach.

Ein rauschendes Hochzeitsfest

Es blieb nur eine kurze Atempause, dann hielt die Markgrafentochter festlich Einzug in ihrer neuen Heimat. Zahlreiche Gäste aus nah und fern waren zur Hochzeit angereist, darunter Fürstinnen und Fürsten, Grafen und Edelfreie mit ihren Gemahlinnen, Niederadelige, Prälaten und Bischöfe. Finanziell und organisatorisch bedeutete dies für das sonst etwa 1100 Einwohner zählende Städtchen einen enormen Aufwand. Mehrere tausend Besucher mussten untergebracht, versorgt und unterhalten, für mehr als 4200 Pferde Stallungen und Futter bereitgestellt werden. Während die fürstlichen Gäste im Schloss und dem Haus des Dekans unterkamen, wohnten die Grafen und Herren in Bürger- und Hofbedienstetenhäusern.

Es ging eng zu in Urach; der Ort bestand zu diesem Zeitpunkt aus höchstens 200 Häusern. Sämtliche Kapazitäten waren überbelegt, die Pferde wurden teilweise in den nächstgelegenen Orten Dettingen und Metzingen untergestellt. Doch das tat der festlichen Stimmung keinen Abbruch, Eberhard im Bart ließ seine Stadt erstrahlen, um Barbarina als Braut zu empfangen. Sie zog ein auf frisch gereinigten Gassen, mit einem Ehrenspalier aus schwäbischen Edelleuten zu beiden Seiten ihres Wagens, gefolgt vom Zug ihrer italienischen und deutschen Begleiter. Nach einem kurzen Aufenthalt im Schloss begegnete Barbarina vor der Kirche erstmals ihrer Schwiegermutter Mechthild von der Pfalz, die sie im Kreise der geladenen Fürstinnen erwartete und offiziell begrüßte. Hier sah sie auch Eberhard wieder, der an den Toren Urachs vorausgeritten war. An seiner Seite zog Barbarina in die Kirche St. Amandus ein, in deren Inneren der Bischof von Kon-

Barbaras Heirat mit Eberhard auf einer nicht zeitgenössischen Darstellung.

stanz das Paar erwartete. Während der Trauungszeremonie wurde unter Orgelklängen der feierliche lateinische Lobgesang »Te deum laudamus« angestimmt. Anschließend begab sich die Hochzeitsgesellschaft zum Schloss.

In den wenigen Wochen, die für die Vorbereitungen der Hochzeit zur Verfügung gestanden hatten, waren zahlreiche bauliche Veränderungen in Urach vorgenommen worden. Beim Schloss befand sich nun ein eigens errichtetes Tanzhaus, auf dem Marktplatz war eine Stechbahn für die Turnierveranstaltungen vorbereitet worden. Rathaus und Marktplatz sollten von dreihundert Schenklichtern erhellt werden. Auch das ab 1443 als *»hoher Fachwerkbau«* errichtete Residenzschloss selbst präsentierte sich festlich mit der vierschiffigen, gotisch eingewölbten Dürnitz im Erdgeschoss, einem großen, mit wandhohen Palmen und Eberhards Devise »Attempto« bemalten Empfangssaal im Obergeschoss und dem eigens zur Hochzeit eingerichteten Goldenen Saal. Im Schlosshof spie ein Weinbrunnen aus vier Röhren roten und weißen Wein, es war angeordnet, dass er *»den gantzen Tag louff, so lang die Hochzeit werdt«*.

Turnierspiele fesselten die Aufmerksamkeit der Hochzeitsgäste.

Feine Speisen bot das Abendessen. Ein Auftakt zu den vielen Festessen, die in den kommenden Tagen folgen sollten und das 52 Köche in drei Hochzeitsküchen zubereiteten; Geflügel, Wild, Fleisch; elf Gänge für die Herren, acht für die Damen, denn die Geschlechter tafelten getrennt. Barbarina saß zu Tisch mit ihrer Schwiegermutter und den Gemahlinnen der Stuttgarter Grafen zu Württemberg, ihr Ehemann gab sich die Ehre mit Rodolfo Gonzaga, Pfalzgraf Philipp, dem Bischof von Konstanz und Markgraf Karl von Baden. Die anderen Gäste wurden ihrem Rang entsprechend platziert und bedient.

Mit einem welschen Tanz eröffnete Barbarina an der Seite ihres Bruders Rodolfo Gonzaga das anschließende Tanzvergnügen im Tanzhaus, das mit Kerzen erleuchtet war. Der zweite Tanz gehörte ihrem Ehemann, Eberhard im Bart. Später am Abend zog sich Eberhard gemeinsam mit seinem Vetter Philipp von der Pfalz ins Brautgemach zurück, um Barbarina dort für das Beilager zu erwarten und damit den symbolisch-weltlichen Teil der Eheschließung zu vollziehen.

Schauplatz der opulenten Grafenhochzeit: das spätmittelalterliche Urach.

Gemeinsam mit Markgraf Karl von Baden führte ihm Rodolfo Gonzaga seine Schwester zu. Ein ausgewählter Kreis hochrangiger Fürsten und Frauen durfte bezeugen, wie über Eberhard und Barbarina die Decke gebreitet wurde und damit der Vollzug der Ehe bedeutet war. Währenddessen waren Musik und Tanz im Goldenen Saal weitergegangen. Für kurze Zeit wurde noch gefeiert, dann ließ sich der Bräutigam die *»Nacht nit mehr uff heben«*.

Am nächsten Morgen erwachte Barbara Gonzaga, die lange Barbarina gerufen worden war, als Gräfin von Württemberg. Dem Brauch entsprechend übergab Eberhard seiner Frau nach der Hochzeitsnacht die Morgengabe, deren Inhalt im Ehevertrag festgelegt war und ihr wenige Tage nach der Heirat offiziell zuerkannt werden sollte. Anschließend gingen die Festlichkeiten weiter.

In einer imposanten, von Trägern großer *»straußlichter«* flankierten Prozession machte sich Barbara im weiteren Verlauf des Vormittags an der Seite ihres Bruders Rodolfo und des Markgrafen Karl von Baden auf den Weg zum Kirchhof, um vor der Kirche St. Amandus auf ihren Mann und sein Gefolge zu stoßen. Hinter ihr schritten – eingerahmt von je zwei Adeligen – die Fürstinnen und Gräfinnen. Nach dem Empfang des bischöflichen Hochzeitssegens zog das Brautpaar in die Kirche ein. Das feierliche Hochamt an diesem zweiten Tag des Hochzeitsfestes zelebrierten die drei Bischöfe von Konstanz, Speyer und Augsburg. Für die angemessene Gestaltung des Gottesdienstes waren eigens des *»Pfaltzgrafen (Philipps) Singer«*, einige Pfeifer und der Organist des Augsburger Bischofs engagiert worden. Im Chorraum der Kirche hatten sich *»wie es sich gepurt (gebührt)«* die anwesenden Prälaten in vollem Ornat versammelt. Die Ringe, welche Eberhard und Barbara einander ansteckten, waren kostbar, allein Barbaras besaß einen Wert von 100 Gulden. Dem Kirchgang folgten abermals ausgesuchte Festlichkeiten.

Bevor sich die Gesellschaft zu Tisch begab, sorgte im Schlosshof ein Schaukampf mit Spießen für Unterhaltung. Das sich in den oberen Stockwerken des Schlosses anschließende Bankett übertraf spielend das des Vorabends und wur-

Tanz und Musik unterhielt die Gäste an den Abenden.

Den großen Saal im Schloss ließ Eberhard zur Hochzeit mit Palmen und seiner Wortdevise ausgestalten.

de festlich eröffnet. Einem Defilee mehrerer Grafen, Freiherrn und Niederadeliger folgten die Träger der Speisen. Eine Schar Pfeifer und Trompeter begleitete den Einmarsch und spielte zum Essen auf. Den Fürstinnen und Fürsten wurden 18 Gänge offeriert, darunter Köstlichkeiten wie Hühner in einer weißen Brühe, grünes Kraut mit Bratwürsten, Gebratenes vom Milchschwein, heiß gesottene Forellen und gefüllte Bratvögel. Für besonderes Erstaunen sorgten zwei Entremets, Schaugerichte, die die Festkultur der Höfe Burgunds nach Urach bringen sollten: Einer der Aufbauten zeigte eine Burg mit echtem Springbrunnen und Wassergraben, in dem sich lebende Fische tummelten; das andere Arrangement präsentierte drei Sänger in einer Stellage, auf der silbernes Geschirr drapiert worden war und ein Dattelbaum mit lebendigen Vögeln stand. Auf vier weiteren Silberplatten fanden sich neben einer biblischen Szene, einem Pfau und Trauben ein bereits zubereiteter Hirsch mit einem Hund, der den Überlieferungen zufolge sogar lebte.

Nach Aufhebung der Festtafel wurde Barbara von den anwesenden Fürstinnen ins Tanzhaus hinübergebracht. In ihrem

Beisein nahm dort der Bischof von Konstanz als Stellvertreter Eberhards die Hochzeitsgeschenke entgegen, vor allem Silbergeschirr aller Art. Später am Nachmittag fand auf dem Marktplatz ein Turnier statt, dem Barbara mit den anderen weiblichen Gästen vom Rathaus aus zusah. Der Bräutigam nahm selbst an diesem Spektakel teil, obwohl sein Schwiegervater Ludovico eine solche Art der Belustigung befremdlich und gefährlich fand und ihn um Verzicht gebeten hatte. Doch Eberhard war ein leidenschaftlicher Anhänger ritterlicher Kampfspiele und ließ sich diesbezüglich keine Vorschriften machen. Auch diesmal klang der Tag mit kulinarischen Köstlichkeiten und Tanz aus.

Die Uracher Hochzeit, die als glanzvoller Höhepunkt in die württembergische Geschichte eingehen sollte, dauerte ganze vier Tage lang. Zwischen den Ritterspielen, die das Programm am dritten und vierten Tag dominierten, wurde reichlich getafelt. Barbara und ihr italienisches Gefolge lernten hier eine andere Art des Feierns kennen, die sich von der hochentwickelten italienischen Festkultur mit ihren künstlerischen Darbietungen, Maskeraden und Theateraufführungen deutlich unterschied. Doch die Italiener schienen das Fest trotzdem als exotisches Spektakel genossen zu haben, denn bei ihrer Rückkehr nach Mantua hatten sich alle nach deutscher Art gekleidet und waren kaum wiedererkannt worden. Eberhard hatte als Graf einem Reichsfürsten gleich Hochzeit gehalten und damit seiner Heirat mit Barbara Gonzaga eine weit über die reine Eheschließung hinausgehende politische und kulturelle Bedeutung gegeben.

Zeit der Liebe

Die Musik war verklungen und die Gäste reisten nach und nach ab. Urach kehrte zum gewohnten Rhythmus zurück und zog Bilanz: 150 000 Liter Wein – neben großen Mengen roten und weißen Neckarweines auch edle Kreszensen wie Malva-

Eberhard und Barbara waren einander anfangs sehr zugeneigt.

sier und Elsässer Wein für die adeligen Gäste – waren durch Brunnen und Kehlen geflossen, 165 000 Brote unterschiedlichster Art gebacken worden. Insgesamt dürfte das Fest die gräfliche Kasse mit mehreren zehntausend Gulden belastet haben und dies in für Württemberg wirtschaftlich schwierigen Zeiten.

Unmittelbar im Anschluss an die Hochzeit leistete Barbara Gonzaga den üblichen Erbschaftsverzicht, worauf ihr die vertraglich vereinbarte Morgengabe – darunter Schloss und Amt Herrenberg – übertragen wurde. Dessen Einwohner huldigten kurz darauf ihrem Bruder Rodolfo, der die Ehrbezeugung an Barbaras Statt entgegennahm. Erwähnenswert ist zudem der reichhaltige Brautschatz, den Barbara aus Mantua mitgebracht hatte und der unter anderem aus Schmuck, Tafelsilber, silbernen Gefäßen, Besteck, Pokalen, Salzfässern, Stoffbehängen und Tischdecken, Goldbrokat und vielen anderen Kostbarkeiten bestand.

Überall im Land schlug Barbara große Sympathie entgegen, *»wo sie reit oder fert (fährt), so lauft das folck (Volk) als* *zu, ihr Gnad zu sehen und sprechen al gemainlich, das sie nie kain schoner frawen (keine schönere Frau) gesehen haben«*, wissen Berichte zu erzählen. In Tübingen begegneten Barbara und Eberhard einem einfachen Mann, der sie ansprach: *»O heilige fraw (Frau), ich bit ewr gottlich gnad (ich bitt Euer göttlich Gnad), mir von mein Herrn von Wirttenberg gnad zu erwerben«*, woraufhin Eberhard sein Pferd an Barbaras Seite lenkte und scherzte: *»Fur war (Fürwahr), die Leut im Land zu Wirttenberg haben meiner frawen (Frau) Barbara als lieb als wär sie heilig.«*

Obwohl sie sich in Urach noch nicht zuhause fühlte, begann für Barbara eine schöne Zeit. Ihr Verhältnis zu Eberhard war von Liebe geprägt und damit durfte sie ein Glück erleben, dass in arrangierten Ehen nicht selbstverständlich war. Sie verstand sich gut mit ihrem Mann, auch wenn sprachliche Barrieren die Kommunikation erschwerten. *»Ew (eure) Tochter ist gesund, der Luft und die Speiß bekommen ihr austerdermaßen (außerordentlich) wohl, ihr Herr und Gemahel (Gemahl) hat sie sehr lieb«*, wusste der in Urach gebliebene mantuanische Gesandte Hertenstein einen Monat nach der Hochzeit nach Mantua zu berichten. Er schrieb, dass die Eheleute gesund und wohlauf seien *»und sein sehr frolich (fröhlich); sie beide essen all Tag miteinander und er helt (hält) stets ihr hant (Hand) in seiner hant, so sneit man in das brot und die speis auf welisch fur (so dass Brot und Speisen vorgeschnitten werden müssen) und sie leben also in grosen Freuden«*. Dass der württembergische Graf mit seiner Frau händchenhaltend zu Tische saß, dürfte dem mantuanischen Gesandten ungewöhnlich erschienen sein. Er, der als Deutscher bereits seit vielen Jahren im Dienste der Markgrafen von Mantua stand, hatte auf seinen Reisen einiges gesehen. In Italien nannte sich Hertenstein im Übrigen Tristano de Sasso duro, da sich italienische Zungen mit seinem deutschen Namen schwer taten.

Berichtenswert fand Hertenstein auch die erste Verstimmung zwischen den beiden Frischvermählten, deren Ursache

Barbara erstmals deutlich mit den kulturellen Unterschieden des Hofes in Mantua und dem ihrer neuen Heimat konfrontierte. Eberhard im Bart war zugetragen worden, dass sich ein Kaplan und andere Männer noch zu später Stunde in der Kemenate aufgehalten hatten. Daraufhin erging an den Hofmeister die strikte Anweisung, derartiges künftig zu unterbinden: *»Wann der hofmeister ›gute nacht‹ nem (das Gutenachtwort gesprochen hat), so soll kein knecht (da)nach im frawenzimmer (Frauenzimmer) oder in fraw Barbara(s) Cammer bleiben.«*

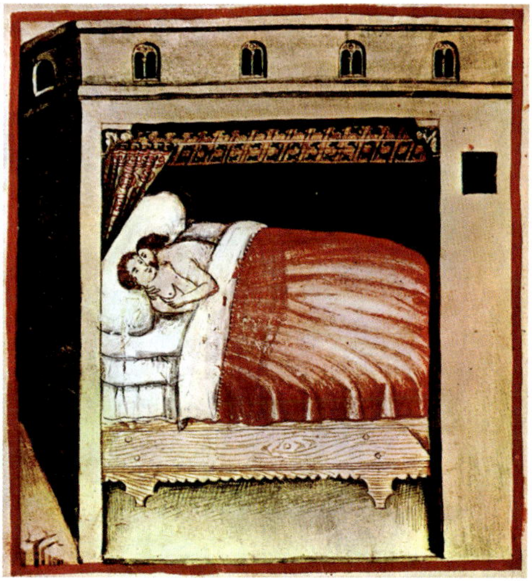

Liebe im Mittelalter. Berichten zufolge lebte das junge Grafenpaar »in großen Freuden«.

Barbara reagierte ungehalten. Eine solche Einschränkung ihrer persönlichen Freiheit war sie nicht gewohnt und so zeigte sie sich *»gar sehr verdrossen«*. Ihre Unmut verflüchtigte sich auch nach einem persönlichen Gespräch mit Hertenstein nicht, der sie zu beruhigen versuchte: *»Ich hab gesprochen, ihre Gnad soll sich ihrs Herrn und Gemahels Willen und Gefallen befleißigen, so wird die Lieb lang zwischen ihnen beiden, auch ein jede Person muss sich nach eins Landes Sitten richten, das Land richt(et) sich nach dem Menschen nicht.«* Barbara schmollte weiter, woraufhin sich Hertenstein an ihre Mutter, die Markgräfin in Mantua, wandte und sie bat, ihrer Tochter in dieser Angelegenheit zu schreiben *»damit nur kain ungenad (keine Ungnade) daraus wird«*. Ob Barbara von Brandenburg tatsächlich auf diese Aufforderung reagierte, ist nicht überliefert, wohl aber die Tatsache, dass nach einer knappen Woche offensichtlich eine Versöhnung zwischen den Ehegatten stattgefunden hatte: *»Ewr (Eure) Tochter ist wohl eins mit ihrem Herrn und Gemahel … sie sein sehr frolich (fröhlich) miteinander, alle Ding stehn wohl.«*

Wenige Tage später nahmen Eberhard und Barbara an der Hochzeit von Eberhards Schwester teil und zur großen Freude des Hofes hatten sie sich zu diesem Zeitpunkt wieder *»austerdermaßen lieb«*. Barbara selbst schrieb in einem Brief an ihre Mutter, dass ihr Ehegatte ihr jeden Tag größere Liebe bezeuge: *»me mostra ogni di mazor amore«*, doch klagte sie auch über starkes Heimweh, ein Gefühl, das sie seit ihrer Abreise begleitete und das auch in Zukunft niemals völlig weichen sollte.

Nun, nachdem er seinen Schützling wieder guter Dinge wusste, hatte Hertenstein selbst mit Eheproblemen zu kämpfen. Seine Frau hatte wohl in Erfahrung gebracht, dass er Vater eines unehelichen Sohnes sei und entsprechend wütend reagiert. Hertenstein schrieb nach Mantua und bat die Markgräfin, das Kind in die Dienste der jüngsten Gonzaga-Tochter Paola zu geben, damit das Ehepaar bei seiner Rückkehr nicht mehr mit diesem Fehltritt konfrontiert werde; *»anders ich mocht mit meim Weib kein Frieden haben«*.

Una bella Barbarina

Ein halbes Jahr nach der Hochzeit, im Januar 1475, wurde festgestellt, dass Barbara *»von den Gnaden des allmechtigen Gotts schwanger«* sei. Eine wunderbare Nachricht, die Hertenstein nach Mantua senden konnte. Legitime Nachkommen sicherten den Fortbestand des Hauses und die Stellung der eingeheirateten Frau. Fortan war Barbaras Schwangerschaft das beherrschende Thema sowohl am Uracher Hof als auch im Briefwechsel mit Mantua.

Für Barbara verlief die Zeit ihrer Schwangerschaft nicht ungetrübt, denn da die politische Lage in Europa äußerst prekär geworden war, musste Eberhard im Bart seine Frau in Urach zurücklassen und mit dem kaiserlichen Heer ins Feld ziehen. Barbara hatte mit diversen Schwangerschaftsbeschwerden zu kämpfen. Sie vermisste ihren Ehemann so sehr, dass sich diese noch verstärkten. Der Gräfin war übel, zunächst konnte sie offensichtlich kaum etwas bei sich behalten. Der Speiseplan wurde umgestellt, *»da sie nicht lustig ist zu essen und ihr der Hauskoch nicht gefällt«;* fortan sorgte Hertensteins Gattin im Frauenzimmer für vertraute italienische Kost. Einige Wochen später, Anfang März, schien sich die Übelkeit deutlich gebessert zu haben, denn Hertenstein meldete nach Mantua, dass das *»was fraw (Frau) Barbara nun esset oder trinckt, das bleibt zu guter Maß bei ihr«.* Doch ihre Trauer über Eberhards Abwesenheit ließ nicht nach, *»ein Tag beduncki sie tausend Jahr lang (erscheint ihr wie tausend Jahre)«.* Ihr Gemahl, dem der Zustand seiner Frau nicht verborgen blieb, versicherte ihr in vielen *»süßen und honigtriefenden«* Briefen seine große Liebe.

Für Zerstreuung sorgten Barbaras Haustiere. Im April 1475 schrieb die inzwischen Neunzehnjährige ihrer Mutter, dass ihr ein kleiner Bär geschenkt worden wäre, mit dem sie großen Spaß habe und häufig spiele. Kurz darauf kaufte Barbara neun junge Gänse, um diese aufzuziehen. Zugleich bekam sie von Hertenstein, der ihre Tierliebe kannte, einen jungen Fuchs als Präsent. Nachdem eine unaufmerksame Magd Fuchs und Gänse während der Nacht gemeinsam im Stall gelassen hatte, *»da hat der Fuchs die Gäns all erwurgt und sich selbst in das Nest gesetzt«.* Das Entsetzen am anderen Morgen war groß.

Unter den zahlreichen Handschriften Eberhards befindet sich diese Darstellung der Gänsezucht.

Neben den Tieren galt Barbaras großes Interesse der Gärtnerei. Aus ihrem italienischen Gefolge, das in Teilen noch am Uracher Hof weilte, avancierte ein gewisser Frater Epiphanio zum gräflichen Gärtner. Gemeinsam mit ihm verbrachte Barbara viel Zeit im Garten, baute unter anderem Wirsing und Salat an und versuchte zudem, gesunde und wohlriechende Wässerchen zu destillieren. Sie hatte zudem Sehnsucht nach den Genüssen ihrer italienischen Heimat und frug in Mantua um Spargelsamen nach. Doch anstatt der erhofften Samen kam echter Spargel in Urach an – und musste umgehend verzehrt werden. Barbara bat auch um Basilikum, Nelken und Rosmarin, um auf diese mediterranen Gewürze in Urach nicht verzichten zu müssen.

Zur gleichen Zeit fesselte ein ungewöhnliches Ereignis Barbaras Aufmerksamkeit: Eine junge Frau aus Urach stand vor Gericht. Sie hatte ihren Mann getötet und sollte für dieses Vergehen hart bestraft werden. Ihr Argument, aus reiner Notwehr gegen einen offensichtlich gewalttätigen Gatten gehandelt zu haben, ließen die Richter nicht gelten. Daraufhin versammelten sich 30 Frauen aus Urach und Umgebung, um der Inhaftierten beizustehen. Sie wandten sich an Barbara und baten um ihre Intervention. In einem bemerkenswerten Akt weiblicher Solidarität – unter den Bittstellerinnen befanden sich zwölf Schwangere – versuchte Barbara die Freilassung der Angeklagten zu erreichen. Als sie keinen Erfolg hatte, sandte sie einen geheimen Boten an Eberhard, der noch immer im Feld stand und die verurteilte Frau umgehend begnadigte. Das *Capitulo delle donne* ging in die Uracher Stadtgeschichte ein.

Es wurde Sommer. Die dichtbewaldeten Höhenzüge der Schwäbischen Alb hatten das triste Braun und Weiß des Winters verloren und ein grünes Kleid angetan. Barbara erholte sich sichtlich von den Beschwerden der letzten Monate, sie wurde von Tag zu Tag fröhlicher und *»was sie nun isset oder trinckt, das verdeut (verdaut) sie und bricht sich nicht als vor«*. Anfang Juni weilte Barbaras Bruder Gianfrancesco Gonzaga in Urach und wusste nach Hause zu berichten, dass seine Schwester *»molto grossa«*, also sehr dick geworden sei; auch Hertenstein tat kund: *»Der Bauch wächst ihren Gnaden gar sehr und sie muß sich alnteilen gar aufschnüren.«* Ihre Schwiegermutter Mechthild von der Pfalz, zu der Barbara ein gutes und liebevolles Verhältnis entwickelt hatte, kümmerte sich um die Hebammen und *»saigamen«* (Ammen). Der Tag der Niederkunft rückte näher.

Gleich dem Mann auf diesem Bild freute sich Eberhard im Bart über die Schwangerschaft seiner Frau.

Ende Juli kehrte Eberhard im Bart nach Hause zurück und wurde von seiner hochschwangeren Frau glücklich empfangen. Wenige Tage später brachte Barbara eine kleine Tochter zur Welt. Die Markgräfin von Mantua erfuhr in einem Brief die Einzelheiten der Geburt ihrer Enkelin am 2. August 1475: *»... hat der almechtig (allmächtige) Gott fraw Barbara, ewr (Euer) Gnaden Tochter, ain (eine) hübsche Tochter gegeben. Die Wetagen werten (Wehen dauerten) ihr von 23 (Uhr) bis ain (eine) halb Stund nach Mitternacht, sie gedacht viel an ewr gnad (an ihre Mutter).«*

Eberhard hatte seiner Frau in ihrer schweren Stunde persönlich beigestanden: *»Der von Wirtenberg war stets bei fraw Barbara und trost (tröstete) sie als lang bis sie des Kinds wolt (wollte) gepern (gebären).«* Hertenstein hatte wohl noch einen Boten zu Mechthild von der Pfalz nach Rottenburg geschickt, doch Barbaras Schwiegermutter traf trotz größter Eile erst nach der Entbindung in Urach ein. Wenige Tage später erreichte der mantuanische Kleriker Stephanio Guidotis das Uracher Schloss. Er teilte den Großeltern in Italien mit, dass das Neugeborene – eine *bella Barbarina* – nach Meinung der glücklichen Mutter deutlich dem frischgebackenen Vater ähnlich sehe und deshalb von Barbara besonders fürsorglich umhegt werde. Stephanio fügte hinzu, dass ein Sohn natürlich besser gewesen wäre, aber man müsse nehmen, was Gott gibt. Auch Barbara schrieb an ihre Eltern und bestätigte die Ankunft Stephanios: Immer, wenn Besuch aus Mantua käme, würde es ihr erscheinen, wie wenn sie einen Engel vom Himmel erblicke. Wie gerne würde sie auch nur für eine Stunde ihre Mutter sehen und ihre Ratschläge hören.

Graf Eberhard im Bart, eigentlich nur der schwäbischen Sprache mächtig, ließ es sich nicht nehmen, seiner Schwiegermutter persönlich auf Latein mitzuteilen, dass er sich sehr über die Geburt seiner Tochter gefreut habe. Er sei sich dadurch gewiss: *»dilectissimam conthoralem nostram fertilem esse«*; dank ihrer Jugend könnten sie noch mit vielen männlichen Nachkommen rechnen. Doch das Schicksal sollte es nicht gut meinen mit Eberhard und Barbara. Ihre Tochter, *la bella Barbarina*, starb bereits nach wenigen Monaten.

Tröstliche und heilsame Weisheit

Noch heute lebendig: Eberhards Palme und seine Wortdevise Attempto.

Die Umstellung vom beschwingten Renaissancehof ihrer Heimat zum spätmittelalterlichen und schwerfälligeren Hofleben Württembergs fiel Barbara nach wie vor nicht leicht. Auch wenn sich die ersten Jahre ihrer Ehe mit Eberhard im Bart überwiegend harmonisch gestalteten, so stellte sich das Leben einer württembergischen Gräfin vollkommen anders dar als das der italienischen Fürstinnen. Ihre Mutter hatte an der Herrschaft ihres Mannes Anteil gehabt, einen eigenen Hof geführt, eigenständig familiäre und politische Entscheidungen getroffen. Das städtische Umfeld Mantuas, die hoch geschätzte Bildung auch der Frauen, ein bestimmtes Maß an persönlicher Freiheit – all das schien nichts mehr wert im schlichten Uracher Schloss, an dem stets rege gebaut wurde.

Barbara fand sich in eine Rolle hineingedrängt, die ihr wenig Entfaltungsspielraum ließ. Räumlich separiert in ihrer Kemenate war sie bei allen wichtigen und vor allem auch in persönlichen Entscheidungen vom guten Willen ihres Mannes abhängig. Politisch trat sie so gut wie nicht in Erscheinung – im Gegensatz zu ihrer stets aktiven und anerkannten Schwiegermutter Mechthild von der Pfalz. Zudem hatte Eberhard einen Großteil von Barbaras italienischem Gefolge nach Mantua zurückgeschickt; nur zwei ihrer Frauen waren nach der Geburt des einzigen Kindes in Urach geblieben. Auch der Wunsch einer ihrer Damen, mit einem Deutschen verheiratet zu werden, um bleiben zu können, wurde abgelehnt.

So vergingen die Jahre. Hoffnung auf eine etablierte Stellung am Hof hätte die Geburt eines Erben bedeutet. Doch Barbara wartete vergebens auf ein weiteres Kind und die damit verbundene Anerkennung. Sie unterhielt einen engen Briefwechsel nach Italien zu ihren Eltern, aber auch zu den Geschwistern. Barbaras Heirat hatten genealogische und politische Ziele zugrunde gelegen und so hofften sowohl die mantuanische als auch die württembergische Seite diese neue Bindung für eigene Zwecke nutzen zu können. Neben den persönlichen Nachrichten hinsichtlich Hochzeiten, Geburten und Todesfällen spielten folglich politische Informationen, die in beiderlei Richtung über Barbaras Schreibtisch weitergegeben wurden, eine wichtige Rolle. Persönlichen Einfluss auf die Dinge konnte sie damit allerdings nicht nehmen und fungierte lediglich als Bindeglied zwischen den Häusern. Als Barbaras Mutter wenige Jahre nach der Hochzeit bei ihrer Tochter in Urach um Nachrichten aus Burgund anfragte, da Markgraf Ludovico zu dieser Zeit dort an Kämpfen teilnahm, musste Barbara erst von Eberhard informiert werden, bevor sie antworten konnte.

Barbara pflegte ihre humanistische Bildung und bestärkte diesbezügliche Interessen auch bei ihrem Mann. Von ihrem Bruder Kardinal Francesco Gonzaga wurden Andachtsliteratur, wissenschaftliche Werke und Kunstgegenstände nach Urach geschickt. Eberhard adaptierte die literarische Aktivität seiner Frau, ließ viele Werke ins Deutsche übersetzen und schuf eine eigene Bibliothek. Oftmals verwendete er dabei seine persönlichen Zeichen – die Palme und seine Wortdevise – als Schmuck für Einbände und Titelblätter. Dies belegt eindrucksvoll das Titelblatt einer eigens für Eberhard hergestellten Pergamenthandschrift, das »Buch der Beispiele der alten Weisen« – *Bidpai* genannt. Bei diesem, zur damaligen Zeit gerade vom Rottenburger Kirchherr Antonius von Pforr ins Deutsche übersetzten altindischen Weisheitsbuch handelt es sich um eine Fabelsammlung aus dem 2. und 3. Jahrhundert nach Christus.

Auch Urach profitierte von Graf Eberhards bildungspolitischer Initiative. 1477 wurde eine Papiermühle, 1478 eine Druckerei in der Residenzstadt angesiedelt. Eberhards Bibliothek wuchs im Laufe der Zeit zu einer beachtlichen Sammlung heran. Sie enthielt neben lateinischen Schriften auch medizinische, theologisch-wissenschaftliche und historiographische Werke, astronomische Tafeln und die antike Dichtung. Die Tatsache, dass Eberhard im Bart trotz seines humanistischen Interesses nur die württembergische Landessprache beherrschte, hatte ihren Ursprung in einer letzten Verfügung seines Vaters. Auf dem Sterbebett mussten die gräflichen Räte unter Eid schwören, dass sie aus dem Sohn keinen *Lateiner* machen würden. Vermutlich spielten hierbei dynastische Überlegungen eine Rolle. Eberhard hätte als nachgeborener Sohn möglicherweise in eine geistliche Laufbahn gedrängt werden können und damit für die Herrschaft nicht mehr zur Verfügung gestanden.

Mit Eifer betrieb Eberhard in den Jahren nach der Hochzeit ein Prestigeprojekt großen Stils voran: die Neugründung einer Universität in Tübingen. Neben wirtschaftlichen Erwägungen, religiösen Motiven und dem persönlichen Bildungsinteresse des Grafen spielte bei dieser Entscheidung die Autonomie Württembergs eine Rolle. Mit einer eigenen Landesuniversität konnte die Ausbildung qualifizierter Kleriker und Juristen gesichert und in Folge zuverlässige, loyale Beamte und Räte in Dienst genommen werden. Württemberg

Barbara an der Seite ihres Mannes anlässlich der Universitätsgründung in Tübingen, auf einer Darstellung aus dem 19. Jahrhundert.

war damit unabhängig von anderen Landesherren und gewann an Einfluss. Nicht zuletzt bedeutete die Universitätsgründung eine weitere Etappe auf dem Weg zu Eberhards erklärtem Ziel, der Wiedervereinigung des Landes.

Das finanzielle Risiko des Unternehmens war überschaubar. Im Spätmittelalter wurden Universitäten als vornehmlich kirchliche Einrichtungen angesehen, für deren Ausrüstung Kirchengut herangezogen werden konnte. Doch zunächst benötigte Eberhard eine päpstliche Erlaubnis, für die er seine neuen verwandtschaftlichen Beziehungen spielen ließ. Kardinal Francesco Gonzaga machte in Rom erfolgreich seinen Einfluss geltend. In einer päpstlichen Bulle bewilligte der Papst die Einrichtung eines *Studium generale* in Tübingen. Im März 1477 trat die Universität als Rechtskörperschaft ins Leben, im Oktober begann der Vorlesungsbetrieb. Zur Eröffnung bekannte Eberhard in einem Freiheitsbrief, dass er helfen wolle *»zu graben den Brunnen des Lebens, daraus von allen Enden der Welt unabsehbar geschöpft werden mag tröst-*

liche und heilsame Weisheit zur Erlöschung des verderblichen Feuers menschlicher Unvernunft und Blindheit«. Eberhards einstiger Erzieher und enger Ratgeber, Johannes Vergenhans, wurde erster Rektor in Tübingen. Heute trägt die Universität Tübingen Eberhards Palme und die Wortdevise »Attempto« im Logo.

Schicksalsjahre

Waren die ersten Ehejahre des württembergischen Grafenpaares von gegenseitiger Zuneigung, zu Beginn sogar von Leidenschaft geprägt gewesen, wurde im Laufe der Zeit eine zunehmende Entfremdung zwischen Barbara und Eberhard spürbar. Selbst wenn im Umgang miteinander eine gewisse Vertrautheit blieb, forderten der ausbleibende Erbe und die kulturellen Unterschiede ihren Tribut. Unter diesen Umständen war es für Barbara schwer, wenn nicht gar unmöglich, in Württemberg wirklich heimisch zu werden. Ihre Briefe nach Mantua belegen eine große Sehnsucht nach Eltern, Geschwistern und dem vertrauten Umfeld aus Kindertagen.

Das Jahr 1478 brachte zahlreiche Veränderungen im Hause Gonzaga. Barbaras Vater Ludovico starb im Juni an der Pest und wurde von seinem ältesten Sohn Federico beerbt. Ihre jüngste Schwester Paola heiratete fünf Monate später den Grafen von Görz-Tirol und verließ ihr Elternhaus. Noch mehr als Barbara litt Paola an dramatischen Anpassungsschwierigkeiten an die neue Umgebung, die sich in schweren, *»anfallsartigen Krankheitsschüben«* äußerten. Paola, die ebenfalls an einem ererbten Buckel litt, suchte Trost in zahlreichen Kuraufenthalten und monatelangen Besuchen in Mantua. Das Schicksal der beiden Schwestern weist bemerkenswerte Parallelen auf – auch Paola schenkte einer Tochter das Leben, die als Frühgeburt zur Welt kam und nicht überlebte; auch sie gebar keinen Erben. Beide Ehen waren belastet. Die Familie bedauerte dies zwar, erwartete aber trotz der engen emotionalen Bindungen, dass sich die Töchter in ihrem neuen Umfeld assimilierten.

Im Gegensatz zu Paola wurde Barbara eine Reise nach Hause konsequent untersagt. Eberhard im Bart lehnte ein jedes Ansinnen, eine jede Einladung aus Mantua kategorisch ab oder wusste sie geschickt zu umgehen. Selbst in diesen ganz persönlichen Belangen zeigte sich die kompromisslose Abhängigkeit der italienischen Markgrafentochter von ihrem Ehemann. Barbara konnte nur aus der Ferne Anteil an den Geschehnissen in Mantua nehmen; manche Nachrichten erreichten sie mit enormer Verspätung, einige wurden ihr vorenthalten.

Eine Glasmalerei zeigt Barbara in der Rosenlaube. In Wirklichkeit wurde sie immer unglücklicher.

Die Familie Gonzaga versuchte immer wieder, den württembergischen Grafen zu einer Reiseerlaubnis zu bewegen. Im Jahr 1480 insistierte Federico Gonzaga direkt bei Eberhard und bat ihn, gemeinsam mit seiner Frau nach Mantua zu kommen. Er argumentierte, Barbara von Brandenburg wünsche die Tochter auf ihre alten Tage noch einmal zu sehen. Eberhard sagte zu, gemeinsam mit seiner Frau zum Karneval 1481 in Mantua zu erscheinen, doch der Tod der alten Markgräfin ließ diesen Plan scheitern. Begründet wurde die württembergische Absage mit der weiten Entfernung und der Lage der Dinge.

Noch mehrfach gab es Versuche der Brüder, Barbara gemeinsam mit Eberhard nach Mantua einzuladen. Doch selbst als der württembergische Graf 1482 auf einer Reise nach Rom in Mantua Station machte, enthielt er seiner Frau vor, ihn zu begleiten. Die Tatsache, dass die Gonzaga ihm dennoch sehr wohlgesonnen blieben, scheint in diesem Zusammenhang zu überraschen. Während Eberhard in Mantua weilte, schrieb Federico an seine Schwester in Württemberg, er freue sich mit ihr, dass sie *»einen solchen Herrn«* habe. Letzten Endes überwogen politische Aspekte die persönlichen Wünsche.

Nach dem Tod der Eltern blieb Barbara ihren Geschwistern weiterhin brieflich verbunden. Federico berichtete ihr von Familienangelegenheiten, nahm Stellung zur politischen Lage in Italien und die Einsätze des Markgrafen. Barbara ihrerseits beschrieb dem Bruder wichtige politische Ereignisse in Deutschland und erzählte von ihrem und Eberhards persönlichem Befinden. Dabei enthielten die Briefe oftmals einen scherzhaften und liebevollen Unterton. Auch zu Ludovico bestand ein gutes Verhältnis, Barbara sprach von der *»dolce amore«*, die sie ihrem Bruder stets entgegengebracht habe.

Doch nicht nur Worte wechselten über die Alpen. Der Austausch von Gaben spielte bei den Beziehungen der Häuser Gonzaga und Württemberg ebenfalls eine wichtige Rolle. Federico übersandte seiner Schwester Seifenpulver, Stoff oder Pferde. Die Männer untereinander tauschten meist Gaben aus, welche die fürstliche Lebensweise hervorhoben, dazu gehörten Jagdhunde, Falken oder Pferde. Diese »Schenkungen auf Gegenseitigkeit« dienten wohl dem Zweck, die Gunst des jeweils anderen Fürstenhauses zu erhalten und wurden zwischen herrschenden Familien intensiv betrieben.

Die anhaltende Kinderlosigkeit machte Barbaras Position immer prekärer. Unfruchtbarkeit wurde grundsätzlich den Frauen zur Last gelegt, wenn nicht der Gatte nachgewiesenermaßen als zeugungsunfähig galt. Eberhard im Bart hatte seine Zeugungsfähigkeit unter Beweis gestellt; neben der früh verstorbenen Tochter mit Barbara hatte er weitere voreheliche Kinder, die teilweise am Hof erzogen wurden. Weshalb Barbara keine weiteren Kinder bekam, ist nicht bekannt. Doch die Last ihres dynastischen Versagens wog schwer für das Land; Eberhards Linie war zum Aussterben verurteilt. Sie selbst beschrieb ihre Gefühle in einem Brief an einen ihrer Brüder, in dem sie sich dafür bedankte, dass er sie *»nicht aufgrund ihres Unglücks verachte«*, für das andere sie verachteten.

Im Laufe der Jahre, in denen Barbaras Leid immer offensichtlicher wurde und der Familie nicht verborgen bleiben konnte, beklagte die württembergische Gräfin oftmals ihre

»miseria« und bezeichnete sich selbst als *»misera e deprezzata«*. Später wandte sich Barbara brieflich an ihre Schwester Paola, die sie ebenfalls in traurigen Verhältnissen wusste. Doch selbst eine Reise an den Görzer Hof wurde ihr von Eberhard verwehrt, wie sie in einem auf Italienisch verfassten Schreiben an Paola im Mai 1487 beklagte: *»Noch einmal habe ich meinen Herrn gebeten, dass er mir die Erlaubnis gibt, zu kommen um Euch zu besuchen. Er hat mir in einer Weise geantwortet, die Euch zu beschreiben mir der Mut fehlt.«*

Die erste Herzogin

Graf Eberhard im Bart behielt seine politischen Ziele stets fest im Blick und als im Jahr 1482 die Gelegenheit günstig war, schien sein Traum vom wiedervereinigten Württemberg zum Greifen nah. Zwei Jahre zuvor hatte in Stuttgart Eberhards

Mit dem Münsinger Vertrag erfüllte sich 1482 Eberhards Wunsch nach einem vereinigten Württemberg.

Vetter, genannt Eberhard der Jüngere, die Regierung übernommen. Doch anstatt sich verantwortungsvoll in sein Amt hineinzufinden, pflegte dieser vornehmlich eigene Interessen. Die Regierungsgeschäfte wurden zugunsten eines ausschweifenden und kostspieligen Lebensstils sträflich vernachlässigt. Die gesamte finanzielle Lage des Stuttgarter Landesteils war äußerst angespannt.

Der Uracher Graf erkannte zum einen die Gefahr, die von der Unfähigkeit Eberhards des Jüngeren ausging, zum anderen die Gelegenheit zur Regierungsübernahme in Stuttgart. Durch geschickte Verhandlungen und die Unterstützung des in Stuttgart als Kanzler arbeitenden Ludwig Vergenhans – Bruder jenes Vergenhans, der Eberhard im Bart von Jugend an begleitet und beraten hatte – wurden im Münsinger Vertrag die schwäbischen Besitzungen des Hauses Württemberg formal wiedervereinigt. Eberhard im Bart übernahm die Regierung in Stuttgart und verließ mit Barbara das spätmittelalterliche Fachwerkstädtchen Urach, das seiner Ära viel zu verdanken hat – unter anderem die Stiftskirche St. Amandus, die

Barbara und Eberhard lebten ab 1482 in der Stuttgarter Wasserburg.

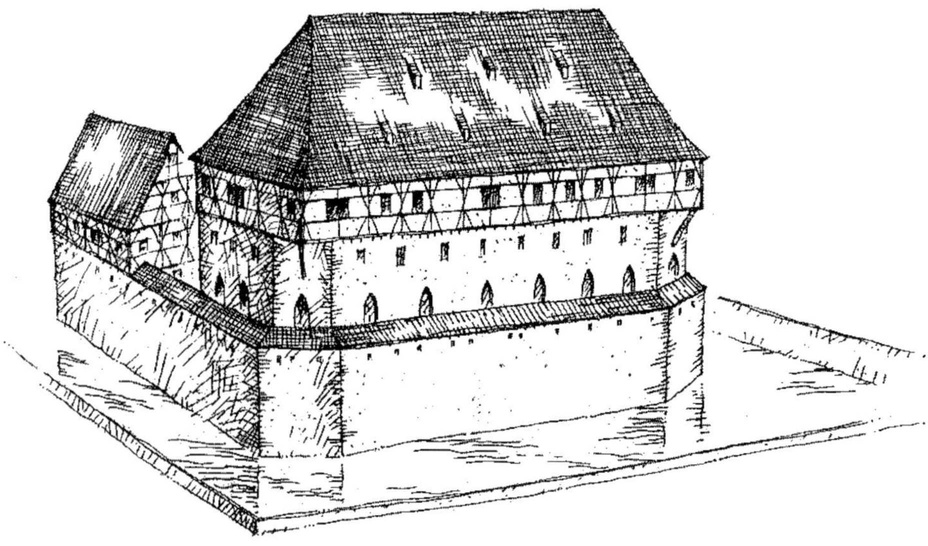

Naturnah: Auf dem Hasenhof betrieb Barbara eine Meierei.

heutige Amanduskirche. Doch so leicht ließ sich Eberhard der Jüngere nicht aus der Regierung verdrängen. Bis alle Streitigkeiten zwischen den Vettern aus der Welt geschafft waren, sollten noch zehn Jahre vergehen.

In Stuttgart bezogen Eberhard und Barbara die *Wasserburg*, das heutige Alte Schloss. Mit dem Stuttgarter Grafenpaar führten sie fortan eine gemeinsame und im Vergleich zu Urach wesentlich aufwändigere Hofhaltung. Nach wie vor spielte sich Barbaras Leben vornehmlich im abgeschlossenen Bereich des Frauenzimmers ab. Dort wurde gespeist und musiziert, gestickt und gelesen. Die Räumlichkeiten der Frauen wurden zuweilen auch gerne vom Graf und seinen Gästen aufgesucht; fernab vom höfischen Alltag fand man Zeit für Spiel und Entspannung.

Mit gewohnter Hingabe widmete sich Barbara naturnahen Tätigkeiten. Auf dem Hasenhof bei Waldenbuch bewirtschaftete sie eine Meierei, die Butter, Milch und Schmalz lieferte. Ihre Rinder weideten der Überlieferung nach im Reichenbachtal. Später erhielt sie einen Garten neben dem Alten Schloss, der ihr etliche Gestaltungsmöglichkeiten bot. Offenbar suchte sie immer wieder die Nähe der einfachen Leute und verlor nie das Wohlergehen ihres Volkes aus dem Blick. Als das Land unter einer Teuerung litt, soll sie auf der Weinsteige bei Stuttgart bemerkt haben, sie wolle *»gern mit dem einfachen Volk Bohnen und Speck essen«,* um damit ihre Solidarität auszudrücken.

Barbaras persönliche Situation hatte sich indes nicht wesentlich geändert. Als 1483 ihr Bruder Kardinal Francesco starb, erhielt Barbara keine Nachricht, denn der Bote, der über die Alpen unterwegs war, kam nie an und blieb verschollen. Nur durch Gerüchte erfuhr sie vom Tod ihres Bruders und wollte ihnen zunächst keinen Glauben schenken. Erst später konnte sie sich über die anderen Geschwister Gewissheit ver-

Eberhard im Bart lud gerne zu Turnierkämpfen.

schaffen und bat dringend um ausführlichere Nachrichten.

Eberhard im Bart war nach wie vor ein begeisterter Anhänger ritterlicher Kampfspiele und lud im Januar 1484 zu einem großen Turnier ein, das auf dem sogenannten *Turnieracker* in der Stuttgarter *Obern Vorstadt* abgehalten wurde. Im Anschluss an die Wettkämpfe gab Eberhard ein glanzvolles Bankett für die Teilnehmer – allesamt von Rang und Namen – und die adeligen Damen. Nach dem Festessen und der Verteilung der Turnierpreise wurde ausgiebig getanzt, *»damit der Abendt auch vertrieben wardt«*.

Kollektar der Dominikanerinnen. Barbara war den Kirchheimer Schwestern sehr verbunden.

Die Jahre der Wiedervereinigung und Festigung von Eberhards Herrschaft waren zudem von einem Konflikt überschattet, der für Barbaras Leben bedeutsam werden sollte. In Kirchheim (Teck) bestand seit dem 13. Jahrhundert ein Frauenkloster. Es konnte sich zunächst zu einem anerkannten Ort geistlichen Lebens entwickeln. Mit der Zeit hielt jedoch ein allzu lockerer Stil Einzug in die Klostermauern; von Unzucht, Kirchenraub und Gotteslästerung wurde berichtet. Sogar Graf Eberhard der Jüngere war des Nachts heimlicher Gast im Kloster gewesen. Durch den Einsatz von Reformschwestern kehrte Ruhe ein, doch die Dominikanerinnen gerieten erneut in Not, als das Amt Kirchheim als Ausgleich für seinen Regierungsverzicht ausgerechnet an Eberhard den Jüngeren überging. Er setzte die Nonnen unter Druck.

Eberhard und Barbara auf dem Titelblatt des Stiftungsbuchs von St. Peter auf dem Einsiedel

Zeichen der Wertschätzung: Die Gedenkmünze zum 20. Hochzeitstag im Jahr 1494.

Eberhard im Bart, der dem Kloster als früherer Landesherr Beistand zugesichert hatte, hörte den Hilferuf aus Kirchheim. Gemeinsam mit Barbara zeigte er den Klosterfrauen nicht nur moralische Unterstützung; am 10. Februar 1488 demonstrierte er Waffengewalt, nahm im Kloster Quartier und versprach den Dominikanerinnen zeitlebens seine weltliche Schirmherrschaft. Eine Woche später traf auch Barbara ein. Sie besuchte den Gottesdienst in der Klosterkirche und lud den Konvent zu einem Essen im Refektorium ein, bei dem sie selbst mit ihren Hofdamen und der Hofmeisterin anwesend war. Bereits in der Karwoche reiste sie erneut nach Kirchheim, nahm an den Messen teil und hielt sich im Kloster auf, bis Eberhard sie wieder nach Stuttgart rief.

Eine tiefe Frömmigkeit scheint die Eheleute in diesen Jahren verbunden zu haben. Zahlreiche Zeugnisse belegen dies, unter anderem die Darstellung Barbaras in den Glasfenstern der Tübinger Stiftskirche. Das im Jahr 1492 von Eberhard auf einer Hochfläche im Schönbuch gegründete Stift »St. Peter auf dem Einsiedel« erwähnt Barbara als Mitstifterin dieser geistlichen Gemeinschaft. Auch wenn ihre Ehe nicht mehr von Liebe getragen war, ließ Eberhard im Bart anlässlich seines 20. Hochzeitstages eigens eine Medaille in Klippenform prägen, die auf der Rückseite eine auf lateinisch abgefasste Inschrift trug: *»Gelübde und Dank dem Allmächtigen aus Anlass der zwanzigsten Wiederkehr ihrer Hochzeit.«*

Langsam neigte sich das Jahrhundert seinem Ende entgegen. Eberhard hatte viele seiner Pläne erreicht, war inzwischen mit der päpstlichen Goldenen Rose ausgezeichnet und in den bedeutenden spätmittelalterlichen Orden vom Goldenen Vlies aufgenommen worden. Auf dem Wormser Reichstag erfuhr Eberhard im Bart im Juli 1495 durch Maximilian I. die höchste Würdigung seines politischen Lebens. Die württembergischen Besitztitel und Herrschaftsrechte wurden zu einem einheitlichen Reichslehen zusammengefasst und zum Herzogtum erhoben. Eberhard trug fortan den Titel eines Herzogs und Barbara war nunmehr die erste Herzogin Württembergs. Im Zuge der Zeremonie in Worms erhielt Eberhard unter anderem das Herzogsschwert aus vergoldetem Silber.

Nach der Herzogserhebung hatte Eberhard im Bart nur noch sieben Monate zu leben. Sein ohnehin angeschlagener Gesundheitszustand – die Chronisten berichten von häufigem Fieber, Durchfall, Zahnbeschwerden, Gallen- und Blasengeschwüren – verschlechterte sich zusehends. Herzog Eberhard im Bart starb am späten Nachmittag des 25. Februar 1496 auf Schloss Hohentübingen. In seinen letzten Stunden gemahnte er seine Räte an ihre Pflichten ihrem Land gegenüber, *»tröstete seine Gattin mit einer ernsten, längeren Rede«* und bat sie, *»an ihrem Widen (Wittwentum)«* nicht zu irren. Als Grablege hatte er das Stift St. Peter bestimmt. Erst Jahrzehnte später wurden seine Gebeine von dort in die Tübinger Stiftskirche überführt.

Das württembergische Herzogsschwert. Eberhards neuer Titel machte Barbara zur Herzogin.

Am Ende der Zeit

Barbara sandte noch von Tübingen aus ein Schreiben nach Mantua und informierte ihre Familie über den Tod ihres Mannes. Von ihren Geschwistern lebten zu diesem Zeitpunkt nur noch Gianfrancesco, Ludovico und Paola. Herrscher in Mantua war Barbaras Neffe Francesco, Sohn und Nachfolger ihres verstorbenen Bruders Federico.

Barbara bezog wenig später ihren Witwensitz in der kleinen württembergischen Amtsstadt Böblingen. Bereits 1483 hatte Eberhard im Bart die Versicherung des Heiratgutes, der Widerlage und der Morgengabe auf Böblingen und Sindelfingen übertragen, nachdem vertraglich zunächst Herrenberg vereinbart gewesen war. Doch die 40-jährige Barbara hegte zunächst eine andere Hoffnung. Nachdem ihr die Heimreise jahrzehntelang untersagt gewesen war, gestand sie ihrem Neffen Francesco in einem am 23. Oktober 1496 verfassten Brief das nie wirklich verlorene Heimweh nach ihrer Geburtstadt *»patria natale e nido originario«* und ihren Wunsch *»desidero ancora io repatriare, vivere e morire quel puoco che ce resta cum el sangue mio et fra li mei«*. Sie hoffe, nach Mantua zurückkehren zu können, um dort während der wenigen Jahre, die ihr noch blieben, im Schoße der Familie zu leben und dort auch zu sterben. Die Umstände sollten ihr jedoch selbst diese letzte Heimkehr verwehren, obwohl Francesco durch seine Gattin Isabella d'Este Zustimmung signalisieren ließ.

In Stuttgart hatte nach Eberhard im Barts Tod Eberhard der Jüngere die Regierung übernommen, jener schwierige Vetter ihres verstorbenen Mannes, der damals in den Angelegenheiten des Klosters Kirchheim eine unrühmliche Rolle gespielt hatte. Dieser versuchte, Barbara das ihr als Witwe zustehende Vermögen streitig zu machen. In einem Brief nach Mantua sprach sie von *»certe cosse novamente achadute«*, gewissen Vorfällen, die vermutlich mit Auseinandersetzungen zwischen Eberhard dem Jüngeren und den württembergischen Landständen zusammenhingen. Verzweifelt wandte sie sich

Auf Schloss Böblingen verbrachte Barbara ihre wenigen Witwenjahre.

an Francesco und bat ihn um Unterstützung beim Kaiser, in Deutschland schaltete sie den Erzbischof von Mainz in dieser Angelegenheit ein. Auf Anraten guter Freunde und Verwandter entschloss sich Barbara schließlich, Deutschland nicht zu verlassen und in Böblingen zu bleiben.

Zu dieser Zeit lebte Eleonora Gonzaga, eine Tochter ihres nur wenige Monate nach Eberhard verstorbenen Bruders Gianfrancesco, bei Barbara. Das Mädchen bedeutete der einsamen Herzogin sehr viel, war ihr Trost und Aufgabe. Barbara bezeichnete sie als einen der Menschen, die ihr in Württemberg am liebsten seien – neben ihrer engen Freundin Margarete von Rechberg und der Erinnerung an ihre früh verstorbene leibliche Tochter: *»Infantem meam dudum defunctam«*.

Barbara sollte einiger Sorgen entledigt werden, als Eberhard der Jüngere aufgrund seiner Unfähigkeit schließlich abgesetzt wurde. Ihm folgte mit Ulrich ein Sohn dessen Bruders Heinrich auf den Thron. Eberhard im Bart hatte Heinrich bereits im Jahr 1490 wegen angeblicher Geisteskrankheit auf der Burg Hohenurach internieren lassen. Nun schien sich die Situation für Barbara etwas entspannt zu haben, denn Ulrich war zu Lebzeiten ihres Mannes ein Ziehsohn des Herzogspaares gewesen. In einem ihrer Briefe nach Mantua fragte sie sogar an, ob Ulrich ein oder zwei Pferde aus dem Mantuaner Gestüt erhalten könne.

So vergingen Barbaras letzte Jahre. Eine Heimkehr nach Mantua kam nicht mehr in Frage. Nachdem auch ihre Schwester Paola 1497 im Alter von 34 Jahren gestorben war, lebte nur noch ihr Bruder Ludovico, mit dem sie einen regelmäßigen Briefwechsel unterhielt. Sie kümmerte sich rührend um ihren Zögling Eleonora Gonzaga und schloss diese persönliche und wichtige Aufgabe ab, als das Mädchen im Jahr 1500 einen schwäbischen Grafen heiratete. Kurz darauf erwarb Barbara in Böblingen ein Stückchen Land am *Oberen See*, um sich auch hier ihrer Naturverbundenheit widmen zu können.

Über Barbaras Leben während ihrer Witwenschaft in Böblingen berichtete der Habsburger Chronist Ladislaus Suntheim: *»Böblingen ein Stadt und Schloß im Gäu am Schönbuch gelegen; da sind Weiher und kein namhaft Wasser; da hält die Frau Barbara von Mantua Hof und ist die grösst (dickste) Frau als sie in deutschen Landen ist von Leib und keiner hat nie kein(e) grösser (dickere) gesehen. Ist Herzog Eberhards von Wirtenberg mit dem Bart Hausfrau gewesen.«*

Barbara, die bereits als junge Frau zur Korpulenz neigte, hatte mit den Jahren an Leibesfülle gewonnen. Mittlerweile war sie so dick geworden, dass sie sich kaum noch bewegen konnte und meistens geführt werden musste. *»Um sie von einem Bette ins andere zu tragen seien 16 starke Männer erforderlich«* gewesen, so die Quellen. Im Mai 1503 schloss Barbara Gonzaga, Herzogin von Württemberg, im Alter von 47 Jahren für immer die Augen.

Epilog

Ein in weiten Teilen stilles Leben war zu Ende gegangen. Trotz des hoffnungsvollen Beginns war Barbara in Württemberg nie wirklich heimisch geworden. Die Sehnsucht nach ihrer italienischen Heimat, die Reduzierung ihrer Rolle auf die der duldenden und in jeder Hinsicht abhängigen Ehefrau, sprachliche Barrieren und die Kinderlosigkeit hatten Barbaras Entwicklungsmöglichkeiten weitgehend eingeengt. Eine möglicherweise ererbte Veranlagung zur Schwermut kam hinzu. Ihr Gatte, der sie zunächst sehr begehrte, war letzten Endes seinen machtpolitischen Plänen verbunden gewesen, denen Barbara durch die ausbleibende Nachkommenschaft nur begrenzt hatte dienlich sein können. Die abschließende Beurteilung dieser Ehe ist schwierig, ihre Bedeutung dagegen darf nicht unterschätzt werden. Mit Eberhard und Barbara waren die lateinische und die germanische Welt aufeinandergetroffen. Die italienische Markgrafentochter hatte das Denken der Renaissance und des Humanismus nach Schwaben gebracht und damit die kulturelle Entwicklung des Herzogtums befruchtet.

Barbara fand wohl in einer Gruft im Chor der Klosterkirche der Kirchheimer Schwestern ihre letzte Ruhestätte. Einen Grabstein konnten sich die Nonnen nicht leisten und so blieb ihr Grab ungeschmückt. Als die Kirchheimer Klosterkirche im Zuge der Reformation am Ende der 1530er-Jahre abgerissen wurde, versäumte es Herzog Ulrich, ihren Leichnam nach Tübingen überführen zu lassen. Sein Nachfolger, Herzog Christoph, wollte dies nachholen und ließ nach ihren sterblichen Überresten suchen, doch bereits zu dieser Zeit – nur 48 Jahre nach ihrem Tod – wurde nichts mehr gefunden. Barbaras Leichnam ist bis heute verschollen, die Erinnerung an sie aber ist lebendig. Die italienische Markgrafentochter erfährt inzwischen eine bemerkenswerte Popularität, ihre Spuren finden sich an zahlreichen Orten Oberitaliens und Württembergs.

Sabina von Bayern

(1492–1564)

»Es muß geschlagen seyn«

Auf der Flucht

Sabina von Bayern war noch ein Kind, als ihre Ehe mit dem späteren württembergischen Herzog Ulrich vermittelt wurde. Eine gängige Praxis in den Fürstenhäusern. Künftige Ehegatten lagen nicht selten noch in den Windeln, wenn bereits über strategisch und politisch reizvolle Verbindungen verhandelt wurde. Allzu oft zerschlugen sich diese Projekte noch vor der Zeit, sei es durch Todesfälle oder die Tatsache, dass veränderte Rahmenbedingungen andere Allianzen ratsam erscheinen ließen. Hatten die Absprachen Bestand, dann heirateten meistens zwei Menschen, die sich kaum kannten. Auch Sabina besaß nur eine vage Vorstellung von ihrem künftigen Gatten, der sich zudem kaum für sie zu interessieren schien. Kränkend lange musste sie warten, bis das gegebene Eheversprechen endlich eingelöst wurde. Immer wieder wurde von bayerischer Seite insistiert, immer wieder fand sich eine Ausrede. Erst auf äußeren Druck hin rang sich Ulrich endlich zur Umsetzung der Heiratspläne durch. Mit gemischten Gefühlen trat Sabina schließlich ihre Brautreise an, denn die aus vertrauenswürdigen Quellen stammenden Warnungen vor dem schwierigen Wesen ihres künftigen Gatten waren kaum zu überhören gewesen.

Württemberg rüstete abermals für eine pompöse Fürstenhochzeit, die das Uracher Fest an Glanz noch übertreffen sollte. Doch die Verbindung der beiden stand unter keinem guten

Sabinas kluge Mutter Kunigunde war eine Tochter Kaiser Friedrichs III.

Stern. Denn selbst wenn die Liebe bei Heiraten unter Herrscherhäusern nur selten eine Rolle spielte, so war das, was Sabina erwartete, nicht nur die Aufgabe der gehorsamen Ehefrau. Es sollte das Drama ihres Lebens werden und seine Schatten bis auf die politische Bühne des Reiches werfen.

Eine bayerische Prinzessin

In den Nachmittagsstunden des 24. April 1492, dem Tag nach St. Georg, wurde dem bayerischen Fürstenpaar in München eine kleine Tochter geboren und auf den Namen Sabina getauft. Nach Sidonie und Sibille war auch das dritte Kind der Familie ein Mädchen. Sabinas Vater, Albrecht IV. der Weise, hielt zu diesem Zeitpunkt bereits 25 Jahre die Regierung in Bayern in Händen, die er sich einst nach langem Bruderzwist hatte sichern können. Erst seit wenigen Jahren war er mit der schönen Kunigunde von Österreich verheiratet, einer Tochter Kaiser Friedrichs III. und dessen portugiesischer Frau Leonora. Seine Brautwerbung hatte Albrecht damals gegen den Willen des Schwiegervaters durchsetzen müssen, denn Friedrich III. erschien die Verbindung aus politischen Gründen zunächst inakzeptabel. Er befürchtete eine Bedrohung der habsburgischen Interessen durch den Bayernherzog. Unterstützung hatte Albrecht dagegen von Kunigundes Bruder Maximilian bekommen, der später seinem Vater als Kaiser auf den Thron folgen sollte und auf eine Kooperation mit dem mächtigen Bayern in der habsburgischen Politik setzte. Wie auch immer der alte Kaiser letzten

Endes überzeugt worden sein mag – am 2. Januar 1487 hatte der vierzigjährige Albrecht in Innsbruck endlich seine damals 22 Jahre alte Kunigunde geheiratet. Die Ehe von Sabinas Eltern war vorbildlich, glücklich und fruchtbar. Insgesamt drei Söhne und fünf Töchter sicherten die Erbfolge und bildeten eine muntere Kinderschar, obwohl einige früh starben.

Sabinas Vater Albrecht (kniend) galt als ehrgeiziger Landesfürst.

Sabina erlebte eine unbeschwerte Kindheit in der Geborgenheit ihrer Familie und wurde streng katholisch erzogen. Ihre Mutter Kunigunde galt als fromm, klug, literarisch interessiert und war von herbem Stolz. Albrecht IV. schätzte und liebte seine Frau, zog sie oft zu Rate und weihte sie selbst in geheime politische Pläne ein. Die Kinder des Paares waren in mehrfacher Hinsicht von hohem Rang. Ihre Position als Nichten des späteren Kaisers Maximilian machte die Prinzessinnen zu begehrten Heiratskandidatinnen. Albrecht galt als willensstarker und erfolgreicher Regent und sondierte schon früh mögliche Eheverbindungen seines Hauses mit einflussreichen Herrschern.

Als Sabina sechs Jahre alt war, geriet dabei das aufstrebende Herzogtum Württemberg ins Blickfeld ihres Vaters. Albrecht konnte bei seinen dynastischen Bemühungen auf die Unterstützung seines Schwagers Maximilian zählen, der Schwaben als bedeutende Einflusszone der Habsburger im Reich absichern wollte.

Der anvisierte Heiratskandidat Ulrich war ebenfalls noch minderjährig. Er regierte das Herzogtum Württemberg seit kurzem unter Vormundschaft der württembergischen Stän-

Die Großen des Reichs: Sabinas Großvater, Kaiser Friedrich III. (rechts) und der Papst (links).

de. Bereits in diesen jungen Jahren zeigte er unbeherrschte und rohe Charakterzüge, deren Ausprägung eine schwierige Kindheit gefördert hatte. Denn nur wenige Tage, nachdem sie ihren Sohn am frühen Morgen des 8. Februar 1487 im Schloss von Reichenweier im Elsass zur Welt gebracht hatte, war Ulrichs Mutter an den Folgen der Geburt gestorben. Das Kind, dem man zunächst die Namen Eitel Heinrich gegeben hatte, war von Beginn an Gegenstand machtpolitischer und finanzieller Interessen gewesen. Es sollte zunächst bei Großmutter und Ahnfrau erzogen werden. Pläne, den Knaben zu entführen und für seine Erziehung horrende Summen zu kassieren, waren aufgedeckt und verhindert worden.

Eberhard im Bart, damals erster Herzog Württembergs und ohne legitimen Erben, hatte die Bedeutung des Säuglings für den Fortbestand der württembergischen Dynastie erkannt und ihn – versteckt in einem Korb – von Reichenweier über Straßburg nach Stuttgart bringen lassen. Dort wurde das Kind von

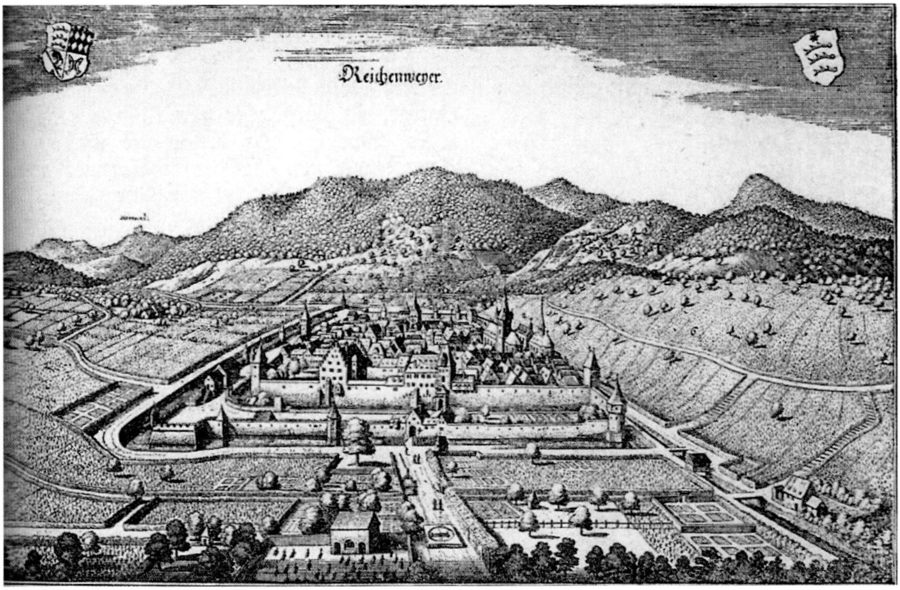

Reichenweier im Elsass, Ulrichs Geburtsort.

ihm und seiner Frau Barbara Gonzaga in Obhut genommen. Während der wenigen Jahre unter Eberhards Vormundschaft hatte der Junge eine ausgezeichnete Erziehung genossen, Spielgefährten gehabt und schließlich am Tag seiner Firmung den dynastischen Symbolnamen Ulrich erhalten.

Eberhard im Bart war jedoch 1496 gestorben. Sein unsteter Nachfolger Eberhard der Jüngere übernahm nun die Vormundschaft für Ulrich, dem fortan ein stabilisierendes Umfeld fehlte. Auch seitens des leiblichen Vaters erfuhr der Junge keine Unterstützung. Denn bei ihm handelte es sich um jenen armen Heinrich, den Eberhard im Bart vor Jahren wegen angeblicher Geisteskrankheit auf dem Hohenurach hatte einkerkern lassen. Der eingesperrte Heinrich war zu diesem Zeitpunkt in zweiter Ehe mit Eva von Salm verheiratet, die ihm auch während seiner Gefangenschaft verbunden blieb und auf der Burg Hohenurach zwei Kinder gebar, Maria und Georg.

Der junge Ulrich. Ein Heißsporn mit schwierigem Charakter.

Ulrich war also seit seinem neunten Lebensjahr nahezu auf sich allein gestellt gewesen. Die weitere Erziehung zeichnete sich zunächst durch ein Übermaß an demütigender Strenge, später durch ein Übermaß an Freiheit aus. Umgeben von Günstlingen und ohne führende Hand wuchs er wild und rau heran, fand Gefallen an ritterlichen Übungen, der Jagd, an Hunden und Pferden. Das freie und ungebundene Leben, das er mit seinen Genossen führte, ließ ihn emotional verwahrlosen. Er kannte keine Selbstbeherrschung, galt als starrsinnig und trotzig und zeigte ein tiefes Misstrauen gegenüber den Personen seiner näheren Umgebung. Die geistige Bildung wurde zunehmend vernachlässigt. Doch eines nahm Ulrich mit in seine Zukunft: eine große Liebe zur Musik, die so gar nicht zu seinen anderen Wesenszügen passen wollte. Er pflegte den Gesang und soll etliche eigene Kompositionen geschaffen haben.

Früh schon war Sabinas Onkel Maximilian auf den jungen Württemberger aufmerksam geworden. Ulrichs beherztes, kämpferisches Wesen imponierte dem Habsburger und so ließ er den jungen Herzog immer wieder für einige Zeit an seinen Hof holen. Maximilian, der Bruder von Sabinas Mutter, war im Jahr 1493 seinem verstorbenen Vater Kaiser Friedrich III. als Regent des Heiligen Römischen Reiches deutscher Nation nachgefolgt. Sein besonderes Augenmerk richtete der Herrscher auf die politische Entwicklung in Württemberg, denn er hatte die Wichtigkeit des Herzogtums für die Stabilität im südwestdeutschen Raum erkannt. Im Mai 1498 enthob er Eberhard den Jüngeren, dessen Willkürherrschaft das Land destabilisiert hatte, mit Unterstützung der württembergischen Landstände seines Amtes als regierender Herzog und bestimmte den Knaben Ulrich zu dessen Nachfolger. Ein ständisches Regiment übernahm die Regierungsgewalt.

An dieser Stelle verflochten sich Maximilians Interessen mit den heiratspolitischen Plänen, die Sabinas Vater Albrecht von Bayern für seine Tochter hatte. Gemeinsam betrieb man mit Nachdruck und Erfolg die Brautwerbung für die kleine Prinzessin. Sabina wurde dem damals elfjährigen Ulrich versprochen, *»um Mehrung willen besondrer Freundschaft, Fried und Einigkeit zwischen beider Fürstentümer Bayern und Württemberg und aus anderen ansehnlichen Ursachen«*. Die Heiratsabrede wurde in München verhandelt und schriftlich festgehalten. Demnach erhielt Sabina von ihrem Vater 32 000 Gulden nebst einer standesgemäßen Ausstattung mit Kleinodien und Silber. Ulrich widerlegte die Summe in gleicher Höhe und sicherte eine Morgengabe von 10 000 Gulden zu. Der Heiratsvertrag sah zudem vor, dass Ulrich seine Braut *»einholen«* müsse, sobald sie das 16. Lebensjahr erreicht habe und eine Zahlung von 16 000 Gulden fällig werde, falls eine der Parteien vom Vertrag zurücktreten sollte. Sabina musste den üblichen Erbschaftsverzicht leisten. Man schrieb den 18. Oktober 1498, den Donnerstag nach St. Galli.

Die Jahre vergingen und die beiden Kinder wuchsen heran. Ulrich entwickelte in dieser Jugendzeit ein ausgeprägtes Machtbewusstsein, das seine selbstherrlichen Charakterzüge noch unterstrich. Mit sechzehn Jahren und damit vier Jahre früher als vorgesehen wurde er von Maximilian für volljährig erklärt und der Stuttgarter Regimentsrat angewiesen, dem Herzog trotz seines jugendlichen Alters die Regierung zu übergeben. Gleichzeitig erwartete man hoffnungsvoll eine Heirat mit Sabina. Die Pläne Habsburgs und Bayerns schienen aufzugehen, denn ihre enge Zusammenarbeit bescherte den Fürsten erste Erfolge. Im Jahr 1504 zog Württemberg mit Maximilian im Rahmen des bayerischen Erbfolgekrieges erfolgreich gegen die Kurpfalz ins Feld. Doch obwohl er ansehnliche Gebietsgewinne verbuchen konnte, fühlte sich Ulrich bereits zu diesem Zeitpunkt durch die Anbindung an die

Politik Habsburgs eingeengt und begann, sich als eigenständiger Herrscher zu etablieren.

Hochzeit wider Willen

Im Jahr 1508 nahm Maximilian, der dem Reich bisher als römischer König vorgestanden hatte, die Kaiserwürde an und regierte von nun an als Kaiser Maximilian I. Zugleich bestand er auf einer baldigen Hochzeit Ulrichs mit Sabina, da der Württemberger trotz der seit Jahren bestehenden Eheabrede wenig Interesse an der Kaisernichte zeigte.

Sabina durchlebte eine schwere Zeit. Im März 1508 starb ihr Vater, ihre trauernde Mutter Kunigunde zog sich gegen den Willen ihrer Kinder aus dem Wohnsitz der bayerischen Herzöge, der Münchner *Neuen Veste*, in ein nahegelegenes Kloster zurück. Einen guten Monat später erreichte Sabina das vereinbarte Heiratsalter von sechzehn Jahren. Doch auf ihren Bräutigam wartete sie vergebens, denn Ulrich dachte nicht daran, seine Braut nach Stuttgart zu holen und zu ehelichen. Viel lieber ritt er nach Nürtingen, um im Haus seiner Tante einer anderen Dame den Hof zu machen – Elisabeth, der Tochter des Markgrafen Friedrich von Brandenburg. Oftmals begleitete ein Trompeter den Herzog, der Elisabeth zur Nachtzeit ein Ständchen bringen musste. Aus München drangen derweil mahnende Worte nach Württemberg; in einem Schreiben wurden Ulrichs Hofmeister und sein

Kaiser Maximilian I., hier im Familienkreis, drängte auf eine Heirat von Sabina und Ulrich.

Ulrich hegte romantische Gefühle für die blutjunge Elisabeth von Brandenburg (Epitaph).

Kanzler an die vereinbarte Heirat erinnert. Ausweichend erklärten diese, man wolle sich der Sache *»mit der Zeit«* annehmen und sie nach Kräften fördern.

Im Januar des darauffolgenden Jahres erschien Ulrich tatsächlich persönlich in München. Mit einem stattlichen Gefolge von 380 Berittenen nahm er am prächtigen Leichenbegängnis in *»Unser lieben Frauen Pfarrkirchen«* zu Ehren von Sabinas Vater teil. Unmittelbar danach wurde die Eheabrede zwischen ihm und Sabina mit der Vollziehung des Handstreichs bekräftigt. Bereits bei diesem Besuch soll sich Ulrich seiner Braut gegenüber ausfallend verhalten haben. Sabina muss langsam bewusst geworden sein, dass eine Ehe mit dem württembergischen Herzog schwierig werden würde. Doch die Fäden in diesem Spiel hielten weder sie noch ihr Bräutigam in der Hand. Ulrich versuchte nach seiner Visite in München zwar weiterhin, einer Heirat auszuweichen, doch der Arm des Kaisers war lang. Des Herzogs Muse Elisabeth wurde kurzerhand mit dem Markgrafen Ernst von Baden verlobt und heiratete ihn im Spätsommer 1510. Der jagdbegeisterte Ulrich soll seiner Trauer in einem Lied Ausdruck gegeben haben:

Fahr hin, Gewild, in Waldes Lust!
Ich will dir nimmer schrecken
Nit jagen dein schneeweiße Brust,
ein ander muß dich wecken
mit Jägers Geschrei und Hundes Biß,
dass du nit magst entrinnen;
halt dich in Hut, mein Tierle gut!
Mit Leid scheid ich von hinnen.

Der Weg für eine Hochzeit schien frei zu sein, doch noch einen Monat vor dem festgesetzten Termin versuchte Ulrich erneut, das Vorhaben zu verhindern. Er verlangte eine Erhöhung des Heiratsgutes um 8000 Gulden, der nicht entsprochen wurde. Ein weiteres Hinauszögern war nicht mehr möglich. Am Sonntag, den 2. März 1511, machte sich Ulrich von Württemberg mit tausend Berittenen, einigen Männern von Adel, den kaiserlichen Gesandten und Vertretern der Stände auf, seine Braut vor den Toren Stuttgarts abzuholen.

Sabina hatte in diesen Tagen an der Hochzeit ihrer Schwester Sibille mit Kurfürst Ludwig V. von der Pfalz teilgenommen und kam deshalb mit großem Gefolge aus Heidelberg nach Stuttgart. Sie wurde von ihrem Bruder Wilhelm begleitet und hatte die erste Nacht auf württembergischen Boden im Markgröninger Schloss verbracht. Acht verdeckte Wagen und vier goldene Kutschen, gefolgt von 350 Berittenen brachten die Braut an die vereinbarte Übergabestelle. Trompeter und Paukenspieler ließen Musik erklingen, als sich der Brautzug und der Tross des Herzogs auf der Prag zwischen Feuerbach und Zuffenhausen begegneten. Ulrich sprengte vor und stieg von seinem reich geschmückten Pferd; ein stattlicher, gutaussehender Mann mit rotblondem, krausem Haar und rotem Bart. Sein rotes Festgewand strotzte von Gold und Edelsteinen, dazu trug er einen breitkrempigen Hut mit wallendem Federbusch, Halbstiefel aus Silberstoff, goldene Sporen und einen kostbaren Degen. Sabina, ebenfalls in ein prachtvolles rotes Festgewand gekleidet, stieg aus ihrem reich geschmückten Wagen. Sie war sehr groß und von kräftiger Statur, *»eine schöne grade Frau«* und nach Aussage ihrer Brüder *»mit sonderer angeborner fürstlicher und treulicher Tugend, Zucht, Ehre, Lieb und Gestalt von dem Allmächtigen versehen«*. Andere Zeitgenossen beurteilten ihre körperliche Erscheinung weit weniger schmeichelhaft, vor allem ihr für eine Frau ungewöhnlich hoher Wuchs wurde bemängelt. Unter den Jubelrufen der versammelten Volksmenge schritten Braut und Bräutigam aufeinander zu, umarmten sich und begaben sich gemeinsam nach Stuttgart. Rennspiele aller Art begleiteten den Weg in die Stadt, die sich fürstlich herausgeputzt hatte. Vor den Toren standen rot gewandete Wachleute mit Hellebarden Spalier und die ganze Bevölkerung war auf den Beinen.

In der Stuttgarter Stiftskirche wurden der unwillige Herzog und Sabina getraut.

Der Hochzeitszug folgte dem Stadtgraben und der Stadtmauer und gelangte durch das südliche *Obere Tor* ins Stadtinnere. Nach einem Halt am Marktplatz erreichten die Brautleute und ihr Gefolge die Stuttgarter Stiftskirche, vor deren Hauptportal ihnen Prälaten und Geistliche die Ehre erwiesen. Der Bischof von Konstanz empfing das Paar unter der Kirchentüre. Nach einer kurzen Ansprache wandte er sich an Braut und Bräutigam, um ihnen das Eheversprechen abzunehmen. Unmittelbar nach dem Jawort bat der Bischof Ulrich um den Brautring und streifte ihn über Sabinas Finger mit den Worten: *»Wie der Ring rund von Edelgesteinen und von lauterm Gold seie, also soll auch die Liebe kein End haben und die eheliche Treue unverfälscht bleiben.«* Er verband die rechten Hände der Brautleute und segnete sie. Die Kirchenmusik hatte Ulrich persönlich ausgesucht und bewies dabei einen ausgezeichneten Geschmack. Unter den Klängen des »Te deum laudamus«, das der Chor nun anstimmte, zog das Brautpaar in die Kirche ein, kniete am Altar nieder und verrichtete sein Gebet.

Mit Pomp und großem Glanz begannen im Anschluss an den Kirchgang die Hochzeitsfeierlichkeiten im Stuttgarter Schloss. Die mitten in der Stadt gelegene und von bürgerlichen Häusern umgebene herzogliche Residenz hatte eine dem großen Ereignis angemessene Renovierung erfahren;

ihre frisch ausgemalten Räume erstrahlten in neuem Glanz. Noch bevor das Fest begann, suchten Sabina und Ulrich das Brautzimmer auf, in dessen Mitte ein großes, prachtvolles Bett auf elfenbeinernen Füßen stand. Unter Zeugen vollzogen die Brautleute das symbolische Beilager, bevor sie mit ihrer Gesellschaft den mit kostbaren Stoffbehängen festlich hergerichteten Speisesaal betraten.

Unter Einhaltung eines komplizierten Hofzeremoniells wurden die Gäste an verschiedenen Tischen bewirtet, neben Sabina hatte ihre Schwester Sibilla Platz genommen. Der Braut waren drei Grafen als persönliche Hofbeamte zur Seite gestellt; sie sollten ihr zum Tanz, zur Tafel, bei den Ritterspielen und zum Tragen der Schleppe aufwarten. Die Mahlzeiten, aber auch die musikalischen Darbietungen des Festes waren von edler Qualität. Ochsen, Kälber, Kapaunen, Krammetsvögel und Pfauen, Auerhähne, Fische und Krebse, Wildbret und andere Köstlichkeiten wurden serviert, Früchte und Konfekt verwöhnten adelige Gaumen. Die herzogliche Hofkapelle begleitete das Bankett mit Musik und Gesang. In der Dürnitz, dem Eingangsbereich des Schlosses, eröffnete das Brautpaar am Abend unter dem Schein von Wachsfackeln den Tanz, der bis in die Nacht hinein währte.

Ähnlich dem Beilager aus der Schönen Melusine wurde die Ehe des Herzogpaares eingesegnet und offiziell vollzogen.

Am nächsten Morgen, dem zweiten Tag des Festes, fanden sich Wilhelm und Ludwig von Bayern mit reichem Gefolge im Brautgemach ein. Im Beisein ihrer Brüder überreichte Ulrich seiner Frau die Morgengabe. Sabina nahm Schmuck und Edelsteine mit einer Kniebeuge entgegen, zudem wurden ihr Winnenden und Waiblingen als Unterpfand übertragen. Sie entsagte ihrem Heimatrecht in Bayern und gelobte, Herrn und Land Württemberg für immer angehören zu wollen. Gegen acht Uhr brach die Gesellschaft zu einem weiteren, feierlichen Kirchgang auf. Die Messe zelebrierte erneut

Höfischer Tanz. Ulrich machte aus seiner Hochzeit ein glanzvolles Fest.

der Bischof von Konstanz, flankiert von zwei Diakonen. Vor Sabina standen 24 Edelknaben und hielten brennende Kerzen in den Händen, feierliche Musik untermalte die Zeremonie. Nach dem mittäglichen Festschmaus im Schloss – unter anderem gab es mit Blattgold überzogene Vögel – empfing das Brautpaar die Geschenke. Redner priesen Herzog und Herzogin, überreichten ihnen teures Silbergeschirr und freuten sich über deren Dank in Form von Kränzen und Blumensträußen, die Sabinas Schwester eigenhändig gebunden hatte. Auch dieser Abend klang mit Tanz aus.

Die an Pracht kaum zu überbietenden Hochzeitsfeierlichkeiten dauerten noch mehrere Tage lang. Vergnügt feierte das Volk mit, tafelte und trank, amüsierte sich bei Musik und Tanz und ließ sich von den Darbietungen der Gaukler und vielfältigen Belustigungen unterhalten. Trompeter spielten zu Ehren des Paares im Schlosshof, bei den zahlreichen Rit-

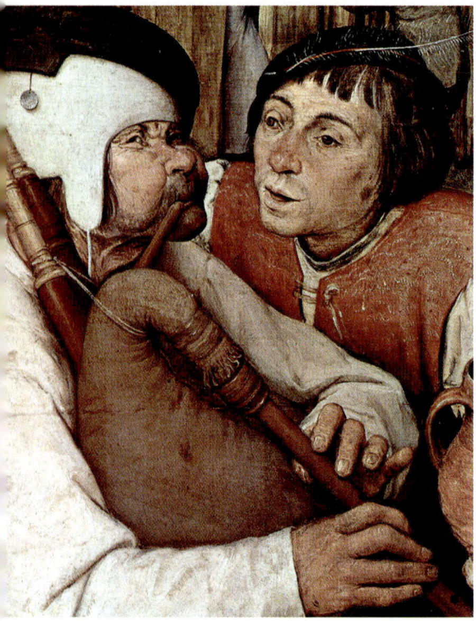

Musikanten und Gaukler unterhielten das Volk vor dem Schloss.

terspielen tat sich der Bräutigam selbst durch Kraft und Gewandtheit hervor. Kampferprobt und ehrgeizig errang er den Sieg und erhielt aus der Hand seiner frisch angetrauten Frau eine goldene Kette als Preis. Den Herren war bei diesen Turnieren nicht nur eine Belohnung gewiss, sondern auch die Bewunderung der zahlreich anwesenden Damen und Edelfräulein. Als am Donnerstag ein Ruhetag eingelegt wurde, übergab Herzog Wilhelm von Bayern das vereinbarte Heiratsgut an seinen Schwager Ulrich.

Müde, gesättigt und voller Eindrücke machten sich die Gäste im Laufe des Freitags und Samstags auf die Heimreise. Sie hatten nicht nur gefeiert – auch so manche geheime diplomatische Mission war am Rande der Festlichkeiten besprochen worden. Stuttgart kehrte allmählich zum Alltag zurück. 16 000 Menschen und über 6000 Pferde waren beherbergt und verköstigt worden und das, obwohl die Stadt damals nur etwa 5000 Einwohner zählte. Damit sprengte die Stuttgarter Hochzeit jeden Rahmen. Die unverhältnismäßig hohen Kosten der Vermählung brachten daher auch zahlreiche Kritiker auf den Plan. Doch die außenpolitische Wirkung des Festes war nicht zu unterschätzen, denn die aus Stuttgart heimkehrenden geistlichen und weltlichen Fürsten priesen Reichtum, Macht und Glanz des Herzogtums und steigerten sein Ansehen erheblich.

Ein streitbares Ehepaar und ein unruhiges Land

»Als ein gehorsam Freulein« war Sabina nach eigenem Bekunden in diese Ehe gegangen, unwillig hatte Ulrich sie zur Frau genommen. Die Vorzeichen für ein Gelingen ihres ge-

Ein Festbankett. Den Gästen in Stuttgart wurden erlesenste Speisen und Weine kredenzt.

meinsamen Lebensweges standen trotz der üppigen Hochzeit schlecht. Mit Ulrich und Sabina hatten sich zwei streitbare Charaktere verbunden. Der württembergische Herzog war ein Egozentriker mit brutalen Zügen. Er konnte zwar durchaus liebenswürdig und zuvorkommend sein, doch diese Seite verbarg er allzu oft und insbesondere dann, wenn er sich genötigt fühlte. Seine Frau war ihm aufgezwungen worden und entsprach zudem überhaupt nicht seinem Geschmack. Sabina selber galt als scharfzüngig, streitbar und willens, ihre Interessen durchzusetzen. Sie wirkte energisch, konnte aufbrausend und grob sein. In ihrem Inneren mag noch die Mahnung geklungen haben, sich vor Ulrich in Acht zu nehmen und *»uns vor dem Handstreich und Beiliegen seiner lieb ungeschickten*

Ulrich gab sich Sabina gegenüber als jähzorniger Tyrann.

Wesens halb zu verhüten«. Misstrauen prägte die Beziehung von Anfang an.

Ulrich von Württemberg grenzte sich zu diesem Zeitpunkt bereits immer deutlicher von Habsburg und der Politik Maximilians ab. Alle Versuche, Württemberg in den *Schwäbischen Bund* zu integrieren, scheiterten an dessen politischer Verbindung mit dem Kaiser. Stattdessen suchte Ulrich die Nähe des *Kontrabundes*, eines auf bilateralen Vereinbarungen beruhenden Bündnisses einflussreicher Fürsten, die sich ebenfalls des kaiserlichen Einflusses zu entziehen versuchten. Ein gefährliches Spiel, zumal Ulrich gleichzeitig mit enormen innenpolitischen Schwierigkeiten zu kämpfen hatte. Bereits bei seinem Regierungsantritt war die finanzielle Lage des Landes zerrüttet gewesen. Eine Konsolidierung schien nicht in Aussicht, Kriegszüge forderten enorme Summen und entsprechend seiner Geisteshaltung pflegte der württembergische Herzog einen aufwändigen Lebensstil. Seine prachtvolle Hofhaltung erzeugte weitere enorme Kosten – Geld, das dem Land abgerungen werden musste.

Die württembergischen Landstände, die für große Teile dieser Summen bürgen mussten, begannen sich zu wehren. Mehrmals hatten sie Ulrich zu einer sparsameren Haushaltsführung aufgefordert, doch dieser dachte nicht daran, sich zu bescheiden und lebte in gewohnter Herrlichkeit weiter. Zwei Jahre nach der Hochzeit trieb das Land auf einen Staatsbankrott zu. Um seinen Schuldenberg zu reduzieren, ersann Ulrich Pläne zu deren Tilgung, die ihn selbst möglichst wenig tangierten. Das Volk sollte bezahlen. Eine Vermögenssteuer konnte er aufgrund des großen Widerstandes der Landstände nicht durchsetzen. Also sah er ein Umgeld auf Fleisch, Getreide und Wein vor. Diese Verbrauchssteuer – die nach harten Verhandlungen schließlich eingeführt werden sollte – traf das gemeine Volk hart in einer Zeit, da Missernten und die damit verbundenen hohen Nahrungsmittelpreise viele Menschen an den Rand der Existenz brachten. In der Bevölkerung brach Unruhe aus.

Sabinas barsches Wesen machte den Umgang mit Ulrich schwierig.

Auch der Haussegen hing schief, denn das Zusammenleben von Sabina und Ulrich erwies sich als unerträglich. Daran änderte selbst die Geburt ihrer gemeinsamen Tochter Anna am 30. Januar 1513 nichts. Die Abneigung beider Ehegatten steigerte sich zu Hass; Verletzungen und Erniedrigungen waren an der Tagesordnung. Ulrich verhielt sich Sabina gegenüber ausfallend und griff zu Mitteln der körperlichen Züchtigung, Sabina rächte sich, wann immer sie konnte.

Die persönliche Krise des Herzogspaares blieb nicht unbeachtet, denn Sabina beschwerte sich bei den herzoglichen Räten, ihren Brüdern in München und schaltete schließlich sogar ihren Onkel, den Kaiser, ein. Die gegenseitigen Boshaftigkeiten formulierten der Herzog und die Herzogin Jahre später schriftlich. Sabina schilderte Ulrichs Misshandlungen, klagte über seine Schläge *»in mein Angesicht, zu meinem Herzen und sonst auch, auf einen Arm, dass ich den etlich Zeit in einer Schlinge hab tragen müssen«* und berichtete von Drohungen: *»Es muß geschlagen seyn, und das seyc nur Vorbitt; so cr mich hernach mehr schlage, wolle er mich zu Tod schlagen.«* Das eheliche Zusammenleben war ihrer Aussage zufolge selbst in den intimsten Momenten von Gewalt geprägt gewesen: *»Auch mehrmals, so er Nachts bey mir gelegen, ein bloßes Schwert neben sich gelegt und viel andere mehr Grausamkeit erzeigt, das ich noch zur Zeit um fräulicher fürstlicher Zucht Willen unterlasse.«* Ulrich stritt ab, seine Frau körperlich und seelisch misshandelt zu haben, obwohl er durch ihre *»überschwänglich, üppig, zornig heiß reden und Reizungen«* durchaus Grund dazu gehabt hätte.

Seiner Aussage zufolge habe er sie treulich, freundlich und tugendlich gewarnt und sie um ein besseres Verhalten gebeten. Selbst ihre Abweisungen in der Nacht habe er hingenommen und mehrmals *»von ihr vom Bett müssen uffstehn«*. Später gab er Maximilian gegenüber zu, Sabina mit der Hand geschlagen zu haben, aber *»nicht zu hart«*, wie er betonte. Sabina hielt dagegen, sich jederzeit gut benommen zu haben. Im Gebet habe sie den Allmächtigen täglich um *»friedliche Beiwohnung und ewig Einigkeit«* angefleht. Nicht nur als Gemahlin, sondern als Dienerin habe sie ihrem Mann angehören wollen, doch alles habe nichts genutzt.

Die Tatsache, dass Sabina und Ulrich ihre ehelichen Schwierigkeiten öffentlich austrugen, beschleunigte deren Eskalation. Zudem machte das Geschwätz der Hofbediensteten die Runde. Da sie häufig Zeugen der herzoglichen Auseinandersetzungen wurden, verbreiteten sie ihre Beobachtungen am Hof und in Stuttgart; der Tratsch wuchs zu Gerüchten heran, die immer mehr Leuten zu Ohren drangen. Es hieß, der Herzog habe seine Frau mit Ruten geschlagen, aus Wut mit Sporen malträtiert, seine Hunde auf sie gehetzt und am Ende gar noch versucht, sie zu vergiften. Beide Eheleute wurden des Ehebruchs verdächtigt. Da Sabina mit Bayern und Habsburg politische Größen in den Streit involviert hatte, avancierte eine Auseinandersetzung unter Eheleuten zur Staatsangelegenheit. Kaiser Maximilian war das Ganze peinlich, er beließ es zunächst dabei, Ulrich zu einer besseren Behandlung der Herzogin aufzufordern. Von Seiten ihrer Mutter Kunigunde erhielt Sabina den Hinweis, sich ihrem Mann gegenüber in Geduld und Demut zu üben und ihn soweit ihr möglich sei zu lieben. Sabina befolgte diesen Rat nach eigenen Angaben so gut sie konnte, aber angesichts des fehlenden Vertrauens zu Ulrich und der ihr eigenen, selbstbewussten und stolzen Persönlichkeit schien dies kaum möglich. Bei ihren Eltern hatte sie einst erfahren, wie eine harmonische und verhältnismäßig gleichwertige Partnerschaft aussah. Ihre eigene Ehe war zerrüttet. Sabina fühlte sich an Leben und Freiheit bedroht und trug sich schon bald mit dem Gedanken, Ulrich zu verlassen. Doch im Frühjahr 1514 brach sich die lange schwelende Unzufriedenheit des württembergischen Volkes Bahn und verhinderte zunächst eine Flucht.

Herzog Ulrich war bei seinen Untertanen eigentlich nicht unbeliebt gewesen. Seine leutselige Art trug ihm die Sympathie des einfachen Mannes zu. Deshalb galt der Unmut der Bevölkerung angesichts der sich verschlechternden wirtschaftlichen Lage über lange Zeit nicht dem Landesherrn, sondern seinen Ratgebern und der württembergischen Ehrbarkeit als städtischer Oberschicht. Insbesondere die Bauern fühlten sich benachteiligt, da sie ihre Interessen nirgendwo vertreten sahen. Gleichzeitig litten sie – wie auch die städtische Unterschicht – am meisten unter Missernten und Teuerungen. Im Mai 1514 war das Maß voll. Das neu eingeführte Umgeld auf Fleisch führte zu großer Empörung im Land, zumal ein solches auch auf Wein und die Früchte des Feldes ausgedehnt werden sollte. Genährt wurde der Volkszorn, als ruchbar wurde, dass die ursprünglich angedachte Vermögenssteuer – die vor allem die reichen Städter getroffen hätte – abgelehnt worden war.

Im Remstal nahm der Bauernaufstand seinen Ausgang. Angeführt vom »Gaißpeter« als Identifikationsfigur zogen einige Beutelsbacher aus, um gegen die Besteuerung zu protestieren. Am Ufer der Rems machten sie unter Mitwirkung zahlreicher Pfeifer und Trompeter auf sich aufmerksam und vollzogen anhand der »Wasserprobe« ein Gottesurteil, das wie erwartet zu ihren Gunsten entschied. Mit ihrem Protest wollten sie ein Signal für das ganze Land setzen. Ihr Plan ging auf. Immer mehr Männer schlossen sich dem Widerstand an. Die Obrigkeit war alarmiert. Es wurde nicht ohne Grund ein offener Aufstand befürchtet und der zu diesem Zeitpunkt außer Landes weilende Herzog Ulrich eilends nach Stuttgart zurückgerufen. Die Lage war unklar und gefährlich, denn der Aufruhr des *Armen Konrad* zog schnell Kreise und wuchs zu einer Bewegung heran. An einigen Stellen im Land sammel-

Untertürkheim: Auf der dortigen Kirchweih trafen sich die unzufriedenen Bauern trotz herzoglichen Verbots.

ten sich bereits die Bauern. Ulrich zog Konsequenzen und versprach, das Umgeld wieder abzuschaffen, erwartete aber als Gegenleistung ein Ende der Unruhen.

Sein Einlenken kam zu spät. Trotz herzoglichen Verbotes versammelten sich aufständische Bauern Ende Mai 1514 anlässlich des Untertürkheimer Kirchweihfestes. Das Feuer geriet zum Flächenbrand, denn die heimkehrenden Teilnehmer heizten die Stimmung zusätzlich an. Unter Einflussnahme des Kaisers, der seine Gesandten schickte, verhandelte Herzog Ulrich auf einem eilends einberufenen Landtag in Tübingen mit den Landständen; die Bauern hatten zeitgleich Vertreter nach Stuttgart entsandt. Während sich Herzog und Ehrbarkeit in Tübingen auf einen Weg zu Schuldentilgung und künftiger Zusammenarbeit einigen konnten, bekamen die Bauern in Stuttgart ihren Herzog nicht zu Gesicht. Sie zogen enttäuscht ab. Im Volk rumorte es weiter, doch durch die Annährung Ulrichs und der Landstände war die Erhebung des *Armen Konrad* zum Scheitern verurteilt. Mit der Landschaft an seiner Seite schlug Ulrich den Aufstand nieder. Die Rädelsführer wurden in einem blutigen Strafgericht zum Tode verurteilt oder flohen außer Landes.

Ulrich hatte den Landständen im Gegenzug für die ihm geleistete Unterstützung viele Zugeständnisse machen müssen. Neben der Gewährung weitgehender ständischer Freiheiten hatte er versprochen, sich in Zukunft maßvoll zu verhalten und sparsamer zu haushalten. Daran hielt er sich nicht. In den Folgejahren sollte sich die Schuldenlast des Landes um ein Vielfaches erhöhen.

Die Liebe, die Ehre und ein Mord

Alle Bemühungen der Brüder Sabinas, mäßigend auf Ulrich einzuwirken, waren vergebens. Sabina berichtete, dass sich des Herzogs Verhalten in keiner Weise geändert habe. Weiterhin behandele er sie *»grausamlich in viel Wege«*. Obwohl sie vieles *»lange Zeit mit bewegtem Gemüt schmertzlich geduldet«* und *»täglich Besserung seines Gemüts gewärtig«* gewesen wäre, habe sie *»kein Leichterung und Abwendung seiner ungeschickten Weis, sondern mehr Verbitterung und Erhassung«* erfahren müssen. Beinahe resignierend zog sie Bilanz: *»Aber ich bin zum Leiden geborn, das will mir Gott mein Herr Geduldt verleihen zu tragen.«*

Ulrich wiederum hatte durch die Bauernaufstände und die dadurch erstarkte württembergische Ehrbarkeit eine schmerzvolle Begrenzung seiner Macht hinnehmen müssen. Im Spannungsfeld zwischen einer wenig erfüllenden Ehe und staatspolitischen Schwierigkeiten entwickelte sich eine verhängnisvolle Liebesgeschichte mit weit reichenden Folgen.

Von frühester Jugend an war Ulrich von Württemberg ein gern gesehener Gast im Hause des mächtigen Erbmarschalls Konrad Thumb von Neuburg. Dieser lebte mit seiner Familie vor dem Tunzhofer Tor im Stuttgarter Norden und galt als der Mächtigste der herzoglichen Räte. Seine hübsche Tochter Ursula hatte es Ulrich angetan und so zog es den Herzog immer

wieder ins »Marschallhaus«, auch wenn er inzwischen verheiratet war. Im Jahr der Bauernaufstände heiratete Ursula Thumb von Neuburg einen engen Vertrauten Ulrichs, den fränkischen Ritter Hans von Hutten, der als Stallmeister am Hof des Herzogs in Diensten stand. Diese Tatsache hinderte den Herzog keineswegs, Ursula weiterhin zu sehen und *»viel bei ihr im Frauenzimmer«* zu sitzen, um mit ihr zu reden und zu scherzen. Was wirklich geschah, wenn sich die charmante Ursula und der unglücklich verheiratete Herzog begegneten, geben die Quellen nicht mehr preis. Doch scheint zwischen beiden ein inniges Verhältnis bestanden zu haben, das über rein freundschaftliche Gefühle hinausging.

Hans von Hutten. Er missbilligte das Verhältnis zwischen seiner Frau und Herzog Ulrich.

Ursula und Hans von Hutten lebten in einer Wohnung im Thumbschen Haus. Es war also nur eine Frage der Zeit, bis die Besuche des Herzogs zu Schwierigkeiten führen mussten. Ein Aufenthalt des Bruders von Huttens brachte den Stein ins Rollen. Dieser berichtete seiner im Fränkischen lebenden Familie von den eigenartigen Zuständen in der Ehe des Sohnes. Der Vater riet Hans daher im Januar 1515 dazu, den Hofdienst zu quittieren und mit seiner Frau nach Franken zu kommen, weil sonst *»kein gut Tun wirdet«* und *»viel Rede und unnützes Geschwätz«* entstehen könne. Hans von Hutten reagierte zunächst zögerlich und schrieb, er wolle durch eine Abreise möglichen Gerüchten nicht noch zusätzliche Nahrung geben. Er sei sich sicher, dass seine Frau dem Herzog *»kein gutes Wort«* gegeben habe.

Auch Ursulas Vater versuchte, den alten Hutten zu beruhigen und verharmloste das Verhalten des Herzogs. Sabina wiederum drängte ihren Mann, von Ursula abzulassen. Ulrich setzte die Beziehung fort, so dass eine Auseinandersetzung zwischen ihm und Hans von Hutten schließlich nicht mehr zu verhindern war. In diesem Zusammenhang soll der Herzog Hutten um Erlaubnis gebeten haben, mit Ursula *»unzimbliche lieb«* pflegen zu dürfen, so wie er es lange *»mit Hilf ihres Vaters und Bruders getan oder zu tun understanden«* habe. Er sei gar niedergekniet, habe die Arme ausgebreitet und Hans unterwürfig ersucht, ihm *»um Gottes Willen zu gestatten, dass Er seine eheliche Hausfrau lieb haben möge, wann er kenn wohl und mögs nit lassen«*.

Hans von Hutten machte Ulrichs peinlichen Kniefall – den dieser später immer bestritt – am Hof publik. Als Ulrich davon erfuhr, fühlte er sich in seiner Ehre verletzt und der Lächerlichkeit preisgegeben. Er bezichtigte Hans von Hutten der Lüge und nannte ihn im Beisein wichtiger Fürsten und Herren einen treulosen, verräterischen Fleischbösewicht, der an seinem Herzog gehandelt habe wie Judas an Gottes Sohn. Hans von Hutten fürchtete nicht ohne Grund die Rache des Herzogs und ersuchte endlich um Entlassung aus dessen Diensten. Ulrich verweigerte seine Zustimmung. Glaubt man den Aussagen der Hutten'schen Familie, so geschah dies aus Sorge, dass Ursula mit ihrem Mann abreisen und damit aus Ulrichs Umfeld verschwinden würde. Hans von Hutten verließ daraufhin ohne Erlaubnis den württembergischen Hof, kehrte aber kurze Zeit später zurück, um einen ordentlichen Abschied zu erwirken.

Das Verhältnis zu Ulrich war extrem angespannt und als Hans von Hutten und der Herzog im Mai 1515 zu einem Jagdausflug in den Schönbuch aufbrachen, eskalierte die Situation. Ulrich behauptete später, Hans von Hutten sei vor einer Teilnahme an diesem Ausritt gewarnt worden. Dennoch zog der Stallmeister ohne schützenden Harnisch und *»auf einem kleinen unachtbarn Pferdlin«* mit dem gerüsteten Herzog

Der Herzog ermordete Ulrich von Hutten im Böblinger Forst.

in den Böblinger Forst. In einem Waldstück entfernte sich die übrige Jagdgesellschaft, Hans von Hutten fand sich mit Ulrich allein wieder. Es folgte ein lautstarker Wortwechsel, der sogar einige in der Nähe arbeitende Hirten und Bauern aufmerksam machte. Schließlich zog Ulrich das Schwert. In Todesangst flehte Hans von Hutten um Gnade und versuchte zu fliehen. Ulrich hetzte hinterher und versetzte seinem Stallmeister einen ersten Stich. Schwer verletzt ging der fränkische Ritter zu Boden.

Als die anderen Jagdteilnehmer zurückkehrten, fanden sie Hans von Hutten tot in seinem Blut liegend. Der Leichnam war mit einem Gürtel an einen in den Boden gerammten Degen geknüpft zum Zeichen, dass von Hutten nach dem Recht der Feme hingerichtet worden war. Der Tote wies sieben Stiche auf, von denen fünf hinterrücks angebracht worden waren. Es war eindeutig, dass an dieser Stelle der Disput zwischen Herzog und Stallmeister sein blutiges Ende gefunden hatte.

Sabina fühlte sich durch die Dramatik der Lage ernsthaft gefährdet und zog Konsequenzen. Obwohl sie hochschwanger war, verlegte die Herzogin ihre Hofhaltung dauerhaft ins Uracher Schloss. Fünf Tage nach dem Mord an Hans von Hutten gebar sie dort in der Nacht des 12. Mai 1515 ihren Sohn Christoph.

Der einzige Ausweg

Herzog Ulrich von Württemberg rechtfertigte seine Tat. Er habe Hans von Hutten nicht ermordet, vielmehr sei ihm von Rechts wegen zugestanden, seinen Stallmeister als einen *»Übeltäter, Treulosen, verräterischen Bösewicht um sein (eigenes) Verschulden«* zu bestrafen. Innerhalb der Ritterschaft sorgte der Mord für Unruhe. Einige Grafen und Ritter sagten sich aus Ulrichs Diensten los, doch zu einer grundsätzlichen Abkehr des Adels kam es nicht. Selbst von Huttens Schwiegervater, Erbmarschall Thumb von Neuburg, blieb am Hof.

Ein wichtiger Faktor in der Bewertung des Mordes war die Stellungnahme des Kaisers und Maximilian ließ Gnade walten. Er verzichtete nicht nur auf eine Bestrafung, sondern lud Ulrich zur Doppelhochzeit seiner Enkel nach Wien ein. Die württembergische Landschaft dagegen zeigte sich kritisch. Sie fürchtete nicht nur die Rache der Hutten'schen Familie, sondern konfrontierte Ulrich erneut mit den desolaten Finanzen seines Landes. Es drohte eine Krise. Kurz bevor er nach Wien abreiste, berief Herzog Ulrich für Anfang Juli einen Landtag nach Stuttgart ein. Als dieser am 2. Juli 1515 zusammentrat, hielt sich Ulrich noch am Wiener Hof auf. Die Versammlung tagte ohne ihn. Doch Ulrich hoffte, durch die mit ihm in Erbeinigung stehenden Fürstentümer Pfalz und Würzburg auch in Abwesenheit eine friedliche Beilegung seiner Angelegenheiten durchzusetzen.

Während die Hutten'sche Familie dem Landtag mit Nachdruck nahelegte, die Ermordung Hans von Huttens zu ahnden, wurden zunehmend Forderungen laut, Ulrichs Rückkehr nach Württemberg zu verhindern und ihn stattdessen lebenslang einzukerkern. An seiner Stelle solle der erst wenige Wochen alte Sohn Christoph unter Vormundschaft als regierender Fürst des Landes eingesetzt werden. Zudem öffnete sich hinter dem Rücken des vorläufig ahnungslosen Ulrich eine weitere Flanke: Sabina wollte den Landtag nutzen, um eigene Forderungen durchzusetzen, die Gefährdung ihrer Person durch den Ehemann zu thematisieren und ihre schwierige persönliche und finanzielle Situation darzustellen. Gemeinsam mit Dietrich Spät, dem Obervogt Urachs, koordinierte sie alle diesbezüglichen Aktivitäten. In ihm hatte sie einen mächtigen Verbündeten gewonnen. Als Erbtruchsess zählte er zu den reichsten und angesehensten Edelleuten des Landes und befand sich nicht nur in württembergischen, sondern auch in bayerischen Diensten. Mit Hans von Huttens Familie verbanden ihn verwandtschaftliche Kontakte und nach dessen Ermordung war Dietrich Spät zu einem erbitterten Widersacher des Herzogs geworden.

Die Tatsache, dass Sabinas Brüder – die bayerischen Herzöge Wilhelm und Ludwig – inzwischen eindeutig für ihre Schwester Stellung bezogen hatten, stärkte die württembergische Opposition zusätzlich. Zwei bayerische Gesandte waren eigens nach Stuttgart gekommen, um Sabinas Forderungen vorzubringen. Aufmerksam verfolgten sie die Verhandlungen des Landtags. Eine Absetzung Ulrichs schien den beiden derart greifbar, dass sie auf die Eingabe in Sabinas Angelegenheit verzichteten und empfahlen, den weiteren Verlauf der Dinge abzuwarten.

Als Ulrich dennoch nach Württemberg zurückkehrte, wurde die Lage der Herzogin prekär. Denn Ulrich, der erst jetzt das Ausmaß seiner Herrschaftskrise erkannte, war fest entschlossen, die gegen ihn gerichteten Umtriebe im Land zu beenden. Vor allem Sabinas Aufenthalt in Urach, ihren Umgang mit Dietrich Spät und die nicht zu kontrollierenden Kontakte zu ihren Brüdern beäugte er argwöhnisch. Ulrich befahl seiner Frau, auf der Stelle nach Stuttgart zurückzukommen. Sabina befürchtete, er wolle sie dort in *»ein verhaimset oder verspert Gemach«* einkerkern lassen und sah nur eine Lösung: die Flucht nach Bayern, um im Schutz ihrer Brüder der ständigen Bedrohung durch den gefürchteten Gemahl zu entgehen.

Scheinbar fügsam machte sich Sabina mit ihren Kindern zunächst auf den Weg nach Stuttgart, unterbrach aber ihre

Reise in Nürtingen. Dort lebte Elisabeth – Witwe des einst abgesetzten Eberhard des Jüngeren – die ihnen Unterkunft gewährte. Ihren Mann ließ die Herzogin wissen, dass die Kinder das Fahren nicht vertrügen und sie selbst durch eine Krankheit reiseunfähig sei. Ulrich, misstrauisch jeden Schritt seiner Frau verfolgend, sandte ihr seinen Leibarzt, der sie eine Woche lang behandelte. Inzwischen hatte Kaiser Maximilian den Herzog nach Ulm bestellt, um mit ihm sowohl die Hutten'sche Angelegenheit als auch die familiären Probleme zu besprechen. Auf dem Weg dorthin machte Ulrich in Nürtingen Halt und wurde von Sabina freundlich empfangen. Sie entließ ihn in der Gewissheit, dass sie bald zu ihm zurückkehren werde. Auch die Unterredung zwischen Ulrich und Maximilian verlief glimpflich und so erwartete Ulrich in Stuttgart die Ankunft seiner Frau. Vergebens.

Sabina suchte immer wieder Hilfe bei ihrem Bruder Wilhelm von Bayern (kniend).

Am Abend des 24. November 1515 schlich sich Sabina gegen neun Uhr abends in Begleitung ihrer Haushofmeisterin und einer Kammerjungfer aus dem Nürtinger Schloss und ließ ihre beiden Kinder Anna und Christoph in der Obhut der ahnungslosen Elisabeth zurück. Vor den Toren der Stadt wartete ihr Fluchthelfer Dietrich Spät mit einigen Begleitern, um sie nach Ehingen zu bringen. Im Haus des dortigen kaiserlichen Rats konnte Sabina übernachten, bevor sie anderntags mit kaiserlichem Geleit nach Bayern weiterreiste. Als Ulrich die Nachricht von Sabinas Entweichen erreichte, schickte er sofort Reiter zu ihrer Verfolgung aus. Diese setzten den Flüch-

Herzog Ulrich und seine beiden ehelichen Kinder, Christoph und Anna.

tenden vergebens nach. Lediglich den Ablauf der Flucht und das dabei behilfliche Umfeld konnten sie ermitteln.

In diesem Zusammenhang fiel ihnen ein Schreiben Sabinas an Elisabeth in die Hände, worin sich die Herzogin bei ihrer Gastgeberin für den heimlichen Aufbruch entschuldigte. Sabina versicherte, dass die diesbezüglichen Pläne nicht im Nürtinger Schloss ausgearbeitet worden waren. Sie bat Elisabeth, sich ihrer Kinder mütterlich anzunehmen und merkte an, dass ihr Handeln mit Wissen des Kaisers und ihrer Brüder *»aus merklichen Ursachen«* erfolgt sei. Nun war dem Herzog klar, wer hinter Sabinas Flucht stand, doch er konnte keinem recht habhaft werden. Sabinas Rückkehr nach Bayern bedeutete für ihn einen immensen Ansehensverlust, da er sich fortan nicht nur für den grausamen Mord an Hutten zu rechtfertigen hatte, sondern zudem vor aller Welt als rabiater Ehemann bloßgestellt worden war.

Noch immer befand sich Kaiser Maximilian in einer Vermittlerrolle zwischen den zerstrittenen Eheleuten, die ihm nicht behagte. Er verhielt sich Ulrich gegenüber nachsichtig, bestritt eine Beteiligung an Sabinas Flucht und versuchte, ein Treffen der beiden in Innsbruck zu arrangieren. Ihm schwebte vor, dass *»wann die gen Innsbruck kommen, so wollten sie Herzog Ulrichs Gemahlin ins Frauenzimmer nehmen und Herzog Ulbrichen zu sich erfordern und sie einander freundlich ansehen lassen, ob Gott will ihre Herzen durch diese Beiwohnung wiederum in Liebe zusammen zu bewegen«*. Ulrich lehnte ab.

Am Weihnachtsabend 1515 schickte Sabina von München aus ein Ausschreiben an die württembergische Landschaft und die fürstlichen Höfe, in welchem sie ihr Martyrium und die Gründe ihrer Flucht darstellte. Ähnliche Briefe wurden seitens ihrer Brüder auf den Weg gebracht. Die Schreiben wurden von Ulrich abgefangen und vertieften das Zerwürfnis zwischen den Ehegatten. Sabina und ihre Brüder suchten weiterhin Verbündete in Württemberg mit dem Ziel, die Stände auf ihre Seite zu ziehen. Doch Ulrich, der sich gegen die Vorwürfe seiner Frau wehrte, konnte seine Position zunächst glaubhaft verteidigen.

Ulrich von Hutten verlangte öffentlich Gerechtigkeit für den Mord an Hans.

Das Jahr 1516 stand ganz im Zeichen des ehelichen Konflikts und den unermüdlichen Bemühungen Kaiser Maximilians, die Eheleute doch noch zu versöhnen. Erfolglos. Erschwerend für Ulrich kam hinzu, dass die Hutten'sche Familie nach wie vor Sühne für den Mord an Hans von Hutten forderte. Öffentlichkeitswirksam schwang Ulrich von Hutten, Humanist und quasi Sprecher der Familie, rhetorisch geschickt formulierte Reden gegen Ulrich und suchte Kontakt nach Bayern. Der Druck auf den württembergischen Herzog nahm zu, nicht zuletzt auch durch die ständigen Eingaben Sabinas und ihrer Brüder. Es wurde verhandelt und debattiert, um die Hutten'sche Angelegenheit und den Familienzwist endlich beizulegen. Nachdem vorübergehend die Reichsacht über ihn verhängt worden war, kam es im Oktober 1516 schließlich zu einem für Ulrich glimpflich endenden Vergleich. Darin verpflichtete er sich unter anderem, Sabina einen angemessenen Unterhalt zu bezahlen und die Regierung für sechs Jahre an ein ständisches Regiment abzugeben. Sollte er vertragsbrüchig werden, falle er erneut der Reichsacht anheim.

Dies geschah nur wenig später, nachdem er einige Schlösser und Dörfer Dietrich Späts hatte niederbrennen lassen, Sabina weiterhin ihren Unterhalt verweigerte und in Württemberg als tyrannischer Regent aufgetreten war. Und als Ulrich nur wenige Tage nach dem Tod Kaiser Maximilians im Januar 1519 die Freie Reichsstadt Reutlingen überfiel und sie seiner Herrschaft unterwarf, war ein Krieg nicht mehr zu vermeiden. Unter der Führung des Bayernherzogs Wilhelm zog der Schwäbische Bund gegen Ulrich ins Feld. Das württembergische Heer konnte keine Verbündeten mobilisieren und musste sich bald der Übermacht der Bundestruppen beugen. Ulrich hielt sich zuletzt mit seinen Kindern Anna und Christoph im gut befestigten Tübinger Schloss auf, flüchtete aber ohne die beiden, nachdem sich Stuttgart kampflos ergeben hatte. Nur kurze Zeit darauf, am 29. April 1519, ergab sich auch Tübingen und huldigte dem bayerischen Herzog Wilhelm und den beiden württembergischen Herzogskindern. Gemeinsam mit Karl – dem Enkel und Nachfolger des verstorbenen Kaisers Maximilian – übernahm Wilhelm die Vormundschaft für Anna und Christoph und brachte die beiden zu ihrer Mutter. Fast vier Jahre, nachdem sie ihre Kinder in Nürtingen hatte zurücklassen müssen, schloss Sabina Sohn und Tochter wieder in die Arme.

Turbulente Zeiten

Herzog Ulrich war geschlagen und befand sich außer Landes. Sabina nutzte die Gelegenheit und empfahl dem Schwäbischen Bund erneut, ihren Sohn Christoph als rechtmäßigen Erben Württembergs einzusetzen. Ihre Initiative bezüglich einer Vormundschaftsregierung zugunsten Christophs scheiterte letzten Endes an der Tatsache, dass der Bund die Übergabe des Landes an eine Erstattung der Kriegskosten knüpfte. Sabina und dem finanziell darniederliegenden Württemberg wurde die Zahlung einer solch immensen Summe nicht zugetraut. Noch während die Verhandlungen der Bundesgenossen über das weitere Schicksal des Herzogtums liefen, drang der abgesetzte Ulrich mit eilends zusammengestellten Truppen ins Land ein und erreichte unbehelligt Stuttgart. Nach kurzen Verhandlungen zog er in die Stadt ein und nahm die Huldigung als rechtmäßiger neuer Herr entgegen. Das gemeine Volk empfing ihn erfreut – hatten doch die Bundestruppen im Zuge ihres Eroberungsfeldzuges weder Stadt noch Land geschont. Doch Ulrich besaß weder die militärische noch finanzielle Potenz, gegen den Schwäbischen Bund auf Dauer zu bestehen. Bereits Mitte Oktober war sein Versuch, das Herzogtum wieder an sich zu bringen, gescheitert. Er kapitulierte und fand zunächst Zuflucht im Schweizer Solothurn, später in Mömpelgard – einer der linksrheinischen Besitzungen Württembergs.

Erzherzog Ferdinand forderte Sabina auf, Württemberg zu verlassen.

Das Herzogtum wurde nach langen Beratungen schließlich an Habsburg übergeben, obwohl die Legitimation dieser Entscheidung von Beginn an strittig war. Mangels besserer Alternativen schien es jedoch sinnvoll, mit Österreich eine finanziell und politisch starke Macht zu installieren, welche die Stabilität im Südwesten garantieren konnte. Karl V. übernahm das Land und setzte einen Statthalter ein, da er selbst nicht vor Ort präsent sein konnte. 1522 übergab er die Regierung an seinen jungen und unerfahrenen Bruder, Erzherzog Ferdinand. Doch stabil war die Lage Württembergs keinesfalls. Ulrich, der sich inzwischen die Rechte an der Fes-

tung Hohentwiel hatte sichern können, arbeitete verbissen an Rückeroberungsplänen.

Sabina war seit Ulrichs Absetzung wiederholt im Land gewesen und hatte sich schließlich erneut in Urach niedergelassen. Dort lebte sie in der Nähe ihres Vertrauten Dietrich Spät. Zwischen den beiden setzte sich die bereits vor Sabinas Flucht bestehende enge Beziehung fort. Ob sie auch ein Liebesverhältnis verband, wie immer wieder vermutet wurde, ist nicht belegt und wurde von Sabina stets dementiert. In jedem Fall gab die Vertrautheit der beiden immer wieder Anlass zu Spekulationen.

Die Herzogin war enttäuscht. Württemberg unterstand nun Österreich und damit waren ihre Bemühungen, das Land für Christoph als legitimem, dynastischem Erben zu sichern, vorerst gescheitert. Es kam noch schlimmer. Obwohl sie inständig darum bat, beide Kinder bei sich behalten zu dürfen, wurde dem fünfjährigen Christoph der Hof in Innsbruck als Aufenthaltsort zugewiesen. Am 6. Juni 1520 reiste er mit seinen Begleitern und einer Truhe Silbergeschirr von Tübingen aus nach Urach. Mutter und Sohn durften einige Stunden gemeinsam verbringen, bevor der Knabe endgültig aufbrach. Eine Tagesreise weit begleitete ihn Sabina, dann mussten sie für viele Jahre Abschied nehmen. Energisch verwehrte sie sich jedoch gegen die Pläne Ferdinands, auch ihre Tochter Anna fern der Mutter als Hofdame in habsburgische Kreise zu geben. Diesmal setzte sich Sabina durch, indem sie erklärte, lieber betteln gehen zu wollen als ihr Kind zu verlieren. Anna durfte bei ihr in Urach leben.

Obwohl sie ihren rabiaten Ehemann nicht mehr fürchten musste, waren die Zeiten für Sabina schwierig. Ihre finanzielle Lage gestaltete sich dramatisch. Sie hatte Kleiderschulden aus den Zeiten ihrer Ehe, weitere Zahlungsverpflichtungen waren in den letzten Jahren aufgelaufen. Karl V. hatte zwar vertraglich zugesichert, Sabinas Unterhalt zu garantieren, doch die ihr zustehenden Gelder musste sie mühsam einfordern. Zahlungstermine wurden verschoben, versäumt und schließlich

Viele Jahre lang lebte Sabina in Urach.

stellte Ferdinand die Zahlungen gänzlich ein. Ohnehin wäre es dem Erzherzog am liebsten gewesen, wenn seine unbequeme Verwandte Württemberg verlassen hätte. Immerhin war Sabina die Mutter des legitimen Nachfolgers Ulrichs und stand für die württembergischen Ansprüche auf den Herzogsthron.

Anfang Juni 1522 bat Ferdinand die inzwischen 30-jährige Sabina durch einen seiner Räte, sich entweder auf ihr Wittum, nach Niederösterreich oder nach Tirol zurückzuziehen. Er begründete diesen Vorschlag mit der üblen Nachrede Ulrichs, die den Hof erreicht habe. Aus dem Exil in der Schweiz und in Frankreich warf der abgesetzte Herzog seiner Frau vor, sich bei seinen Feinden aufzuhalten – damit meinte er den Uracher Obervogt Dietrich Spät. Sabina ließ sich nicht beeindrucken, zu durchsichtig war die Argumentation. Sie spürte, dass Ferdinand sich ihrer entledigen wollte und schaltete wieder einmal ihre bayerischen Brüder ein. Immerhin konnte sie durchsetzen, dass sich Ferdinand schließlich mit Urach als sicherem Aufenthaltsort für ihre Person einverstanden erklärte.

Machtspiele

Mit den Bauernerhebungen des Jahres 1524 bekamen Ulrichs Rückeroberungspläne neuen Auftrieb, doch auch ein im Frühjahr 1525 gestarteter Versuch, Stuttgart einzunehmen, scheiterte. Die Aufstände der Bauern wurden nur kurze Zeit später vom *Schwäbischen Bund* niedergeschlagen. Ulrich zog sich auf die inzwischen weiter ausgebaute Festung Hohentwiel zurück und wartete auf die nächste Gelegenheit, in württembergisches Territorium einzudringen.

Während seiner Jahre im Exil war Ulrich mit dem Gedankengut der Reformation in Kontakt gekommen und hatte es schnell verinnerlicht. Die neue Lehre konnte ihm politisch nützlich sein, um Bündnisoptionen zu realisieren. Ulrich schien auch in seiner persönlichen Frömmigkeit von der evangelischen Sache überzeugt gewesen zu sein. Er trat in Kontakt mit den Schweizer Reformatoren, unter denen sich auch Huldrych Zwingli befand. Das Gedankengut der Schweizer Reformation war deutlich radikaler als jenes Martin Luthers, dessen Thesen dank der Druckerpressen beim Volk immer populärer wurden und bis Württemberg durchdrangen. Reformatorische Schriften überfluteten das Land.

Huldrych Zwingli, der radikale Schweizer Reformator.

Die Politik im Reich trug inzwischen deutlich antihabsburgische Züge. Man fürchtete einen Machtüberhang und sah die Expansionspolitik der Österreicher mit Misstrauen. Selbst Bayern strebte Autonomie an. In einem aber blieben sich Karl V. und die Bayernherzöge verbunden: Sie bekannten sich weiterhin zum alten Glauben des Katholizismus. Die Frage der religiösen Ausrichtung eines Fürstentums entwickelte sich inzwischen mehr und mehr zu einem machtpolitischen Faktor. Würt-

Reste der Kartause Güterstein, der langjährigen Grablege der Uracher Grafen.

temberg war nach wie vor katholisch und Ulrich witterte eine ernsthafte Chance für seine Rückkehr, denn immer mehr Fürsten des Reiches bekannten sich zum neuen Glauben. An der Spitze der Oppositionspolitik gegen Habsburg stand Philipp von Hessen, dessen Fürstentum bereits evangelisch war. Dieser nahm sich der württembergischen Frage an, um die Reformationsbewegung im oberdeutschen Raum ausdehnen zu können und gleichzeitig das Machtstreben der Habsburger zu begrenzen. Ulrich von Württemberg erhielt Asyl am hessischen Hof.

Sabina fühlte sich einige Jahre sicher in Urach. Einen Lebensmittelpunkt fand sie in ihren Kindern. Innig gestaltete sich die Beziehung mit ihrer Tochter Anna, die allmählich zu einer jungen Frau heranreifte. Gemeinsam mit Dietrich Spät plante Sabina die Hochzeit des Mädchens mit einem jungen Grafen. Ihre Hoffnungen zerstoben jäh, als die Herzogstochter in den letzten Junitagen des Jahres 1530 krank wurde und sich ihr Zustand rasch verschlechterte. Am St.-Peter-und-Pauls-Abend starb Anna von Württemberg im Alter von nur 17 Jahren im Uracher Stadtschloss. Von offizieller Seite wurde die zu diesem Zeitpunkt in Württemberg grassierende Pest als Todesursache angegeben. Der Verdacht auf einen bewusst herbeigeführten Giftmord, *»so ihr in einem Rebhun solle beigebracht worden sein«*, konnte jedoch nicht völlig ausgeräumt werden. Die genaue Todesursache ist bis heute ungewiss. Immerhin waren mit Anna auch mögliche Ansprüche auf den Herzogsthron gestorben und diese Tatsache mochte einigen Kräften in- und außerhalb des Herzogtums zupass gekommen sein. Sabinas einzige Tochter wurde in der Gütersteiner Andreaskapelle beigesetzt und erst Jahre später von ihrem Bruder Christoph in die Tübinger Stiftskirche überführt.

Trost mag der trauernden Mutter der Gedanke an ihren Sohn gegeben haben. Obwohl sie ihn jahrelang nicht sehen konnte, unterhielt Sabina einen engen brieflichen Kontakt mit Christoph, dessen umgängliches Wesen gänzlich aus der Art seiner Eltern schlug. Während der ersten Jahre nach seiner Abreise war der Junge zunächst in Innsbruck, später in Wien als Edelknabe am kaiserlichen Hof aufgewachsen. Trotz der räumlichen Distanz blieb er seiner Mutter stets verbunden. Ausgesprochen glücklich erwies sich die Wahl seiner Erzieher, die ihm ausgezeichnete Lehrer und Weggefährten waren. So konnte sich Christoph nicht nur ein ausgewogenes Wissen aneignen, sondern auch charakterlich reifen.

Als Fünfzehnjähriger wurde er in das Gefolge Karls V. befohlen. Mit dem Kaiser und Erzherzog Ferdinand machte er sich einige Wochen nach Annas Tod auf den Weg von Augsburg an den Niederrhein. Zu Sabinas großer Freude durfte er sie unterwegs besuchen. Sein Aufenthalt in Urach bedeutete nicht nur das ersehnte Wiedersehen mit der Mutter, sondern machte deutlich, wie populär der Herzogssohn bei der württembergischen Bevölkerung bereits war. Berichten zufolge entstand in Urach ein solches *»Gerenne und Zulauf«*, dass man empfahl, Christoph möge bald weiterziehen.

Zwei Jahre blieb Sabinas Sohn an der Seite des Kaisers; eine Zeit, die ihm Einblicke in das Zentrum der kaiserlichen Macht ermöglichte. Christoph nutzte die Chancen und lern-

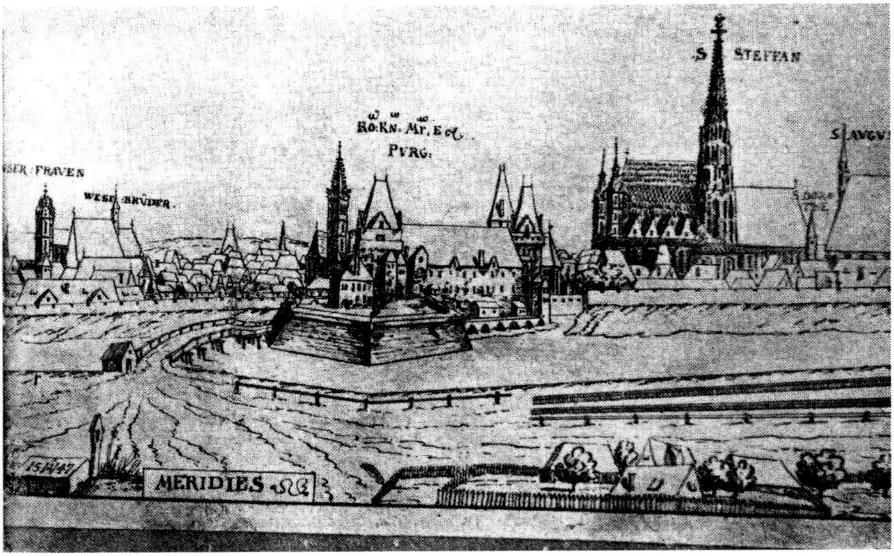

Sabinas Sohn Christoph wurde unter anderem am Wiener Hof erzogen.

te schnell. Er entwickelte zudem ein dynastisches Selbstverständnis in Hinblick auf seine Ansprüche in Württemberg, das er nicht verbarg und das ihn in Gefahr brachte. Als er den Kaiser schließlich nach Spanien begleiten sollte, erhielt Christoph eine klare Warnung: Man wolle ihn während seines Aufenthaltes hinter spanischen Klostermauern verschwinden lassen. Nun war rasches Handeln geboten. In einer minutiös geplanten Aktion setzte sich Christoph mit einem Vertrauten heimlich vom Tross des Kaisers ab und tauchte in Bayern unter. Als seine Flucht bemerkt wurde, forderte man Sabina auf, ihren Sohn zur Rückkehr an den kaiserlichen Hof zu bewegen. Doch nicht einmal die Mutter kannte sein Versteck, obwohl Christoph mit ihr nach wie vor schriftlich in Verbindung stand. Die folgenden Jahre verbrachte er an geheimen Orten in Bayern und der Schweiz.

Im Jahr 1534 gelang Herzog Ulrich endlich das, wovon er lange geträumt hatte. Mit Unterstützung des hessischen Landgrafen Philipp eroberte er Württemberg. Diesmal blieb

Als ihr verhasster Mann nach Württemberg zurückkehrte, musste Sabina ein zweites Mal fliehen.

seine Rückkehr nicht nur eine Episode und das verdankte Ulrich nicht allein der militärischen Unterstützung seines Verbündeten, sondern auch dessen diplomatischer Umsicht. Mit Ulrich zog zudem der neue Glaube ein im Herzogtum. Mitte Mai wurde in Stuttgart der erste evangelische Gottesdienst gehalten, im Januar des darauffolgenden Jahres die letzte Heilige Messe.

In dieser Zeit sah der 19-jährige Christoph nach vielen Jahren erstmals seinen Vater wieder, an den er kaum Erinnerungen hatte. Doch Ulrich blieb seinem Sohn gegenüber zutiefst misstrauisch. Beide trennte die in dieser Zeit so wichtige Frage der Konfession, zudem galt Christoph nach wie vor als katholische Alternative zu seinem Vater. Ulrich indessen spielte mit dem Gedanken, die rechtmäßige Nachfolge seinem Halbbruder Georg zuzuerkennen und handelte rasch. Er entfernte seinen Sohn aus Württemberg und gab ihn in die Dienste des französischen Königs. Mehrere Jahre lang verdiente sich Christoph nun militärische Sporen und glänzte auf dem Parkett des französischen Hofes.

Für Sabina wurde mit der Rückkehr ihres Mannes ein Alptraum Wirklichkeit. Zum zweiten Mal blieb ihr nur die Flucht. Gemeinsam mit Dietrich Spät reiste sie über Weingarten nach Bregenz. Nur knapp entkamen sie dabei 500 hessischen Reitern, die ihre Verfolgung aufgenommen hatten. Ulrich nahm darauf erneut Rache an Dietrich Späts Besitzungen. In Bregenz – das inzwischen zu Ferdinands Herrschaftsbereich in Österreich zählte – wurde Sabina nur widerwillig Asyl gewährt. An Herzog Ulrich ließ Ferdinand fast entschuldigend berichten, *»Sabina sei ein Weibsbild und zum Teil seine Blutsverwandte, es habe ihm mit Glimpf bisher nicht wollen gebühren, sein Land zu verbieten; er habe sie also geduldet, ihr* *aber wenig Hilf und Vorschub getan«*. Drei Jahre lang hielt sich die Herzogin am Bodensee auf, dann zog sie 1538 nach München zu ihren Geschwistern.

Das Zusammenleben am Münchener Hof gestaltete sich schwierig. Sabina, inzwischen Mitte vierzig, plagten nach wie vor Geldnöte; sie musste sich von ihren Brüdern aushalten lassen. Immer wieder versuchte sie, einen eigenen Hausstand zu gründen, blieb aber abhängig. Als einige Jahre später ihr Bruder Ludwig, mit dem sie eine enge und vertraute Bindung gepflegt hatte, unverheiratet starb, eskalierte der Geschwisterkonflikt. Sabina witterte die Möglichkeit, ihre Geldangelegenheiten zu sanieren und nahm einen Großteil des Geldbesitzes und diverse Kleinodien ihres Lieblingsbruders an sich. Starrsinnig verweigerte sie den Kommissaren ihres ältesten Bruders Wilhelm die Möglichkeit, den Nachlass ordentlich entgegenzunehmen.

Doch damit nicht genug. Sie hetzte weitere Personen gegen Wilhelm auf, *»führte spitze Reden«* und drohte ihm: *»Es sei ein Hund an die dreißig' Jahr schlafen gelegen.«* Damit meinte sie ihren Erbverzicht aus dem Jahre 1511, den sie nun zu widerrufen gedachte. Ihr Sohn Christoph, den sie in dieser Sache um Unterstützung bat, riet dringend von einem rechtlich derart aussichtslosen Ansinnen ab. Bevor Sabina noch mehr Unheil anrichten konnte, ließ Wilhelm seine starrsinnige Schwester unter einem Vorwand in die *Neue Veste* holen und stellte sie 16 lange Wochen in einem *»Stüblein bei der Stiegen«* unter Arrest. Erst als Sabina durch Fieber und den Gestank des nahegelegenen Abtritts so zermürbt war, dass sie den Erbverzicht anerkannte, befahl er ihre Freilassung. Sabina stand mittlerweile im 54. Lebensjahr.

Sabinas Lieblingsbruder Ludwig von Bayern

Christoph, inzwischen mit seinem Vater ausgesöhnt und in glücklicher Ehe mit Markgräfin Anna Maria von Brandenburg-Ansbach verheiratet, war von Ulrich bereits 1542 als Statthalter der Grafschaft Mömpelgard eingesetzt worden. Dort vollzog auch er die Hinwendung vom katholischen zum evangelischen Glauben und entwickelte sich zu einem überzeugten Anhänger Martin Luthers. Seinen Blick hatte er konsequent auf Württemberg ausgerichtet und bereitete sich, so gut es aus der Ferne möglich war, auf diese künftige Aufgabe vor. Das Herzogtum durchschritt abermals schwere Zeiten. Kriegsereignisse hatten die Macht Ulrichs schwer erschüttert, aber nicht gebrochen. Die Festigung der Reformation im Land war allerdings in Frage gestellt. Denn Ulrich musste auf kaiserlichen Befehl hin das *Interim* akzeptieren, eine Zwischenstufe der Rückführung des Landes zum Katholizismus. Mitten in diesen Krisenjahren starb Ulrich von Württemberg am 6. November 1550 im Tübinger Schloss *»nach langem Gichtleiden an der Ruhr«*. Für Sabina und Christoph war der Weg frei.

Endlich Frieden

In jenen Novembertagen hielt sich Christoph zufällig in Württemberg auf und nutzte die Gunst der Stunde zur Machtübernahme. Nur einen Tag nach dem Tod seines Vaters nahm er in Tübingen die Huldigung entgegen, kurz darauf in Stuttgart, dann im ganzen Land. Tatkräftig ging der Herzog ans Werk, um eine neue und dauerhafte Ordnung herzustellen. Auch für seine Mutter brachen bessere Zeiten an. Wie lange hatte Sabina gehofft, gebangt und gewartet, um ihren Sohn auf dem württembergischen Thron zu sehen. Wie oft hatte sie sich für dieses Ziel eingesetzt, ihre wenigen Pfründe in Waagschalen geworfen, wie oft war sie gescheitert. Nun hatte alles ein gutes Ende genommen.

Doch zunächst schien Vorsicht angeraten. Christoph musste seine neu gewonnene Macht erst etablieren, vor allem in

Sabinas Sohn Christoph ließ sich in Tübingen als Nachfolger seines Vaters huldigen.

der Frage des Interims. Sabina, von höchsten Stellen gewarnt, schrieb ihrem Sohn, er möge in seinem Land doch *»ohn allen Verzug die alte, catholisch Religion«* wieder einführen. Obwohl sie selber der evangelischen Lehre nahe stand, erschien es ihr wichtiger, Christophs Regentschaft nicht zu gefährden. Doch Christoph sollte es dank seiner Besonnenheit und seines diplomatischen Gespürs gelingen, das Interim aufzuheben, den evangelischen Glauben im Land zu verankern und seinen Status als rechtmäßiger Herrscher zu sichern.

Nun, da im Land Friede herrschte und Ulrich nicht mehr am Leben war, konnte Sabina nach Württemberg zurückkehren. Sie verließ München und kam am Ende einer langen winterlichen und ermüdenden Reise am Dreikönigstag des Jahres 1551 in Stuttgart an. Christoph hatte seine Mutter an der Landesgrenze von württembergischen Reitern empfangen und begleiten lassen. Kälte und Anstrengung standen Sabina ins Gesicht geschrieben und sie brauchte einige Zeit, um sich von den erlittenen Strapazen zu erholen. Ihren Wohnsitz nahm sie aber nicht in Stuttgart, sondern in Nürtingen. 36 Jahre, nachdem sie bei Nacht und Nebel aus dem dortigen Schloss geflohen war, nahm sie es wieder in Besitz. Endlich hatte sie keine Geldsorgen mehr, denn der fürsorgliche Christoph ließ ihr genügend Mittel zukommen, die ein angemessenes Auskommen garantierten. Einen Großteil dieser Gelder gab sie großzügig an Arme und Bedürftige weiter. Sie selbst pflegte einen einfachen Lebensstil und betrieb lediglich bei hohen Besuchen einen größeren Aufwand, um ihre Gäste angemessen zu empfangen. Ihr Haus hielt sie offen für jedermann.

Herzog Christoph war seinem Land ein vorbildlicher Herrscher.

Noch bekannte sich Sabina zum alten Glauben. Sie ließ in *»ihr eigen(en) Kapelle Messe lesen; das hat ihr der Fürst nit zu verwehren«*. Ein Jahr später trat die belesene 60-Jährige öffentlich zum Protestantismus über. Schon mehrere Jahre lang hatte sie sich heimlich der Lektüre evangelischer Schriften gewidmet und diese versteckt aufbewahrt. Nun musste sie ihr Bekenntnis nicht länger verbergen. Im Gegensatz zu ihrem Sohn, der sich zum Luthertum bekannte, tendierte Sabina anfänglich zur strengeren, reformierten Auslegung. Sie praktizierte ihren Glauben mit Hingabe, verbrachte diese Jahre *»mit fleißigen Gebet und stetem Gottesdienst; mit Religionsübungen und Werken der Wohltätigkeit«*. Von eigener Hand schrieb sie eine Abhandlung über das Abendmahl und bemühte sich unermüdlich, anderen Menschen ihre neue Überzeugung nahezubringen.

Neben dieser tiefen Religiosität zeichnete Sabina ein umfassendes heilkundliches Wissen aus. Sie besaß verschiedene Heilkräuter und Beeren, Pülverchen und *»prentenwein«* (Branntwein), stellte selbst Arzneien her und war bereits ihrem verstorbenen Bruder Ludwig *»Doktor, Arznei und Koch«* gewesen. Viele ihrer Rezepte hatte sie handschriftlich auf Zetteln festgehalten. Nun profitierten die Bürger Nürtingens von Sabinas Erfahrung. Für viele Krankheiten wusste sie wirksame Arzneimittel aus ihrer Schlossapotheke zu empfehlen und zu mischen.

Mit den Jahren wurde Sabina gebrechlich. Als sie den Gottesdienst nicht mehr persönlich besuchen konnte, ließ sie sich das Abendmahl zu Hause reichen. Durch nichts werde sie mehr erquickt als durch den sicheren Glauben, dass sie durch Christi Blut erlöst und in ihm zum ewigen Leben berufen sei, bekannte sie ihrem Pfarrer. Eine schwere Krankheit zwang Sabina im Frühjahr 1563 aufs Krankenlager. Trotz großer Schwäche verfasste sie während der Ostertage eigenhändig ihr Testament und sandte es an ihren Sohn. *»Hochgeborner Fürst, getreuer, herzenslieber Sohn! Ich schick Euch Liebden hiermit einen Zettel, in dem ich aufgeschrieben hab', was mein letzter Will' ist. Bitt', Euer Liebden wollen dem nachkommen, wie ich Euer Liebden von Herzen vertrau'.«*

Überraschend erholte sich die alte Herzogin. Noch ein letztes Jahr war ihr vergönnt, das zwar ein Erbschaftsprozess mit der bayerischen Verwandtschaft überschattete, aber ansonsten ruhig dahinging. Viel Freude machten Sabina ihre zahlreichen Enkel und Enkelinnen, die aus Christophs Ehe hervorgegangen waren. Wenige Tage vor ihrem Tod sah sie die Kinder ein letztes Mal.

Am Morgen des 30. August 1564 begab sich Sabina zu ihrer Dienerschaft, um anstehende Reisevorbereitungen zu begutachten. Nachdem sie gegen neun Uhr die Treppe ins untere Stockwerk des Schlosses hinabgestiegen war und ihre Anweisungen erteilt hatte, sank sie plötzlich zusammen. Alle Anzeichen sprachen dafür, dass Sabina einen Schlaganfall erlitten hatte. Der eilends herbeigerufene Geistliche hielt sich über eine Stunde bei ihr auf und leistete letzten Beistand. Sa-

Auf ihrem Nürtinger Witwensitz betätigte sich Sabina als Apothekerin.

bina war zunächst bei vollem Bewusstsein und konnte sprechen. Als sie müde wurde und schlafen wollte, wertete ihre Umgebung dies als Zeichen einer möglichen Besserung. Unerwartet schnell starb Sabina gegen ein Uhr mittags einen leichten und friedvollen Tod. Als sich die traurige Nachricht in Nürtingen verbreitete, ging eine Woge der Bestürzung und Betroffenheit durch die Stadt. Die Bürger hatten ihre Herzogin geliebt und verehrt. Sabina war 72 Jahre alt geworden und mit ihr war eine bewegte Epoche zu Ende gegangen.

Epilog

Sabina von Bayern wurde am 2. September 1564 im Chor der Tübinger Stiftskirche beigesetzt. Herzog Christoph ließ seine

Mutter an der Seite des ungeliebten Ehemannes ihre letzte Ruhe finden. Noch heute liegen Ulrich und Sabina, die sich im Leben stets mit Misstrauen und Abneigung begegnet waren, beinahe einträchtig nebeneinander. Der Tübinger Propst und Kanzler sprach in seiner Predigt über Psalm 90, Vers 12: *»Herr, lehre uns bedenken, daß wir sterben müssen, auf daß wir klug werden.«*

Sabina war zwar bis ins hohe Alter eine streitbare Persönlichkeit gewesen, hatte aber eine große Liebe zum Volk entwickelt und mit ihrer Mildtätigkeit dessen Anerkennung erworben. Materielle Dinge schienen ihr nicht mehr so wichtig zu sein, stattdessen hatte ihre ganze Sorge den Armen und Notleidenden gegolten, denn: *»Ich hinterlasse keinen andern Schatz hinter mir, als welchen ich bei getreuen Dienern und armen Leuten hinterlassen habe.«*

Das Leben der württembergischen Herzogin war abenteuerlich, die Ehe mit Ulrich zum Scheitern verurteilt gewesen, denn *»wie hätte auch die empfindliche, stolze, zanksüchtige Sabina das wilde Ungestüm Ulrichs brechen, wie ihr leidenschaftlicher Eigensinn ertragen können, was an seiner Seite notwendig zu ertragen war?«*. Eingebunden in die Dynamik der Reichspolitik hatte sie versucht, ihre eigenen Interessen durchzusetzen und sich selber treu zu bleiben. So erscheint es gerecht, dass Sabina unter Christophs Schutz einen ruhigen Lebensabend hatte verbringen können, in dem die freundlichen Seiten ihres Wesens zur Geltung kommen konnten. Auch wenn es hieß, *»in die Liebe der Ihrigen habe sich stets etwas Furcht gemischt, denn ihre äußere Hülle sei allzeit etwas stachelig geblieben«*.

Mit Sabinas Sohn, Christoph von Württemberg, erlebte das Herzogtum einen verantwortungsvollen Herrscher, der dem Land Frieden und Wohlstand brachte. Er verkörperte die Merkmale seiner Epoche im Einsatz für humane und ideale Ziele und die Lebenskunst der Renaissance. Christoph starb nur viereinhalb Jahre nach seiner Mutter im Stuttgarter *Alten Schloß*, tief betrauert von der Bevölkerung.

Sibylla von Anhalt

(1564–1614)

»Denn Gott weiß, daß ich gar großes Verlangen nach Euer Liebden hab'.«

Von Liebe und Schatten

Ehebruch schmerzt und gehörte in fürstlichen Verbindungen doch zum Alltag. Viele hochrangige Gemahlinnen mussten diesen Teil ihres ehelichen Zusammenlebens dauerhaft ertragen. Die meisten von ihnen fügten sich in ihr Schicksal und fanden im Laufe der Zeit neue Tätigkeitsfelder, die sie erfüllten. Andere Frauen hingegen litten unter den Eskapaden ihrer Gatten, fühlten sich gekränkt und in ihrer Ehre verletzt. Die Position der männlichen Herrscher verband sich geradezu mit einem Naturrecht auf außereheliche Affären, wenngleich nicht jeder Regent diese Möglichkeit gleichermaßen in Anspruch nahm.

Herzog Friedrich I., der erste absolutistisch regierende Monarch Württembergs, nutzte mit zunehmender Machtfülle hingegen seinen Freiraum und versüßte sich das Leben mit zahlreichen Gespielinnen. An willigen Frauen herrschte kein Mangel. So manches Weibsbild lauerte geradezu auf eine günstige Gelegenheit, dem Landesherrn auf diese Weise nahezukommen und von dessen Gunst zu profitieren. Seine rechtmäßige Gattin und Herzogin, Sibylla von Anhalt, musste manches erdulden und für sie wog diese bittere Erfahrung besonders schwer. Denn viele Jahre war Sibylla an Friedrichs Seite glücklich gewesen. Das Paar hatte sich nicht nur lange Zeit gut verstanden, sondern auch in sinnlicher Leidenschaft verbunden gefühlt. Die offene Weise, in der Friedrich seine

Liebschaften auslebte, war für Sibylla deshalb besonders demütigend und schmerzlich.

Doch niemand nahm auf persönliche Befindlichkeiten Rücksicht. Sibylla hatte ihre Rolle auszufüllen, nicht zu klagen, ihr Schicksal zu tragen und ihre Kinder großzuziehen. Auf ihre eigene Art und im Rahmen der bescheidenen Möglichkeiten versuchte Sibylla, ihre Würde zu wahren und sich die Zuneigung ihres Mannes zu erhalten.

Septemberkind

Sibyllas früh verstorbene Mutter, Gräfin Agnes von Barby.

Als Sibylla von Anhalt am Abend des 28. September 1564 gegen drei viertel zehn Uhr abends im Schloss zu Bernburg an der Saale geboren wurde, herrschte große Aufregung in den fürstlichen Gemächern. *»Allzu frühe und zu bald, nämlich fünffzehn Wochen«* vor dem eigentlichen Geburtstermin hatte sich das Kind auf den Weg gemacht. Eine solch dramatische Frühgeburt besaß eigentlich kaum eine Überlebenschance und entsprechend berichten die Quellen, dass das kleine Mädchen *»halb tot gleichsam auf die Welt (ge)kommen«* sei. Da der Säugling jedoch Lebenszeichen von sich gab, bettete man ihn in einen warmen, hohlen Ziegelstein und schuf damit eine Art Brutkasten. Die Eltern, Gräfin Agnes von Barby und Fürst Joachim Ernst von Anhalt, bangten lange Zeit um das Leben ihrer Tochter. Doch das Wunder geschah. Im Laufe der Wochen erholte sich Sibylla und so wurde die Pflege fortgesetzt, *»bis Gott selbige nach und nach hat erstarken lassen«.*

Rund um das Schloss spürte man Unruhe und geschäftiges Treiben. Seit Jahrzehnten waren Bauarbeiten im Gange. Die einstige »Berneburch« – markant auf einem hohen Sandsteinfelsen über der Saale gelegen – schickte sich an, eines der eindrucksvollsten Renaissanceschlösser Mitteldeutschlands zu werden. Der begabte Baumeister Andreas Günther hatte das Werk mit dem sogenannten Langhaus begonnen, sein Nachfolger Nickel Hoffmann sollte es vollenden. Aus der

Auf Schloss Bernburg an der Saale kam Sibylla als Frühgeburt zur Welt.

mittelalterlichen Burganlage hatte sich mit dem »Eulenspiegelturm« ein imposanter Bergfried erhalten und in das neue Ensemble eingefügt. Glaubt man der Sage, so soll Till Eulenspiegel einst als Turmbläser in den Diensten des Grafen von Anhalt gestanden und während dieser Zeit auf der Burg allerhand Schabernack getrieben haben.

Die kleine Sibylla verbrachte zunächst behütete Kinderjahre. Ihr Vater hatte in Wittenberg studiert, galt als gebildeter Mann und vorbildlicher lutherischer Regent. Der *»fromme, gottesfürchtige und hochverständige Fürst«* zeigte sich friedfertig und war stets um das Wohlergehen seiner Untertanen bemüht. Das Land prosperierte unter seiner Führung, denn die Förderung von Handel und Gewerbe lag ihm sehr am Herzen. Als Mäzen der Künste und der Wissenschaft sorgte Joachim Ernst für eine gute und ausgewogene Erziehung seiner Kinder.

Sibylla war erst fünf Jahre alt, als sie ihre Mutter verlor. Fürstin Agnes hatte als tugendsame und gottesfürchtige Fürstin *»von gutem Stamm und Herkommen«* überall Hochachtung genossen. Ihr Tod im Alter von 29 Jahren war ein schwerer Verlust für die Familie. Nur ein Jahr später ergaben sich weitere bedeutsame Veränderungen im Hause Anhalt, denn mit dem ebenso frühen Tod seines Bruders Bernhard fielen Joachim Ernst dessen Besitzungen zu. Der Fürst vereinigte die zuvor geteilten anhaltinischen Lande und verlegte seinen Regierungssitz nach Dessau. Gemeinsam mit seinen fünf kleinen Kindern lebte er fortan im dortigen Residenzschloss. Joachim Ernst, ein attraktiver Mann von 35 Jahren, dachte zu dieser Zeit bereits an eine erneute Heirat und bewies mit Eleonore von Württemberg eine glückliche Hand. Anfang Januar 1571 fand in Stuttgart die Hochzeit mit der sympathischen Tochter des verstorbenen württembergischen Herzogs Christoph statt.

Eleonore zog nach Dessau und erfuhr auf diese Weise nur aus der Ferne von den dramatischen Turbulenzen, die sich in den kommenden Monaten im Herzogtum Württemberg zutrugen. Denn ihre seit gut zwei Jahren verwitwete Mutter Anna Maria verliebte sich einige Wochen nach Eleonores Hochzeit unsterblich in den jungen Landgrafen Georg von Hessen-Darmstadt. Die Gefühle der 42-Jährigen waren so stark, dass sie sich auf eine Heirat mit dem Hessen fixierte. Eine eheliche Verbindung kam jedoch nicht zustande. Die Unerfüllbarkeit ihres Wunsches belastete Anna Maria unsäglich, sie wurde depressiv und spielte mit Todesgedanken. Eleonores Geschwister hielten die Mutter für wahnsinnig und verbargen sie fortan im Nürtinger Schloss, um einen öffentlichen Skandal zu vermeiden. Jahre später sollte jener hessische Landgraf im Leben der frisch vermählten Eleonore noch eine wichtige Rolle spielen.

Doch zunächst lebte sich die württembergische Prinzessin in ihrer neuen Heimat Dessau ein. Die Kinder ihres Mannes nahm sie wie eigene an und wurde vor allem für Sibylla zu einer richtigen Mutter. Zeitlebens verband Stieftochter und Stiefmutter ein ausgezeichnetes Verhältnis. Daran änderte sich auch nichts, als noch im Hochzeitsjahr 1571 das erste leibliche Kind Eleonores zur Welt kam. Die Familie war wieder vollständig, Joachim Ernst widmete sich den Regierungsgeschäften, Eleonore sorgte für ihre Kinderschar, die regelmäßig Zuwachs verzeichnete. Mit ihrem in Stuttgart regierenden Bruder Ludwig blieb Eleonore in regem Kontakt. So vergingen die Jahre. Sibylla wuchs heran, wurde im Sinne der lutherischen Religion erzogen und entwickelte dank Eleonores Einfluss ein nachhaltiges Interesse an Botanik und Medizin. Mit dem Erreichen ihres dreizehnten Lebensjahres wählte man die Prinzessin trotz ihres jungen Alters zur Äbtissin des freien weltlichen Stiftes Gernrode. Dieses Amt hatte zuvor ihre ältere Schwester bekleidet. Ob Sibylla in Gernrode tatsächlich ihren Aufenthalt nahm, ist nicht belegt. Drei Jahre später war sie jedenfalls wieder zuhause, am Hof in Dessau. Hier entschied sich Sibyllas weiterer Lebensweg, denn kurz nach ihrem sechzehnten Geburtstag machte sie eine Bekanntschaft mit weitreichenden Folgen.

Im Dessauer Schloss lernte Sibylla den attraktiven Friedrich kennen.

Große Gefühle

Im Frühjahr 1580 reiste Graf Friedrich von Württemberg-Mömpelgard auf seiner Kavalierreise durch die Lande. Er besuchte bedeutende Städte, hielt sich an zahlreichen Höfen auf und war in vielen Herrscherhäusern zwischen Bayern und Dänemark ein willkommener Gast. Als der Hochsommer nahte, berührte seine Reiseroute das Fürstentum Anhalt. Am Abend des 22. Juli traf der abenteuerlustige Adelige im Dessauer Residenzschloss ein und wurde von Sibyllas Vater herzlich empfangen. Friedrich stand kurz vor seinem 23. Geburtstag und galt als ausgezeichnete Partie. Fast schien es, als habe er in Maria von Braunschweig, die er bereits kannte, eine standesgemäße Ehefrau gefunden. Vieles deutete darauf hin, dass er seine Reise zur Brautwerbung nutzen werde, denn auch die fürstlichen Residenzen Braunschweig-Wolfenbüttel standen auf dem Plan.

Doch jene fünf Nächte, die Friedrich am anhaltinischen Hof verbrachte, änderten alles. Er wurde der jungen Tochter des Hauses vorgestellt und fand ihre Ausstrahlung faszinierend. Sibylla von Anhalt war *»von schöner, anmutiger Gestalt«*, ausgezeichnet erzogen, vielseitig interessiert und entstammte einem der ältesten Adelsgeschlechter des Reiches. Bereits am 26. Juli schrieb Friedrich einen Brief an seinen Vetter und Regenten Ludwig nach Stuttgart. Darin ließ er diesen ohne Umschweife wissen, Sibylla heiraten zu wollen und bereits das schriftliche Einverständnis ihres Vaters eingeholt zu haben. Herzog Ludwig von Württemberg fiel aus allen Wolken, denn mit einem derart eigenmächtigen Handeln des Grafen – der trotz seines Alters noch unter Vormundschaft stand – hatte er nicht gerechnet.

Friedrich verlobte sich umgehend mit Sibylla, die ihm sehr gut gefiel.

Die erwartete Verlobung mit Maria von Braunschweig war damit hinfällig. Wenig diplomatisch erklärte Friedrich, dass er Maria zu dick fände und ihr Gesicht zudem durch Kindsblattern entstellt sei. Herzog Ludwig bewahrte Fassung. Schon seit Jahren hatte er sich ohne Erfolg um eine geeignete Braut für Friedrich bemüht. Auf dem jungen Grafen ruhten immerhin die gesamten dynastischen Hoffnungen des Hauses Württemberg, das im Mannesstamm auszusterben drohte. Die Ehe Ludwigs war bisher kinderlos geblieben, seine Brüder bereits vor Jahren gestorben. Eine fatale Situation, denn Württemberg war seit der zweiten Regierungszeit des rabiaten Ulrich kein unmittelbares Reichslehen mehr. Stünde nach Ludwigs Tod kein legitimer Erbe zur Verfügung, so fiele es als österreichisches Afterlehen an Österreich.

Also nahm Herzog Ludwig die überraschende Nachricht aus Dessau letztlich mit Erleichterung auf. Er befahl seinem Kammersekretär, sich mit Landhofmeister und Kanzler bezüglich des Heiratswunsches Friedrichs zu beraten. Eine Empfehlung kam rasch zustande. Sie hätten, so berichteten die drei dem Herzog, *»eine solche Zeitung von Herzen gerne gehört«*. Mit der Gnade und dem Segen des Allmächtigen möge *»von Eurer und Seiner Fürstlichen Gnaden (Friedrich) masculinas proles (männliche Nachkommen) hinterlassen«* werden. Auch innerhalb der mütterlichen, in Hessen regierenden Verwandtschaft Friedrichs zeigte man sich mit dessen Wahl einverstanden. Weder Sibylla noch ihre Eltern hätten *»einigen Mangel«*.

Die verschmähte Maria von Braunschweig mit ihrem Mann und zwei ihrer Kinder.

Am Dessauer Hof war man mehr als zufrieden mit dem Gang der Dinge. Joachim Ernst gefiel der patente, forsche Württemberger und dessen möglicherweise zu erwartende Ansprüche auf den Thron des südwestdeutschen Herzogtums machten ihn um ein Vielfaches interessanter. Zudem sah es so aus, als wäre diese Verlobung nicht nur politisch wünschenswert, sondern von echten Gefühlen getragen. Friedrich und Sibylla mochten einander und schienen dem Schicksal, einen ungeliebten Ehepartner bis ans Ende der Tage ertragen zu müssen, entronnen zu sein. Als Friedrich am 27. Juli das Residenzschloss verließ und seinen Weg fortsetzte, fiel der Abschied wahrscheinlich schwer. Der in Heiratsdingen bislang eher zögerliche Friedrich zeigte sich fest entschlossen, der Brautwerbung Taten folgen zu lassen. Ende August beendete er seine Reise und erreichte das heimatliche Stuttgart; bereits im Herbst wurden die Einzelheiten der Eheschließung verhandelt und zu diesem Zwecke zwei württembergische Gesandte nach Anhalt geschickt.

Mitte November waren die Formalitäten geklärt und der Ehevertrag fertiggestellt. Neben ihrem Heiratsgut erhielt Sibylla eine standesgemäße Aussteuer einschließlich Kleidung, Schmuck, Kleinodien, kostbarem Silbergeschirr und anderem mehr. Friedrich verpflichtete sich, ihr neben der üblichen Morgengabe ein jährliches Nadelgeld in Höhe von 300 Gulden zu zahlen. Es sollte ihr für persönliche Bedürfnisse zur Verfügung stehen. Sämtliche Formalitäten waren damit geregelt, schwieriger gestaltete sich die konkrete Planung der Hochzeit. Joachim Ernst ließ in Dessau genau zu jener Zeit umfangreiche Bauvorhaben ausführen; für große Feierlichkeiten war die anhaltinische Residenz augenblicklich nicht zu nutzen. Der anhaltinische Fürst konnte daher keinen konkreten Termin vorschlagen. Friedrich wartete in Stuttgart ungeduldig auf Nachrichten und machte keinen Hehl daraus, dass ihm diese Verzögerung nicht gefiel. Sibyllas Stiefmutter Eleonore fühlte sich bemüßigt, ihren Mann zu schützen und ließ Friedrich wissen, dass Joachim Ernst am zeitlichen Verzug keine Schuld habe. Friedrich reagierte gereizt. Mit dem Einverständnis Herzog Ludwigs schlug er schließlich vor, die Vermählung in der württembergischen Residenz und nicht in Dessau auszurichten. Nach einigem Hin und Her gab Sibyllas Vater nach. Die Hochzeit sollte am 22. Mai 1581 in Stuttgart stattfinden.

Seitens der württembergischen Landstände wurden die Heiratsabsichten Friedrichs erleichtert begrüßt. Bereits ein halbes Jahr vor der Eheschließung überbrachten ausgewählte Mitglieder kostbare Hochzeitsgeschenke im Wert von über 4000 Gulden. Es handelte sich um Hausrat und Schmuck aus der Werkstatt des Augsburger Goldschmieds Johann Raiser. Gerade der Landschaft lag am Fortbestand der württembergischen Dynastie, denn eine Übernahme des Landes durch

Österreich hätte zwangsläufig die Rekatholisierung Württembergs zur Folge gehabt.

Mit dem Jahreswechsel begannen in Stuttgart umfangreiche Hochzeitsvorbereitungen. Einladungen wurden verschickt, Abläufe festgelegt und Unterkünfte bereit gestellt. Man erwartete zahlreiche und hochrangige Gäste aus verwandten und befreundeten Fürstenhäusern. Sowohl Herzog Ludwig als auch Sibyllas Vater planten ein üppiges und glanzvolles Fest und stellten entsprechende Gelder zur Verfügung. Zur Verwunderung aller bat Friedrich hingegen darum, den finanziellen Aufwand in Grenzen zu halten. Dieser Wunsch nach Mäßigung war angesichts seiner sonst üblichen Vorliebe für höfische Prachtentfaltung äußerst ungewöhnlich. Fast schien es, als habe er den Rat eines Onkels beherzigt, der ein rauschendes Fest *»mit Fressen, Saufen, Spielen und anderen Üppigkeiten«* für schwere Sünde und sinnlose Geldverschwendung hielt.

Herzog Ludwig von Württemberg wartete vergebens auf einen Erben.

Während in Württemberg die Vorbereitungen auf Hochtouren liefen, plante Joachim Ernst die Brautreise seiner Tochter. Sibyllas Ausstattung wurde sorgfältig verpackt und jede Tagesetappe festgelegt. Am 2. Mai 1581 brachen Brautvater und *»Hochzeiterin«* auf. Die Gesellschaft legte pro Tag etwa drei bis fünf Meilen (etwa 22,5 bis 37,5 Kilometer) zurück, dazwischen lagen immer wieder Ruhepausen von ein bis zwei Tagen. Als sie Mitte Mai die württembergische Landesgrenze passierten, bereiteten ihnen die auf ihrer Reiseroute liegenden Ortschaften Marbach, Lorch, Schorndorf und Waiblingen jeweils einen gebührenden Empfang.

Stuttgart war für die Feierlichkeiten bereit. Straßen und Gassen hatte man von Unrat befreit, gereinigt und teilwei-

Sibyllas Vater, Joachim Ernst von Anhalt.

se gepflastert. Zahlreiche Gäste aus nah und fern waren angereist, um Sibylla und Friedrich die Ehre zu erweisen. Es begann ein üppiger und glanzvoller Festreigen mit Gottesdiensten, prächtigen Festbanketten, Fackeltänzen, Turnieren, Ringelrennen, Vogelschießen und Maskeraden. Grandiose Feuerwerke erleuchteten den abendlichen Himmel über der Residenzstadt. Erlesene Speisen wurden zubereitet und 112 000 Liter Wein ausgeschenkt. Mehr als 20 000 Gulden ließ sich der Hof das Spektakel kosten, an dessen Inszenierung Friedrich schließlich doch entscheidend mitgewirkt und dabei sämtliche Vorsätze der Zurückhaltung über Bord geworfen hatte.

Seine Hochzeit ließ ihn erstmals im Mittelpunkt des öffentlichen Interesses stehen und Friedrich genoss diese Aufmerksamkeit. Auch Joachim Ernst und Herzog Ludwig zeigten sich zufrieden. Das Fest entsprach in jeder Hinsicht ihren Vorstellungen und repräsentierte die Bedeutung der Fürstentümer Württemberg und Anhalt. Nach vollzogenem Beilager übergab Friedrich seiner frisch angetrauten Ehefrau die stattliche Summe von 3000 Gulden als Morgengabe. Aus Sibylla von Anhalt war eine glückliche Gräfin Sibylla von Württemberg-Mömpelgard geworden.

Le Duc et la Duchesse

Nur wenige Wochen hielt sich das junge Paar in Stuttgart auf. Gemeinsam mit Sibyllas Eltern und Herzog Ludwig machten sie sich Ende Juni auf den Weg nach Mömpelgard. Graf Friedrich, inzwischen von Herzog Ludwig für mündig erklärt, entstammte der mömpelgardischen Seitenlinie des Herrscherhauses Württemberg. Die kleine Grafschaft südwestlich der Vogesen zählte seit Jahrhunderten zu den Besitzungen Württembergs auf der linken Rheinseite und lag geographisch an der Burgundischen Pforte, zwischen der Eidgenossenschaft und Frankreich. Friedrichs Vater, der damalige Graf Georg, hatte erst im späten Alter von 57 Jahren geheiratet und eine Familie gegründet. Am 19. August 1557 war Friedrich in den Räumen des Mömpelgarder Schlosses zur Welt gekommen.

Nur elf Monate später war Georg von Mömpelgard bereits tot und seine Witwe – Barbara von Hessen – mit Friedrich und dessen jüngerer Schwester Eva Christina auf ihren Witwensitz nach Reichenweier im Elsass gezogen. Dort hatten die beiden Kinder ein Martyrium durchlitten, Schläge, Demütigungen und schwere Vernachlässigung erfahren, denn Barbara war einer angemessenen Erziehung nicht gewachsen gewesen. Aus der illegitimen Beziehung mit ihrem Hofmeister waren zudem zwei weitere Kinder hervorgegangen. Als Barbara im Jahr 1568 den Grafen zu Waldeck heiratete, hatte Herzog Christoph von Württemberg den minderjährigen Friedrich zu sich nach Stuttgart geholt und wie ein eigenes Kind angenommen.

Friedrich war gemeinsam mit Christophs Sohn Ludwig erzogen worden und als Herzog Christoph im Dezember desselben Jahres starb, hatte dies für beide Jungen einen großen Verlust bedeutet. Friedrich blieb am Stuttgarter Hof, zeigte sich in den Folgejahren aber äußerst streitsüchtig und jähzornig. Im Alter von 14 Jahren war er zu Studienzwecken nach Tübingen übergesiedelt und erst drei Jahre später in die Stuttgarter Residenz zurückgekehrt. Als er älter wurde, drängte es ihn in die Ferne. Er besuchte seine Mutter in Waldeck, seine Geburtsstadt Mömpelgard und verschiedene Fürstenhöfe.

Mit der Ankunft des Grafenpaares in Mömpelgard schloss sich der Kreis. Dem 24-jährigen Friedrich wurde in einem feierlichen Akt die Regierungsgewalt über Württembergs linksrheinische Territorien übertragen. Die Stadt Mömpelgard (heute Montbéliard und seit 1793 französisches Staatsgebiet) besaß eine rechtlich selbständige Stellung innerhalb der strategisch, wirtschaftlich und kulturell bedeutsamen Grafschaft. Sibylla und Friedrich residierten von nun an auf Schloss Mömpelgard, das hoch über der Stadt auf einer Felskante erbaut worden war. Zwei Flüsse umgaben den mächtigen, steinernen Sporn, bildeten eine natürliche Abgrenzung und flossen am Rande der Stadt zusammen. Gemeinsam mit zusätzlich angelegten Wassergräben dienten sie dem Schutz der ansonsten noch wenig befestigten Schlossanlage.

Friedrichs Vater Georg hatte die Grafschaft einst vorbildlich geführt und nach seinem Tod ein geordnetes, gut verwaltetes Staatswesen und volle Kassen hinterlassen. Seither war Mömpelgard vom städtischen Magistrat im Sinne einer vormundschaftlichen Regierung für Friedrich verwaltet worden. Große Aufgaben standen nun vor dem jungen, frisch eingesetzten Regenten und der hatte ehrgeizige Ziele. Mömpelgard sollte wirtschaftlich wachsen, die Infrastruktur verbessert, Schulen und Kirchen errichtet und der Abbau von Bodenschätzen vorangetrieben werden. Von Beginn an erwartete Friedrich absoluten Gehorsam von seinem Volk und da außer dem städtischen Magistrat einflussreiche politische Gruppierungen fehlten, spürte er wenig Widerstand. Zugute kamen dem jungen Grafen seine umfassenden Sprachkenntnisse und die Gabe, sich auf dem diplomatischen Parkett sicher bewegen zu können. Obwohl er in Mömpelgard auf solide Verhältnisse traf, war Friedrichs Tatendrang dennoch Grenzen gesetzt. Die wirtschaftliche Leistungsstärke der Grafschaft war gering, ihre Mittel mussten also gut eingeteilt werden.

Während Friedrich die Regierungsgeschäfte aufnahm, richtete sich Sibylla im Schloss ein. Im April 1582 vermeldete Friedrich freudig nach Stuttgart, dass die Herzogin schwanger sei und die Geburt bereits nach Ostern erwartet werde. Nur wenige Wochen später, am Morgen des 5. Mai 1582, brachte Sibylla einen gesunden Jungen zur Welt. Zur Taufe Anfang Juni in der Mömpelgarder Schlosskirche St. Maimbœuf waren auch Vertreter der württembergischen Landschaft gela-

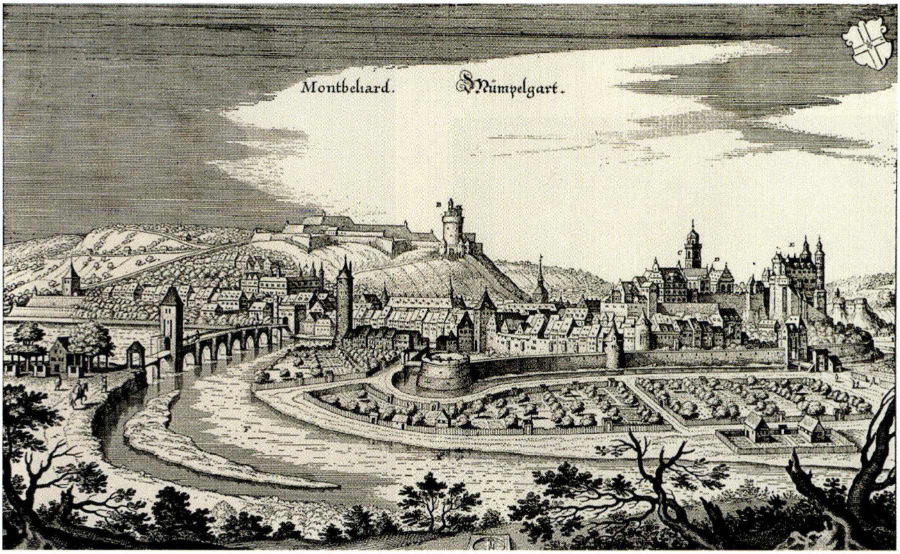

den, die durch die Übernahme der *Gevatterschaft* für den jungen Prinzen dessen Erbberechtigung anerkannten. Sollte die württembergische Linie im Mannesstamm aussterben, stünde dem Jungen mit Namen Johann Friedrich in der Nachfolge seines Vaters der Thron des Herzogtums zu. Im Anschluss an die kirchliche Zeremonie empfing Sibylla die Gesandten der Landstände im Kindbett. In Anwesenheit Friedrichs und einer Hebamme machten ihr die Herren im Schlafzimmer ihre Aufwartung. Auf einem Tisch, der links neben Sibyllas Bett stand, lag das Kind. Man hatte es aufgedeckt, damit man *»ihn besichtigen möge«*. Prälat Dr. Bidembach aus Bebenhausen hielt eine Glückwunschansprache, anschließend wurden dem Täufling feierlich kostbare Geschenke überreicht.

Die ersten Jahre ihrer Ehe verbrachten Sibylla und Friedrich in Mömpelgard.

Obwohl man in Stuttgart darum gebeten hatte, den Aufwand rund um die Taufe so gering wie möglich zu halten, sorgte Friedrich für einen üppigen und mehrere Tage dauernden Rahmen. Eine ganze Woche lang wurde gefeiert, getanzt und allerhand Unterhaltung geboten. Die württembergischen

Gesandten, die eigentlich umgehend nach Stuttgart zurückreisen wollten, mussten ihren Aufenthalt in Mömpelgard verlängern. Friedrich behandelte sie äußerst liebenswürdig, um bei passender Gelegenheit seine Forderung nach finanzieller Unterstützung für den Ausbau des Kirchen- und Schulwesens in Mömpelgard vorzubringen. Man gab sich verhandlungsbereit, eine positive Entscheidung hinsichtlich Friedrichs Anliegen fiel allerdings erst Monate später in Stuttgart. Der junge Graf hatte einen Anfang gemacht.

Kindersegen

Mit der Geburt ihres Sohnes hatte Sibylla nicht nur ihre eigene Stellung gestärkt, sondern die Basis für den Fortbestand der württembergischen Dynastie gelegt. Denn in Stuttgart wartete Herzog Ludwig von Württemberg weiterhin vergebens auf einen Erben. Im Jahr nach Sibyllas erster Niederkunft starb Ludwigs Frau. Als er an eine Wiederverheiratung dachte, keimte leise Hoffnung auf, doch auch seine zweite Ehe mit der erst 13-jährigen Ursula von Pfalz-Veldenz-Lützelstein sollte ohne Nachkommen bleiben.

In Mömpelgard dagegen reihten sich die Geburten geradezu nahtlos aneinander, denn Friedrich und Sibylla blieben sich in diesen ersten gemeinsamen Jahren sehr zugetan. Friedrich war stolz auf seine *»von großen Naturgaben gezierte«* Frau, Sibylla nannte ihren Mann *»Herzallerliebes«*. Weilte ihr Gemahl durch Regierungsgeschäfte oder andere Umstände nicht am Hof, litt sie sehr unter der Trennung. Unverhüllte Sehnsucht sprach dann aus ihren Briefen, denn *»Gott weiß, dass ich gar großes Verlangen nach Euer Liebden hab'«*. Die Eheleute unterhielten eine rege Korrespondenz. *»Mit hocherfreutem Gemüt«*, so ließ die 20-Jährige ihren Friedrich im Februar 1585 während einer seiner regelmäßigen Visitationen am Stuttgarter Hof wissen, habe sie vernommen, dass er glücklich angekommen sei. Die lieben Kinder befänden sich wohl und sie schicke ihm anlässlich seines Namenstages ein *»Schnürlein für Augenbinde«* verbunden mit dem Wunsch, dass Gott sie noch lange beieinander erhalten möchte. Mit dem Schnürlein hoffe sie, ihn *»noch oft anbinden«* zu können, ihr wäre aber nichts lieber, als wenn sie bei ihm sein könne, wo sie ihn *»besser anbinden«* wolle.

Herzog Ludwigs zweite Gemahlin Ursula, die bereits mit 13 Jahren verheiratet wurde.

Nur einen guten Monat vor diesem Schreiben hatte Sibylla ihr bereits viertes Kind, eine Tochter mit Namen Elisabeth, geboren. Das Mädchen war noch am Tag der Geburt gestorben. Ihrem Mann berichtete Sibylla nun, dass sie *»Gottlob frisch und gesund aus dem Kindbett gegangen«* sei und nun alle Tage auf ihren Gemahl warte. Gott möge ihn nur vor allem Unfall behüten und helfen, dass sie bald wieder mit Freuden zusammenkommen möchten. Sibyllas Korrespondenz enthielt wiederholt erotische Anspielungen. Am 8. Dezember 1585 fügte sie einem Brief den Zusatz an: *»In großer Eil, denn ich muß in das Bad gehen und mich hübsch machen, auf daß, wenn Euer Liebden wiederkommen, daß ich fein sauber bin.«* Zu diesem Zeitpunkt war Sibylla bereits wieder schwanger und wurde knapp zwei Monate später von ihrem fünften Kind Ludwig Friedrich entbunden. Der inzwischen 28-jährige Graf Friedrich ließ anlässlich der Geburt seines dritten Sohnes ein üppiges Fest mit Spielen und vielerlei Kurzweil ausrichten. Dabei wurde ein in Frankreich bis dahin unbekanntes Spiel veranstaltet, das Kübelrennen. Die teilnehmenden Ritter waren dick vermummt, trugen ausgestopfte Wämser am Leib und anstelle von Helmen einfache Kübel auf dem Kopf. Mit stumpfen Stangen und auf schlechten Pferden traten sie zur Belustigung der Gesellschaft gegeneinander an.

In dieser Zeit, um die Mitte der 1580er-Jahre, wurde es zunehmend unruhig in Mömpelgard. Bereits Friedrichs Vater Georg hatte die Kirche in Mömpelgard und den Herrschaften Horburg und Reichenweier im Sinne des Schweizer Calvinismus reformiert. Nach seinem Tod waren die kirchlichen Verhältnisse der Grafschaft an die der lutherischen Kirche in Württemberg angepasst worden. Doch in Mömpelgard blieb der calvinistische Einfluss spürbar und wurde durch Glaubensflüchtlinge aus Frankreich noch verstärkt. Ihr Zustrom hielt konstant an, da im Nachbarland Bürgerkrieg herrschte; Katholiken und Protestanten standen sich in brutalen Glaubenskämpfen gegenüber. Die ständig wachsende Anzahl französischer Hugenotten in Mömpelgard verstärkte die latent vorhandenen Spannungen zwischen den Vertretern des Calvinismus und den Lutheranern. Der innere Frieden der Grafschaft geriet ernsthaft in Gefahr; die Frage der Religion wurde übermächtig.

Friedrich, ein überzeugter Lutheraner, ließ daraufhin das *Mömpelgarder Bekenntnis* verkünden, das die lutherische Abendmahlslehre für verbindlich erklärte. Der bisher weitgehend freiheitlich agierende Rat der Stadt Mömpelgard widersetzte sich dem Diktat des Grafen, woraufhin Friedrich die Stadt militärisch besetzen ließ. Er zwang die Bürgerschaft, ihn als souveränen Landesherrn anzuerkennen. Im gleichen Zuge erneuerte er den Mömpelgarder Magistrat, der das *Mömpelgarder Bekenntnis* zu unterzeichnen hatte und fortan in seiner Macht empfindlich eingeschränkt war.

Außenpolitisch wusste Friedrich um die wichtige und sensible Lage seiner Grafschaft. Deshalb setzte er von Beginn an auf Diplomatie. Im Jahr 1586 spitzten sich mit dem Tod des letzten katholischen Thronerben die Auseinandersetzungen im Nachbarland Frankreich zu. Denn mit dem Bourbonen Heinrich von Navarra stieg plötzlich ein Protestant in den Rang des französischen Thronfolgers auf. Mit allen Mitteln versuchte die katholische Liga Frankreichs, dies zu verhindern. Der in Bedrängnis geratene Heinrich von Na-

So wie dieses unbekannte Paar genossen Sibylla und Friedrich erotische Stunden, die ihnen reichlich Nachwuchs bescherten.

varra bat den württembergischen Herzog Ludwig brieflich um die Hilfe der protestantischen deutschen Fürsten. Die englische Königin Elisabeth votierte klar für ein Bündnis aller protestantischen Herrscher Europas. Man einigte sich auf eine diplomatische Intervention und beauftragte Friedrich mit dieser schwierigen Mission. Bevor der Graf im Juli 1586 nach Paris abreiste, bat er Herzog Ludwig, während seiner Abwesenheit auf Stadt und Land, die Gräfin und ihre Kinder Acht zu geben.

Wieder einmal war Sibylla von Friedrich getrennt und vermisste ihn schmerzlich. Er *»möchte doch ja bald wieder kommen«*, ließ sie ihn brieflich wissen. Es werde ihr die Zeit wohl wie ein Jahr dünken, bis sie wieder mit Freuden zusammenkämen. Inständig bat sie ihn, ihrer zu gedenken. Friedrich aber hatte wenig Sinn für Romantik. Er nahm seinen politischen Auftrag sehr ernst, doch eine Audienz beim König von Frankreich wurde ihm konsequent verweigert. Offensichtlich waren die Verbindungen des lutherischen Grafen mit Heinrich von Navarra bei Hofe bereits bekannt. Friedrich wollte diese Niederlage nicht hinnehmen und blieb deshalb länger als vorgesehen in Paris.

Für die Sommermonate plante Sibylla einen Aufenthalt in Dessau, um ihre Familie zu besuchen. Friedrich sollte zu diesem Zeitpunkt längst wieder zu Hause sein, doch in einem Brief teilte er ihr die Verzögerung seiner Rückkehr mit. Er wünsche, fuhr er fort, dass Sibyllas Abreise keinesfalls verschoben werde. Sein Brief enthielt zudem detaillierte Instruktionen hinsichtlich Planung und Durchführung der Reise. Durch einen Bediensteten ließ er Sibylla einen Papagei als persönliches Geschenk überbringen. Die Gräfin war entzückt und ließ Friedrich wissen, dass ihr sein Präsent *»ausserordentliche Freude verursacht«* habe und sie ihren Dank für den *»gar zu schönen Vogel«* nicht oft genug wiederholen könne.

Es wurde August. Friedrichs Pläne für Sibyllas Fahrt nach Dessau sahen vor, drei der Kinder zu Hause zu lassen. Sibylla solle darauf achten, verfügte Friedrich, dass sie während der Abwesenheit der Eltern *»gut gewahrt und versorgt werden«*. Sie selber werde mit ihrem Sohn Johann Friedrich in einem sechsspännigen *Hüttichwagen* reisen, für einen *Plunderwagen* sah der Graf drei Pferde vor. Da beide Wagen erst bereitgestellt werden mussten, verzögerte sich Sibyllas Abreise. Die Gräfin wurde unruhig. Wenn aus der Reise noch etwas werden solle, schrieb sie ihrem Mann am 10. August 1586, *»so wolle sie ihr (eigenes) Wägelchen und Kutsche nehmen«*. Ihrem Vater gehe es nicht gut und es könne sein, dass sie ihn binnen Jahresfrist *»nimmer finden möchte«*. Den Papagei wolle sie mitnehmen.

Offensichtlich wagte Sibylla im gleichen Brief, auf Friedrichs langen Aufenthalt in Paris anzuspielen. Ihr Mann reagierte auf diese Andeutung äußerst ungehalten, denn nur wenige Tage später bat sie ihn, ihre Worte *»aufs höchste zu entschuldigen«*. Sie spreche ihn gewiss von jeder Schuld hinsichtlich der Verzögerung frei und sehe ein, dass *»die Legation zuvor nicht abgehen kann, ehe sie bei dem König Audienz erhalten habe«*. Am Wohlwollen Friedrichs lag ihr sehr. So fügte sie noch die Bitte an, dass er ihr *»um Gottes Willen verzeihe«* und ihre Worte ihrem *»Unverstand«* zurechnen möchte. Sie

habe ihn gewiss nicht beleidigen wollen und er möge doch, wie zuvor, ihr *»herzallerliebster Herr sein«*.

Am 16. August brach Sibylla schließlich gen Norden auf. Peinlichst genau hatte sie sich an die Anweisungen ihres Mannes gehalten. Der Reisewagen war seinem Wunsch entsprechend mit einem Sesselchen für ihren Sohn ausgestattet worden, damit das Kind beim Fahren *»keinen Schaden erleide«*. Da Friedrich plante, nach seiner Rückkehr aus Frankreich der Familie nachzureisen, hatte Sibylla seinen Kleinodtisch mit Leder überziehen lassen und ebenfalls mitgeführt. Neben weiteren persönlichen Dingen ihres Gatten wurden Pelzmäntel für sie und das Kind eingepackt. Friedrich ließ ihr für die Reisekosten eine bestimmte Summe auszahlen. Sie versprach ihm, mit dem Geld sparsam umzugehen und *»nichts unnützlich«* auszugeben.

Paris. Eine politische Mission führte Friedrich 1586 für längere Zeit in die französische Hauptstadt.

Zum Zeitpunkt ihrer Reise war Sibylla erneut in anderen Umständen. Friedrich wollte gerne wissen, wie weit die Schwangerschaft fortgeschritten sei. Sibylla antwortete, dass es *»am 17. August 17 Wochen sein, der allmächtige Gott wollt weiterhin mit Gnaden helfen«*. Friedrich werde bei seiner Rückkehr *»ein fein groß Bäuchlein finden«*, aber dennoch des Nachts nichts entbehren müssen: Sie hoffe, sich mit ihm freundlich ergötzen zu können, es *»soll desselben gar kein Mangel sein und wenn ich gleich noch so großen Leibs wäre«*. Ihren Brief schloss sie mit dem formelhaften Gruß: *»Euer Liebden jeder Zeit getreu, gehorsame und ganz willige Gemahlin bis in den Tod.«*

Sibyllas Reiseroute folgte exakt den Vorgaben Friedrichs. Ein erster Halt wurde in Horburg eingelegt, dann die Reise über Frankfurt fortgesetzt. Sie achtete darauf, ihren Sohn *»bestens vor der bösen Luft (zu) verwahren«*, denn Friedrich hatte ihr befohlen, die Gesundheit des Jungen keinesfalls zu gefährden. Dem kleinen Johann Friedrich gefiel die Reise zu den Großeltern, er war *»lustig und wohl und will immer nur fahren«*. Sibylla hielt sich vermutlich mehrere Wochen in Dessau auf, Friedrich reiste ihr wie vorgesehen nach. Ihren schwerkranken Vater, Joachim Ernst von Anhalt, sah sie in diesem Spätsommer zum letzten Mal. Anfang Dezember traf die Nachricht von seinem Tod in Mömpelgard ein. Auch das neue Jahr brachte Trauer. Am 27. Januar 1587 wurde Sibylla von einem kleinen Jungen entbunden, der nur vier Tage nach der Geburt starb.

Des Herzogs Lüstlein

Ungeachtet aller diplomatischen Bemühungen wurde Mömpelgard schließlich in die kriegerischen Auseinandersetzungen hineingezogen, die ringsum vonstattengingen. Friedrich, der unverrichteter Dinge aus Frankreich zurückgekehrt war, unterstützte nach wie vor die französischen Protestanten.

Innerhalb der katholischen Kreise Frankreichs wurden seine Aktivitäten mit wachsender Feindschaft beobachtet. Mömpelgard galt zudem als Zentrum der emigrierten Gegner des französischen Königs. Um ein Exempel zu statuieren, drangen um die Jahreswende 1587/88 Truppen der *Katholischen Liga* unter Henri de Guise und dem Marquis du Pont in Mömpelgard ein. Ihre Kriegshorden wüteten im ganzen Land. 149 Dörfer wurden geplündert, 62 völlig abgebrannt. Die Bevölkerung erlitt grausamste Misshandlungen, Frauen und Kinder wurden geschändet, das Vieh weggeführt oder getötet, die Vorräte der Menschen gestohlen oder vernichtet. Die gräfliche Familie musste sich in Sicherheit bringen.

Zu Sibyllas Entsetzen bestand Friedrich darauf, den erst zweijährigen gemeinsamen Sohn Ludwig als eine Art Faustpfand im Schloss zurückzulassen. Die Anwesenheit des schutzbedürftigen Kindes sollte den Widerstandswillen der Bevölkerung stärken. Für Sibylla eine unerträgliche Situation. Schweren Herzens ließ sie ihren Sohn zurück und machte sich mit den beiden älteren Jungen und ihrer Tochter Sibylla Elisabeth auf den Weg nach Stuttgart. Die kleine Gesellschaft reiste in mehreren Etappen und hielt sich unter anderem in Alpirsbach und Herrenberg auf. Unterwegs sandte Sibylla wiederholt kurze Nachrichten an ihren Mann und berichtete ihm vom planmäßigen Verlauf der Reise. Friedrich und seine Räte zogen sich ins elsässische Horburg zurück.

Die württembergische Landschaft konnte sich trotz des Drängens Herzog Ludwigs nicht zu umfassender militärischer Hilfe durchringen. Lediglich eine kleine Söldnertruppe machte sich auf den Weg nach Mömpelgard, richtete aber nur wenig aus. Als die marodierenden Truppen der *Katholischen Liga* wenig später wieder abzogen, hinterließen sie ein schwer verwüstetes Land. Überall war die Not ersichtlich. Friedrich wusste, dass ein Wiederaufbau aus eigener Kraft schwierig werden würde und ersuchte die württembergische Landschaft im Februar 1588 um Almosen und Saatfrucht. Zu umfassender Unterstützung zeigte man sich in Württemberg jedoch nicht bereit. Nur vereinzelte Beträge erreichten die Kassen Mömpelgards; Friedrich musste die Gelder sinnvoll einteilen.

Nachdem die Situation in Mömpelgard wieder einigermaßen sicher erschien, kehrte Sibylla mit den Kindern heim und schloss erleichtert den kleinen Ludwig in die Arme. Anfang Juni brachte sie im Schloss ihr siebtes Kind zur Welt, Julius Friedrich. Vier Söhne und eine Tochter garantierten inzwischen den Fortbestand der Seitenlinie Württemberg-Mömpelgard.

Im September feierte Sibylla ihren 24. Geburtstag. Nahezu sieben Jahre lang lebte sie mit Friedrich bereits in Mömpelgard und das anfängliche Glück bekam erste Risse. Der Graf war von jeher das bestimmende Element in ihrer Ehe gewesen. Nun wurden seine despotischen Wesenszüge offensichtlicher. Sibylla musste vieles hinnehmen, denn obwohl er das Bett seiner Frau regelmäßig aufsuchte, pflegte Friedrich zunehmend außereheliche Verhältnisse. Dieses Verhalten war für einen Herrscher keineswegs unüblich und Sibylla war sich dessen sicher bewusst. Doch die mehrere Monate dauernde Liaison mit einer Wäscherin namens Madeleine im Jahr 1589 kränkte sie tief. Als jener Dame zudem das Privileg erwiesen wurde, Friedrich auf einer seiner Reisen zu begleiten, bekannte ihm Sibylla: *»Dass Euer Liebden eine Kutsche mit schönen Frauenzimmern nachgezogen seie, die Euer Liebden mit gen Baaden (in die Badekur) nehmen wollen, macht mir gewißlich allerlei Nachdenken. Ich kann aber wohl erachten, weil die Leute so schön sein, so möchte sich's gar wohl schicken, dass Euer Liebden ein Lüstlein zu solchen schönen Leuten überkommt.«*

Sie berichtete ihrem Mann zudem von den Demütigungen, die sie als hochadelige, rechtmäßige Gemahlin seitens dieser Geliebten zu ertragen hatte: *»Wie sie sich dann für die schönste Frau allhier zu Mömpelgard gerühmt hat, denn die vom Adel und andere Weiber alle hier seien wie die groben Bauern gegen sie.«* Am Ende ihres Schreibens bat sie ihren Mann, diese Affäre zu beenden: *»Will Euer Liebden hier-*

mit meinem herzallerliebsten Herrn dem lieben Gott befehlen, und versehe mich, Euer Liebden Wäscherin bald wieder abschaffen, wann Euer Liebden wieder herkommen. Oder wir werden nicht miteinander einig bleiben, die Wäscherin und ich, denn ich müßte alles fürchten, sie würde mich vertreiben und lieber bei Euer Liebden sein denn ich, weil sie so gar schön ist.« Friedrich indes scherte sich nicht um Sibyllas Wünsche. Die schöne Wäscherin blieb seine Geliebte.

Amouröse Spiele aller Couleur waren ein Privileg der Herrscher.

Als Landesherr agierte Friedrich souverän. Er förderte den Weinbau und die Landwirtschaft, die Salzgewinnung und die Ausbeutung der im Land reichlich vorhandenen Eisenerzvorkommen. 1586 war die erste Eisenhütte in Betrieb genommen worden und hatte damit einen Gewerbezweig begründet, der Montbéliard bis heute prägt – die metallverarbeitende Industrie. Damit Mömpelgard wirtschaftlich möglichst autark agieren konnte, ließ Friedrich mit Erfolg nach Kohlevorkommen suchen, um außer Holz einen weiteren Energieträger zur Verfügung zu haben. Parallel förderte er durch den infrastrukturellen Ausbau der Grafschaft den Handel und die Absatzwege. Durch die Ansiedlung einer Papierfabrik und einer Druckerei gewann er die mediale Kontrolle im Land. Da die latente Bedrohung aus Frankreich anhielt, ließ Friedrich die vorhandenen Festungen der Grafschaft Mömpelgard weiter ausbauen. Er konnte Herzog Ludwig dazu bewegen, ihm zu diesem Zwecke erfahrene Stuttgarter Baumeister zur Verfügung zu stellen. Unter ihnen befand sich Heinrich Schickhardt, dessen ausgezeichneter Ruf ihm bereits vorauseilte und der wie kein anderer das architektonische Gesicht Mömpelgards prägen sollte.

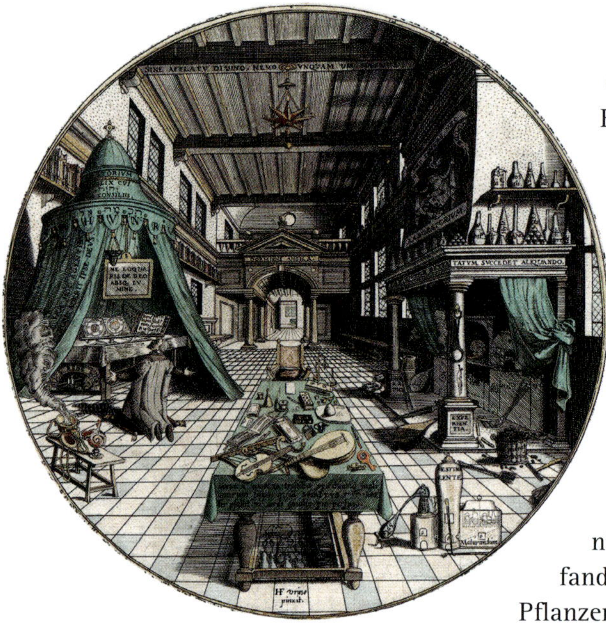

Ein alchimistisches Labor, wie es zu Sibyllas Zeit viele gab.

Graf Friedrich war ein Freund der Naturwissenschaften. In eigens eingerichteten landwirtschaftlichen Versuchsanstalten wurden neue Züchtungen mit Schwein, Rind, Schaf und Pferd ausprobiert. Der bekannte Arzt und Naturforscher Jean Bauhin legte in Friedrichs Namen einen Botanischen Garten an. Darin fand sich, neben zahlreichen Pflanzenarten aus aller Welt, eine interessante Neuentdeckung: *Solanum tuberosum*, die Kartoffel. Seinen Siegeszug als Nahrungsmittel sollte das noch weitgehend unbekannte Gewächs jedoch erst rund 200 Jahre später antreten.

Ein besonderes Betätigungsfeld des Grafen war die Alchimie. Der Traum, aus unedlem Metall in geheimnisvollen Verfahren Gold zu gewinnen, prägte Friedrichs Zeit. Die Kassen Mömpelgards waren klamm. Eine aufwändige Hofhaltung und der wirtschaftliche Aufbau verschlangen hohe Summen. Zudem musste seit dem Überfall der *Katholischen Liga* in umfassende Sicherheitsmaßnahmen investiert werden. Wie viele europäische Herrscher wartete Friedrich auf den Tag, an dem die Alchimie das entscheidende Rezept zur Goldherstellung zutage fördern und allen Geldsorgen ein Ende bereiten würde. Zwielichtige Gestalten fanden den Weg ins Schloss, wurden in ein rudimentär eingerichtetes Labor gesteckt und versprachen, das Unmögliche möglich zu machen. Friedrich investierte hohe Summen in falsche Versprechen und so mancher Alchimist bezahlte seine erfolglosen Bemühungen mit dem Leben.

Was bleibt, wenn die Liebe geht?

Die Beziehung des Grafenpaares bröckelte weiter. Sibylla spürte, wie sich ihr Mann auf subtile Weise von ihr zurückzog und tat sich schwer, eine angemessene Antwort zu finden. Ihrem Wunsch nach Nähe und gegenseitigem Verständnis stand Friedrichs zunehmende Gefühlskälte entgegen. Sibylla bemühte sich durch eine rege Korrespondenz, ihren Mann an sich zu binden. Zumindest dem konstanten Rhythmus an Geburten tat die Ehekrise noch keinen Abbruch. Am 5. April 1591 schrieb die wieder einmal hochschwangere Gräfin ihrem in Stuttgart weilenden Gatten, dass sie seine baldige Heimkehr wünsche, denn sonst müsse sie in seiner Abwesenheit niederkommen. Ihr Leibesumfang habe ein Ausmaß erreicht, der ihr sogar das Gehen schwer mache. Und nur wenige Tage später spielte sie erneut auf ihren Zustand an: Sie habe weiß Gott eine schwere Zeit, es sei bei ihr so wie mit einem baufälligen Haus, welches immerzu krache und doch nicht einfalle. Vergangenen Dienstag habe sie geglaubt, ihres *»großen Laibs entbunden«* zu werden, aber es *»seie Gottes Wille noch nicht gewesen«*. Sibylla schloss mit der Bitte um Nachricht, ob er bereits eine *»Saugamme«* für das Kind bestellt habe, wenn nicht, müsse sie selber sehen, wo sie eine bekommen könne. Am 5. Mai 1591 brachte Sibylla ihren Sohn Friedrich Achilles zur Welt.

Die nächste Verstimmung im Hause Mömpelgard ließ indes nicht lange auf sich warten. Friedrichs extreme Selbstbezogenheit nahm jede Nichtigkeit zum Anlass, Sibylla in die Defensive zu zwingen. Diesmal beschwerte er sich darüber, dass sie ihn bei einer abermaligen Abreise nach Stuttgart nicht verabschiedet habe. Wie so oft bemühte sich die Gräfin um Rechtfertigung. Mit *»nicht geringen Schmerzen und gar bekümmertem Herzen«* habe sie vernommen, dass *»Euer Liebden gar ein großen Unwillen auf mich geworfen haben«*. Es sei in den ganzen zehn Jahren ihrer Ehe nicht vorgekommen, dass sie bei einer Abreise nicht anwesend gewesen sei und *»Euer*

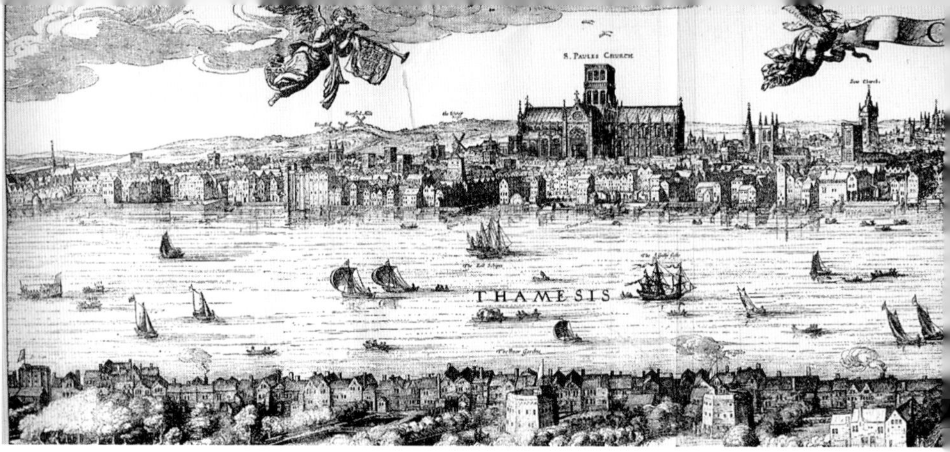

Liebden werden sich wohl zu erinnern wissen, dass ich Euer Liebden gefragt habe den Abend zuvor, wann Euer Liebden werden auf sein, aber Euer Liebden haben mir es nicht sagen wollen. Euer Liebden wollen deshalben ja kein weiteren Unwillen auf mich werfen, denn ich bin um 4 Uhr aufgestanden und habe vermeint, Euer Liebden seien noch hier, so ist Euer Liebden bereits davon gewesen, ob welchem ich nicht wenig erschrocken bin.« Sibylla bat unterwürfig, *»Euer Liebden wollen gefassten Unwillen gegen mich wieder von mir abwenden«*. Erleichtert nahm sie kurze Zeit darauf ein Trinkgeschirr in Empfang, das ihr Friedrich als Geschenk zukommen ließ und wertete diese Geste als Zeichen der Versöhnung. Am 7. Mai 1592 wurde sie von einer Tochter entbunden, Agnes.

Friedrichs Reisen und die damit verbundenen Trennungen sah Sibylla ohnehin nicht gerne. Als der Graf im Juli 1592 zu einer *Badenfahrt* großen Stils nach England aufbrach, hielt er das Vorhaben seiner Gattin gegenüber geheim. Diese Tatsache hinderte ihn jedoch keineswegs daran, sich über den angeblich zu kühlen Abschied Sibyllas und ihrer *Jungfrauen* zu beschweren und seine Frau entsprechend zu bestrafen. Er übersende ihr kein Krohmet, kein Geschenk, schrieb er aus der Zwischenstation St. Peterstal, *»weil sie so wenig meiner geachtet haben«*. Sibylla konnte ihm keine Antwort senden, da sie über den Reiseverlauf und das Reiseziel lange Zeit im

Unklaren gelassen wurde. Friedrich strickte daraus später den Vorwurf, sie habe ihn vergessen.

Seine große Reise nach London im Jahr 1592 hielt Friedrich vor Sibylla geheim.

Des Grafen Reise führte mit dem Schiff rheinabwärts bis Mainz, anschließend verteilte sich die 15-köpfige Reisegesellschaft auf zwei Kutschen und gelangte über Friedberg, Gießen und Marburg nach Kassel. Dort nahm Friedrich einen kurzen Aufenthalt bei seinem Onkel Wilhelm von Hessen. Über Minden, Hameln, Bremen und Oldenburg erreichte er mit seinem Gefolge Emden, *»eine sehr schöne, herrliche, gewaltige Stadt ohnfern dem hohen Meer«*. Nach einem festlichen Empfang schifften sich die Reisenden auf einem großen, mit Geschützen bestückten Schiff ein. Die zweitägige Überfahrt über den Ärmelkanal war unruhig, viele der Mitreisenden wurden seekrank und man war froh, als die englische Küste in Sichtweite geriet. Friedrich bestaunte die mächtigen Kreidefelsen der Hafenstadt Dover, bevor die Reisegruppe eine Postkutsche bestieg. Am 10. August 1592 kamen sie in London an.

Die Stadt war beeindruckend. Im Hafen lagen Schiffe aus aller Herren Länder, die Einwohner gingen prächtig gekleidet und es gab zahlreiche Sehenswürdigkeiten, die einen Besuch lohnten. Sieben Tage nach seiner Ankunft empfing Elisabeth von England den Grafen von Mömpelgard in ihrem *Hoflager Reiding* (Reading). Die 58-jährige Königin wirkte auf Friedrich außergewöhnlich jugendlich. Sie gab ihren Hofleuten den Auftrag, ihrem Gast die königliche Burg Windsor zu zeigen und ihm die Jagd in einem der zahlreichen Tiergärten zu ermöglichen. Friedrich sah und lernte viel auf dieser Reise; informierte sich umfassend über Land und Leute, Landwirtschaft, Viehzucht, Fischerei, die Währung und andere Dinge, die ihm wichtig erschienen. Am 5. September begab er sich mit seinem Gefolge an Bord eines Schiffes, das sie zurück auf den Kontinent – nach Vlissingen – bringen sollte.

Die Überfahrt wurde zum Desaster. Am späten Abend kam Platzregen auf, ein heftiger Sturm ließ die Wellen über dem Schiff zusammenschlagen. Das Wasser stieg auf Hüfthöhe. Die Besatzung kämpfte einen verzweifelten Kampf, warf Teile der Ladung und etliche Geschütze über Bord. Weinen und Wehklagen drang durch die Nacht, die Passagiere standen Todesängste aus. Friedrich behielt offensichtlich die Nerven und ermutigte die Seeleute, alles für die Rettung des Schiffes zu tun. Zwischen neun und zehn Uhr am nächsten Morgen kam endlich Land in Sicht. Der starke Wind peitschte weiter über das Meer und nur mit Mühe gelang die Einfahrt in den Seeländischen Kanal. Im Hafen der großen niederländischen Hafenstadt Middelburg gingen sie erschöpft vor Anker.

Friedrich schien von der dramatischen Überfahrt, die ihn beinahe das Leben gekostet hätte, wenig beeindruckt. Teils zu Wasser, teils zu Land erkundete er nun die Niederlande. Interessiert begutachtete der Graf die reichen Seestädte, das zahlreiche Gewerbe, den Gartenbau und die für den Schiffsverkehr angelegten Kanäle. Am 23. September machte sich die Reisegruppe auf den Rückweg nach Süden. Sibylla, die gerade 28 Jahre alt geworden war, erfuhr erst eine Woche vor Friedrichs Rückkehr Näheres über die Englandfahrt ihres Mannes. Zu diesem Zeitpunkt hielt sich Friedrich gerade bei seiner Mutter in Waldeck auf und gab Sibylla endlich persönlich Nachricht von seiner bevorstehenden Ankunft.

Sofort setzte sie sich hin, um ihm zu schreiben. *»Hochgeborener Fürst, freundlicher geliebter Herr. Ich habe Euer*

Friedrich weilte oft mit reichlich weiblicher Begleitung zu Kurzwecken in St. Peterstal.

Liebden Schreiben heute zu meinen Händen gar wohl empfangen und mit hocherfreutem Gemüt vernommen, dass Euer Liebden glücklich und wohl von der weiten und gefährlichen Reise sind bei euer Frau Mutter zu Waldeck angekommen.« Gleichzeitig versuchte sie, die ihr gemachten Vorwürfe zu entkräften, den Gemahl nicht angemessen verabschiedet und ihn während seiner Abwesenheit vergessen zu haben. *»Denn Euer Liebden werden sich noch wohl werden zu erinnern wissen, dass ich doch ganz und gar nicht habe von Euer Liebden Reise wissen dürfen und wenn ich Euer Liebden gleich gern hätte schreiben wollen, so hätt ich doch gar keine Gelegenheit gehabt und auch nicht gewusst, wo Euer Liebden anzutreffen gewesen wäre.«* An gutem Willen habe es ihr nicht gemangelt. Wie üblich rechtfertigte sich Sibylla für etwas, das sie gar nicht zu verantworten hatte.

Empfindlich reagierte dagegen Sibyllas Stiefmutter Eleonore auf Friedrichs selbstgefällige Art. Eleonore hatte drei Jahre nach dem Tod ihres Mannes Joachim Ernst von Anhalt jenen Landgraf Georg I. von Hessen-Darmstadt geheiratet, in den ihre eigene Mutter einst so unglücklich verliebt gewesen war. Nicht nur die Tatsache, dass Friedrich auf seiner Reise nach

England mehrere Tage im Hause Hessen-Kassel abgestiegen war, ohne Eleonore einen Besuch abzustatten, hatte die hessische Landgräfin schwer verärgert. Sie missbilligte Friedrichs Verhalten seiner Frau gegenüber und bat ihren Bruder Herzog Ludwig von Württemberg darum, sich dringend um die in Mömpelgard zurückgebliebene und oft am *»Schwindelkopf«* leidende Sibylla und ihre Kinder zu kümmern.

Am Abend des 19. Oktober 1592 kehrte Friedrich endlich heim und schien sich über das Wiedersehen mit seiner Frau tatsächlich gefreut zu haben. Jedenfalls fanden die Eheleute vorübergehend zu einem besseren Umgang miteinander. Doch die außerehelichen Eskapaden des Grafen nahmen kein Ende. Als er einige Monate später während einer Sauerbrunnenkur in St. Peterstal weilte, schrieb er dreist nach Hause: *»Hochgeborene Fürstin, freundlich herzliebe Gemahlin. Mein freundlicher Gruß und alles Liebe und Guts sei dir zuvor. Es ist eine gute Weile im Bad gar langweilig gewesen, aber vor etlichen Tagen sind zwei gar hübsche Niederländerinnen und auch zwei hübsche Schweizerinnen angekommen.«* Danach sei es etwas fröhlicher geworden. *»Aber doch nicht sehr, dieweil ich seither nichts anderes getrunken, als sauer unlieblich Wasser, das das Herz nicht lustig macht.«* Friedrich hielt sich regelmäßig in St. Peterstal auf; die dortige Heilquelle war erst wenige Jahre zuvor entdeckt worden.

Aufbruch zu neuen Ufern

Inzwischen vollzogen sich weitreichende Veränderungen. Herzog Ludwig in Stuttgart war noch immer kein Kind geboren worden. Eine Nachfolge Friedrichs und damit der Seitenlinie Württemberg-Mömpelgard auf den württembergischen Herrscherthron rückte in greifbare Nähe. Das anfänglich gute Verhältnis zwischen Ludwig und seinem Vetter war inzwischen von Misstrauen geprägt. Ludwig bezweifelte, ob Friedrich das Herzogtum wirklich in seinem Sinne führen könne.

Friedrichs innen- und außenpolitischen Erfolgen in Mömpelgard stand die hohe Verschuldung der Grafschaft gegenüber und seine selbstherrliche Regierungsweise war auch in Stuttgart wohlbekannt. Herzog Ludwig sah sich bemüßigt, einige Regelungen zu treffen. Er bat Friedrich nach Stuttgart, um mit ihm dringende Haus- und Staatsangelegenheiten zu besprechen, insbesondere die Prosperität des Hauses Württemberg und der Landschaft.

Friedrich wurde der erste absolutistisch regierende Herzog Württembergs.

Der Graf zögerte die Reise zunächst hinaus, denn er fürchtete nicht ganz zu Unrecht, sich im Rahmen der verbrieften Erbfolge rechtlich verpflichten zu müssen. Schließlich machte sich Friedrich in Sibyllas Begleitung auf den Weg nach Württemberg. Freilich hatte der Graf auch einige Angelegenheiten in eigener Sache zu regeln. Den drückenden Schuldenberg Mömpelgards bezifferte Friedrich auf rund 342 000 Gulden. Er suchte das direkte Gespräch mit der württembergischen Landschaft und bat sie um finanzielle Hilfe. Schließlich habe er, so seine Argumentation, das Geld nicht für private Vergnügungen ausgegeben, sondern für den Ankauf von Gütern verwendet. Die Landschaft zögerte und informierte den Herzog. Ludwig reagierte verärgert.

Im Frühjahr 1593 ließ er Friedrich im Beisein von Vertretern der Landschaft eigenhändig eine Versicherung unterschreiben, in der dieser sich dafür verbürgen musste, das Testament Herzog Ludwigs nach dessen Tod uneingeschränkt zu vollziehen. Prälaten, Landschaft und Untertanen sollten ihre angestammten Freiheiten belassen und die bisherige Ordnung des Herzogtums erhalten bleiben. Friedrich zeigte sich entgegenkommend und sicherte rechtsverbindlich zu, alle genannten Bedingungen einzuhalten. Daraufhin erklärte sich die Landschaft bereit, monetäre Unterstützung zu leisten. Anfang April reiste Friedrich zufrieden nach Mömpelgard ab und gönnte sich zur Erholung umgehend eine Sauerbrunnenkur in St. Peterstal – selbstverständlich ohne seine Frau.

Die Nachricht von Herzog Ludwigs überraschendem Tod am Morgen des 8. August 1593 erreichte Friedrich durch Eilboten. Bereits sechs Tage später traf der Graf in Stuttgart ein und ließ sich eilends durch einen Großteil seiner neuen, württembergischen Untertanen huldigen. Noch befürchtete man, dass Österreich die Gelegenheit zur Einflussnahme in Württemberg nutzen könnte und traf militärische Vorkehrungen. Doch die Sorge erwies sich als unbegründet. Die Übernahme der Regierungsgewalt durch Herzog Friedrich I. von Württemberg wurde von den Habsburgern stillschweigend hingenommen.

Ludwig hatte das Land mit ruhiger Hand regiert. Friedrich dagegen eilte kein guter Ruf voraus, er galt in Württemberg als eigensinnig, von hitzigem Wesen, unbedacht und gewaltbereit. Statt auf bewährte und verantwortungsbewusste Räte zu setzen, ließ er sich gerne, so die landläufige Meinung, von *»fremden, leichten Vögeln«* bezirzen. Mit der württembergischen Landschaft stand Friedrich, anders als in Mömpelgard, eine geschlossene, handlungsfähige und politisch agierende Gruppierung gegenüber. Ein Konflikt war vorhersehbar.

Am 25. August wurde Ludwig von Württemberg in der Tübinger Stiftskirche beigesetzt. Im Anschluss an die feierliche Testamentseröffnung reiste Friedrich nach Mömpelgard, um die Verwaltung seiner Grafschaft zu ordnen und seine erneut schwangere Ehefrau samt Kinderschar nach Stuttgart zu holen. Zu Sibyllas Leidwesen brach nicht nur Friedrichs Familie nach Stuttgart auf, auch die schöne Wäscherin Madeleine folgte ihrem Geliebten in die württembergische Residenz.

So wurde aus Gräfin Sibylla von Mömpelgard die Herzogin von Württemberg. Sie bezog ihre Räume im Stuttgarter Schloss, das ihr bereits vertraut war. So manches Mal hatte sie Friedrich bei seinen Jahresbesuchen begleitet oder sich zu

Familienfeiern oder anderen besonderen Anlässen in Stuttgart aufgehalten. Am 14. Dezember 1593 brachte sie hier ihre Tochter Barbara zur Welt, das zehnte lebende Kind der Familie.

Entgegen seiner Zusicherung an den verstorbenen Ludwig verkörperte Friedrich auch in Württemberg den neuen Fürstentypus eines absolutistischen Herrschers. Auf dem Hintergrund seiner langjährigen Regierungserfahrung in Mömpelgard nahm er die Zügel des Herzogtums sofort straff in die Hand. Er wollte das Land voranbringen und neu ausrichten, Althergebrachtes bedeutete ihm wenig. Württemberg sollte wirtschaftlich prosperieren und eine feste Rolle in der großen Politik übernehmen. Die altgedienten Räte aus Ludwigs Regierungszeit blieben zunächst im Amt, nahmen aber nach und nach aus freien Stücken ihren Abschied. Sie hatten kaum noch Befugnisse. Als engste Vertraute zog Herzog den Tübinger Juraprofessor Dr. Matthäus Enzlin und später den Landprokurator Georg Eßlinger heran, beides skrupellose und ausschließlich auf das eigene Wohl bedachte Herren, die ihre Nähe zum Herzog in den Folgejahren zur persönlichen Bereicherung ausnutzten. Die Existenz der Landstände störte

Das Stuttgarter Schloss mit Lusthaus, Sibyllas neues Lebensumfeld.

Bankett im Stuttgarter Schloss.

Friedrich enorm, er hätte sie am liebsten ganz abgeschafft, brauchte sie aber für ein Projekt, das er ehrgeizig anstrebte: die Ablösung der österreichischen Afterlehenschaft. Er wollte Unabhängigkeit.

Stuttgart begann sich mit der Regierungsübernahme durch Friedrich zu verändern. Aus dem recht provinziellen Hof entwickelte sich im Laufe weniger Jahre eine glanzvolle Residenz mit internationalem Flair. Sich selbst betrachtete Friedrich als Mittelpunkt des Staates. Aus Mömpelgard brachte er die französische Lebensart und ihre verfeinerten Sitten mit. Neben Deutsch sprach man am Stuttgarter Hof nun auch Französisch und Englisch. Sehr zum Unmut der Bevölkerung wurden französische Bedienstete, Köche und Tanzlehrer eingestellt; venezianische Gondoliere brachten italienisches Lebensgefühl in die Residenz. Die Stuttgarter Hofmusik genoss bald einen internationalen Ruf. Man verstand zu feiern. Aufwändige Schauessen wurden veranstaltet, große Feste mit Maskeraden, Ringelrennen, Fußturnieren und anderen Spielereien ausgerichtet. Oftmals beendete ein Feuerwerk das Spektakel, die Kosten allein hierfür bewegten sich im vierstelligen Bereich. Kein Wunder, dass die Landschaft ihren Herzog bald immer deutlicher zur Mäßigung aufrief.

Mit seinem genialen Baumeister und Techniker Heinrich Schickhardt begann Friedrich, in der Residenzstadt weitreichende bauliche Veränderungen vorzunehmen. Vorrangig war dem Herzog der repräsentative Ausbau des Schlosses, das er unter anderem mit einem prächtigen Portal an der Stadtseite ausstatten ließ. Um dem Bau angemessene Geltung zu verschaffen, kaufte Friedrich kurzerhand elf angrenzende Häuser und ließ sie abbrechen. Zwischen Schloss, Kanzlei und Stiftskirche entstand somit ein weiträumiger Platz.

Von zwei Italienreisen brachte Baumeister Schickhardt viele ingenieurtechnische Anregungen und zahlreiche Impulse der Renaissance mit nach Hause. Er entwarf Pläne für ein Gesandtenhaus, den späteren Prinzenbau. Dort, wo heute die Markthalle steht, wurde der Neue Marstall erbaut. Schickhardt arbeitete wechselweise in Württemberg und Mömpelgard. In Tübingen schuf er mit dem dortigen Schlossportal ein weiteres herausragendes Kunstwerk der Renaissance. Viele der ehrgeizigen Bauprojekte wurden erst nach dem frühen Tod Friedrichs zu Ende gebracht. Nicht nur als Architekt war Schickhardt gefordert, sein Wissen setzte der Herzog auch für die Suche nach Bodenschätzen, den Ausbau der Infrastruktur und die Feldmesserei ein.

Hofmusikanten begleiteten das sich unter Friedrich I. zunehmend glanzvoller gestaltende Hofleben.

Friedrich von Württemberg war ein kunstsinniger Herrscher. Seine Kunstkammer beherbergte Münzen, Medaillen, Antiquitäten und zahlreiche weitere Kunstwerke und Kunstgegenstände aus aller Welt. Er förderte zudem das heimische Kunsthandwerk, zahlreiche Juweliere ließen sich nun in Württemberg nieder. Und auch ein weiteres Gebiet ließ Friedrich nach wie vor nicht los: die Suche nach einer Zauberformel für den großen Traum vom selbstgemachten Gold. Wie einst in Mömpelgard durften im Stuttgarter Alten Lusthaus zahlreiche Alchimisten nach Herzenslust experimentieren. Im Laufe der Jahre ließ Friedrich dort und an weiteren Standorten umfangreiche Laboratorien einrichten und investierte große Summen Geldes. Freilich blieb auch in Stuttgart das ersehnte Ergebnis aus. Immer wieder fiel Friedrich auf großartige Versprechungen zweifelhafter Goldmacher herein. Kam der Herzog einem Betrüger auf die Schliche, fackelte er nicht lange. Viele von ihnen endeten am Stuttgarter Galgen.

Das Jahr 1600 sollte Württemberg endlich Freiheit bringen: Am 18. April belehnte Kaiser Rudolf II. den württembergischen Herzog in Pilsen erstmals wieder mit dem Herzogtum Württemberg als freiem Reichslehen. Die österreichische Afterlehenschaft war beendet. Im Vorfeld hatte die Landschaft eine Ablösesumme von 400 000 Gulden genehmigt.

Szenen einer fürstlichen Ehe

Seit dem Umzug nach Stuttgart und der damit verbundenen neuen Machtfülle des Herzogs steuerte die Beziehung zwischen Friedrich und Sibylla ihrem Untergang entgegen. Als Stuttgart 1594 von der Pest heimgesucht wurde, zog sich die herzogliche Familie für längere Zeit nach Kirchheim zurück. Dort wurde Sibylla am 12. Dezember 1594 von einem Sohn namens Magnus entbunden. Friedrich blieb in Stuttgart. Als Sibylla und die Kinder dorthin zurückkehrten, behandelte

Die Verleihung des englischen Hosenbandordens an Friedrich I.: Festzug zur Stiftskirche, die Übergabe des Ordens vor dem Altar und das Festbankett.

Friedrich seine Frau nicht nur mit der gewohnten Herablassung, sondern mit zunehmender Aggression.

Zwei Kinder brachte Sibylla noch zur Welt. Am 24. Januar 1596 den kleinen August, zu dessen Geburt Friedrich ein riesiges Fest ausrichten ließ, der aber bereits im Alter von drei Monaten starb. Mit der Geburt von Anna am 25. März 1597 endete der Kinderreigen des Herzogspaares und es ist anzunehmen, dass Friedrich die körperliche Beziehung zu seiner Frau abgebrochen hat. Zahlreiche Geliebte verschönerten ihm die Nächte. Sibylla blieb gedemütigt und verlassen zurück. 15 Kinder hatte sie ihrem Mann in 16 Ehejahren geboren. Fünf waren im Kindesalter gestorben, fünf Mädchen standen für Eheverbindungen zur Verfügung und fünf Söhne sicherten die Erbfolge des Herzogtums. Mit 33 Jahren hatte Sibylla ihre Aufgabe mehr als erfüllt.

Ihr Leben als Ehefrau dagegen wurde in den folgenden Jahren zum Alptraum. Es genügte Friedrich offensichtlich nicht, sich völlig von ihr zurückzuziehen und sie nach Strich und Faden zu betrügen. Er betrachtete seine Gemahlin als persönliche Untergebene, mit der er nach Belieben verfahren konnte. Der frisch mit dem englischen *Hosenbandorden* gekürte Friedrich ließ keine Gelegenheit aus, Sibylla zu tyrannisieren. Die Hochzeit der ältesten Tochter Sibylla Elisabeth mit dem späteren sächsischen Kurfürsten Johann Georg I. im Spätsommer des Jahres 1604 bot ihm eine der zahllosen Gelegenheiten, seine Frau wegen angeblichen Fehlverhaltens zurechtzuweisen.

Als Mutter wollte Sibylla ihrer Tochter bei der Auswahl der Reisebegleiterinnen, der Kleidung und der Aussteuer behilflich sein. Friedrich, der diese Hochzeit als Staatsangelegenheit betrachtete, empfand ihre Aktivitäten als nicht statthafte Einmischung in seine Befugnisse. Das Personal für diese Reise sei bereits bestellt, schrieb er seiner Frau in gewohnt anklagendem Ton, und neue Kleider überflüssig, da die Tochter in Sachsen die landesübliche Kleidung zu tragen habe. Er räumte Sibylla keinerlei Anteilnahme an diesem wichtigen Fest ihres Kindes ein, warf ihr wie so oft mangelnden Verstand und Ungehorsam vor. Sibylla suchte sich zu rechtfertigen und versprach ihm vordergründig demütig, sich künftig an seine Befehle zu halten.

Insgeheim jedoch ließ sie im Landtag des Herzogtums um finanzielle Unterstützung für die Ausstattung ihrer Tochter bitten – ohne das Wissen Friedrichs. Ein riskantes Unterfangen. Die Landschaft wagte deshalb nicht, das Geld ohne Einverständnis des Herzogs zu genehmigen. Sibylla empfand ihre finanzielle Situation ohnehin als bedrängend. Friedrich, der selbst in verschwenderischer Pracht lebte, verlangte von seiner Frau, sparsam zu wirtschaften. Sibylla, die mit Geld gerne großzügig umging, fiel es schwer, sich an diese Anweisung zu halten. Als er zu Beginn des Jahres 1605 befand, dass Sibylla zu hohe Ausgaben getätigt habe, drohte er ihr schriftlich: *»Deshalb wir Lust haben zu dir hinauf zu gehen und dich so zu traktieren, dass dich zukünftig dergleichen nicht gelingen sollt, wider unserem Befehl dich so gröblich zu verhalten.«*

Noch schlimmer klang die Warnung anderthalb Jahre später, als sie einen Schuldenstand von über 2400 Gulden aufwies: *»Deshalb hüte dich wohl, daß ich nicht noch was Gewisses erfahre. Sonst ist es bei Gott mit dir aus.«* In viele persönliche Angelegenheiten seiner Frau mischte sich Friedrich ein. Er verbot unter der Drohung *»als lieb dir dein Leben ist«* die für Sibylla so wichtige Korrespondenz mit ihren Seelsorgern. Als ihre Tochter Sibylla Elisabeth nur anderthalb Jahre nach ihrer Hochzeit in Sachsen an den Folgen eines *»hitzigen Fiebers«* starb, gab er Sibylla die Schuld an ihrem Tod. Ihm war offenbar zu Ohren gekommen, dass Mutter und Tochter in ihren Briefen seine Frauengeschichten erörtert hatten.

Sibylla und Friedrich I., umgeben von ihren Kindern.

Misstrauisch warf er Sibylla immer wieder vor, die Töchter gegen den Vater aufzuhetzen. Jede ungeschickte Äußerung, jedes Fehlverhalten der Mädchen lastete er Sibylla an, da sie *»ein falsches Herz besitze«*. Doch damit nicht genug. Sibylla hatte nach Friedrichs Geschmack zu viel Gefallen an seinem Landhofmeister Georg Gäller gefunden. Eine Affäre konnte der Herzog seiner Frau nicht nachweisen und ob es je eine gegeben hat, ist fraglich. Dennoch entließ Friedrich seinen Landhofmeister und verwies ihn des Landes.

In dieser Zeit sahen sich die Eheleute fast gar nicht mehr. Sibylla musste ihren Mann schriftlich um Anweisungen bitten. Sogar in Kleiderfragen der Töchter wagte sie keine eigenen Entscheidungen mehr. Friedrich machte ihr nach wie vor Vorhaltungen aller Art; sie behandle ihre Bediensteten schlecht, bei ihr halte es niemand aus. Sibylla war des Streitens müde und bat ihren *»herzallerliebsten Herr«*, er möge doch mit ihr zufrieden sein. Sie tue alles, was er wolle. Er solle ihr doch die Gnade erweisen, sie zu besuchen oder sie zu sich kommen zu lassen. Ohne Erfolg. Das gesamte Jahr 1607 blieb Herzog Friedrich Stuttgart und seiner Frau fern. Zu dieser Zeit wütete erneut die Pest in der Residenzstadt.

Idealplan von Freudenstadt, Friedrichs Stadtgründung.

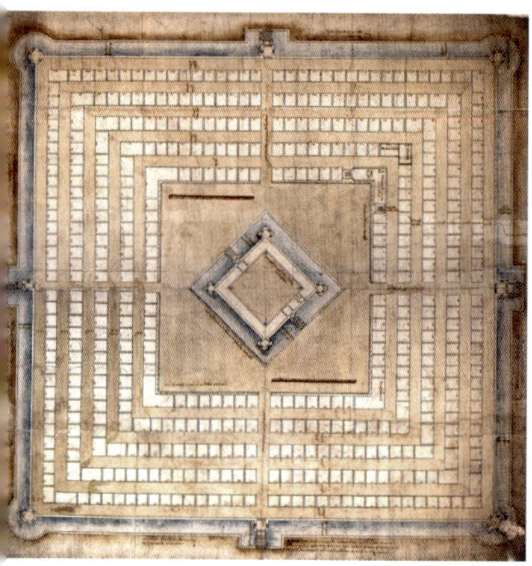

Friedrich war und blieb ein ruheloser Geist. In den Jahren seiner Regierung hatte er sich niemals geschont, war durch das Land gereist, hatte durch taktisch kluge Zukäufe das württembergische Territorium vergrößert, mit Freudenstadt eine Stadtgründung vorgenommen und wirtschaftliche Großprojekte initiiert. Kuraufenthalte in St. Peterstal und dem Schwefelbad Boll sollten seine körperliche Konstitution erhalten. Das Kurhaus in Boll hatte Friedrich von Schickhardt erbauen und mit einem Lustgarten im Stil der deutschen Renaissance umgeben lassen.

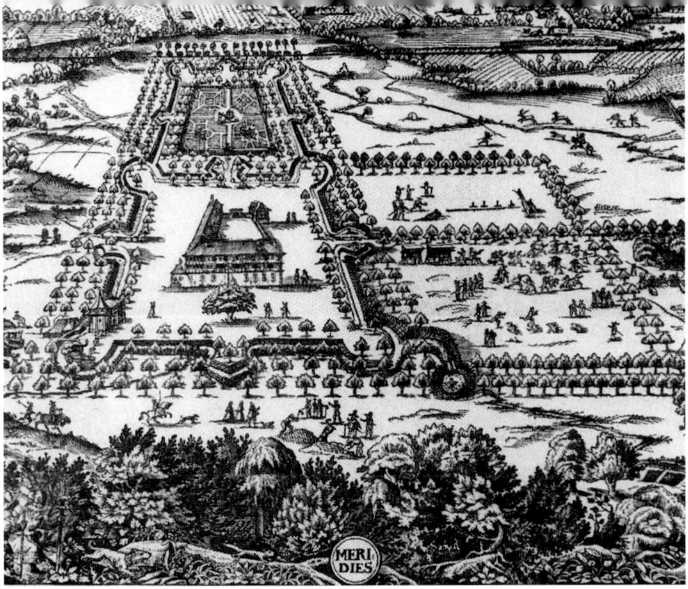

Das Schwefelbad Boll. Hier schöpfte Friedrich I. neue Kraft für seine unzähligen Projekte.

Dort hielt sich der Herzog auch im Frühjahr 1607 auf, als ihn Nierensteine und andere gesundheitliche Probleme plagten. Im Anschluss bereiste er unterschiedliche Orte seines Herzogtums und kam Ende November für einige Wochen nach Kirchheim. Eine ernsthafte Krankheit zwang den 50-Jährigen dort aufs Krankenbett. Sibylla eilte zu ihrem Mann. Großmütig soll sie ihm die unzähligen Verletzungen der vergangenen Jahre verziehen und den Weg zur Versöhnung freigemacht haben. Das Weihnachtsfest in diesem Jahr beging die Familie ungewohnt einträchtig in Stuttgart. Anfang Januar nahm Friedrich die Regierungsgeschäfte wieder auf, obwohl er sich weiterhin nicht wohl fühlte. Der kalte Winter machte ihm stark zu schaffen.

Am 29. Januar 1608 erlitt er gegen vier Uhr morgens einen Gehirnschlag, der ihn völlig lähmte. Die eilends herbeigerufenen Ärzte konnten nichts mehr tun. Am Abend desselben Tages starb Herzog Friedrich I. von Württemberg im Beisein seiner Familie kurz vor acht Uhr im Alten Schloss. Einen Monat später wurde er in der eigens neu errichteten fürstlichen Gruft der Stuttgarter Stiftskirche beigesetzt.

Sibyllas Genugtuung

Sibyllas Sohn Johann Friedrich. Nach dem Tod seines Vaters ließ er dessen zahlreiche Geliebte verhaften.

Nach Friedrichs Tod bestieg der älteste Sohn des Herzogpaares den württembergischen Thron. Der 26-jährige Johann Friedrich besaß politisch nicht das Format seines tatkräftigen Vaters. Die württembergische Landschaft, die unter dem verstorbenen Herzog mehr und mehr an Privilegien eingebüßt hatte, erhielt ihre alten Rechte zurück. Im direkten Umfeld dagegen griff Johann Friedrich, der unter der kompromisslosen Autorität seines Vaters stets gelitten hatte, hart durch. Die Räte Friedrichs wurden entlassen, Enzlin verhaftet und Jahre später auf dem Uracher Marktplatz enthauptet, Eßlinger des Landes verwiesen.

Für Sibylla brachen neue Zeiten an. Ihr Sohn, der wusste, wie sehr sie durch die Affären Friedrichs gedemütigt worden war, ließ unmittelbar nach dem Tod des Vaters alle angeblichen Geliebten verhaften. Es sollen 13 Frauen gewesen sein und mancher sah die Herzogin selber als treibende Kraft hinter dieser Anordnung. Ganz sicher registrierte Sibylla diese Maßnahme mit Wohlgefallen. Um den Ruf des verstorbenen Herzogs nicht zu schädigen, kamen die meisten Damen nach milderen Strafen wieder auf freien Fuß.

Nur in einem Fall gab es keine Gnade. Die Sächsin Magdalena Möringer, auch als »die Frau aus Dresden« bekannt, schien eine besonders enge Bindung zu Friedrich gehabt haben. Sie war die Witwe eines Metzgers und Mutter zweier Söhne. Offenbar hatte sie nicht den Status einer Mätresse, sondern den einer

Kupplerin innegehabt. In ihrem Haus in Urach soll sie junge Mädchen beherbergt und dem Herzog für intime Kontakte zur Verfügung gestellt haben. Ihre Dienste waren bestens vergütet worden. Sie pflegte einen aufwändigen Lebensstil, ihr Haushalt war luxuriös ausgestattet, sie trug wertvollen Schmuck und teure Kleider. Friedrich hatte ihr ein *Freisitzprivileg* ausgestellt, das ihren ständigen Aufenthalt in Württemberg garantierte und sie von allen Diensten und Fronen befreite.

Friedrich war erst 18 Stunden tot, als Magdalena Möringer mitten in der Nacht verhaftet und kurz darauf ohne Gerichtsurteil auf der Festung Hohenurach eingekerkert wurde. Ihren Besitz zog man ein. Sibylla selbst machte Ansprüche auf mehrere Schmuckstücke Magdalena Möringers geltend, darunter goldene Ringe und Armbänder, silberne Becher und schwarzen Samt. Möglicherweise hatte Friedrich einen Teil des Schmucks seiner Frau an die Kupplerin verschenkt. Ob Sibylla tatsächlich etwas zurückbekam, ist nicht überliefert.

Magdalena Möringer sollte erst 1614 – in Sibyllas Todesjahr – aus der Festungshaft entlassen und im Spital Markgröningen unter Aufsicht gestellt werden. Kurz darauf gelang ihr die Flucht nach Speyer. Am dortigen Reichskammergericht betrieb sie ihre Revision, die ohne abschließendes Urteil blieb.

Während die »Möringerin« in Urach einsaß, ordnete Sibylla ihr Leben neu. Als einstige Gemahlin des Herzogs stand für die 43-Jährige der Umzug auf ihren Witwensitz an. Da die in Frage kommenden, traditionell als Witwensitze genutzten Schlösser der näheren Umgebung belegt waren, zog sie das Leonberger Schloss in Betracht. Johann Friedrich erfüllte seiner Mutter gerne *»ihr freundliches Ansinnen und Begehren«* in Anerkennung ihrer *»mütterlichen Treu und Guthalten, welche Ihre Gnaden und Liebden uns und unseren Geschwistern von Jugend bis auf gegenwärtige Zeit erwiesen«*.

Mit dem Bezug ihres Wittums standen ihr Abgaben und Nutzungsrechte aus Stadt und Amt Leonberg zu. Dadurch besaß sie zwar die gleichen Herrschaftsrechte wie der regierende

Herzog, allerdings mit deutlichen Einschränkungen. Sibylla war es beispielsweise untersagt, Steuern zu erheben, Todesurteile zu fällen oder Untertanen zum Kriegsdienst einzuziehen. Politischen Gestaltungsfreiraum erhielt sie keinen, Johann Friedrich machte aber andere wichtige Zugeständnisse. Er zeichnete für die Unterhaltskosten des Leonberger Schlosses verantwortlich und sagte Sibylla zu, ein eventuelles Defizit auszugleichen, falls die garantierten jährlichen Einnahmen in Höhe von 1725 Gulden nicht realisiert werden könnten.

Im Februar 1609 huldigten die Untertanen Leonbergs ihrer neuen Herrin. Sibylla genoss ihre Freiheit. Die Rolle der zurückgezogenen Gattin lebte sie nun nicht mehr. Über zwei ihr bekannte Mitglieder des Konsistoriums versuchte sie gar durchzusetzen, im *»gemeinen Gebet«* des Volkes anstatt des regierenden Herzogs an erster Stelle genannt zu werden. Auch wenn sich ihr Wunsch auf Leonberg beschränkte, wurde er abgelehnt.

Im Frühjahr 1609 erwarb Johann Friedrich *»vier Morgen Gartens, Egarten (Ödland) und Platz ob dem Rain«* in der Nähe des Schlosses. Er beauftragte Heinrich Schickhardt, den er als Baumeister von seinem Vater übernommen hatte, mit der Neuanlage eines Gartens. Der junge Herzog wusste um Sibyllas Interesse an Botanik und Pflanzenheilkunde. In den Folgejahren entstand auf dem in Teilen bereits kultivierten, teilweise noch verwilderten Gelände ein wunderschöner Renaissancegarten. *»Bewacht von vier Ecktürmchen liegt eine Gartenterrasse mit Schmuckbrunnen am Hang. Eine Vielzahl von Blumen, Duft- Gewürz- und Heilpflanzen in geometrisch geordneten Beeten prägen das Bild des Gartens.«*

Eine besondere Kostbarkeit war das Pomeranzenhaus. Die darin gezogenen Pomeranzen, eine Bitterorange, gaben Sibyllas Lust- und Küchengarten Jahrhunderte später seinen Namen. Die Frucht gedieh nur in einem gleichmäßig warmen Klima, deshalb wurde das Pomeranzenhaus im Winter mit zwei Holzöfen geheizt. Schickhardt zeichnete auch für weitreichende Umbaumaßnahmen am Schloss verantwortlich. Sibyllas Wohnsitz wurde mit neuen Möbeln und Öfen ausgestattet, Fenster und Türen ersetzt. Die Herzogin ließ im Schloss ein Badezimmer einbauen, denn persönliche Hygiene war ihr immer sehr wichtig gewesen. Den Auftrag hierfür erhielt der Zinngießer Christoph Kepler, ein Bruder des berühmten Astronomen Johannes Kepler.

So zog der fürstliche Alltag ein ins Leonberger Schloss. Sibylla kümmerte sich um den Haushalt, wies ihren Hofmeister an und überwachte die Abrechnungen. Ihr besonderes Augenmerk galt der Küche. Sie überprüfte den Einkauf von Lebensmitteln und ihre Bevorratung. Sibylla legte Wert auf frische und einwandfreie Ware, entsprach eine Lieferung nicht ihrer Qualitätsvorstellung, wurde sie abgewiesen. Eine Mahlzeit an Sibyllas Tafel bestand aus sechs Gängen, darunter eine Vielzahl an Fleischgerichten. Gegessen wurde stets um zehn Uhr morgens und um fünf Uhr am Abend, Speisereste aus der Schlossküche reichte man den Armen als Almosen. Die Herzogin besuchte einmal täglich den Gottesdienst in der Stadtkirche unweit des Schlosses. Um jederzeit *»trockens Fusses«* dorthin zu gelangen, ließ sie über die Kelter einen Gang bis zur Empore der Kirche errichten. Dieser Gang war mit Truhen und einem *»heimlich Gemach«* ausgestattet, einem Abortstuhl.

Die empfindliche Pomeranze war in einem beheizbaren Gewächshaus untergebracht.

Viel Zeit verbrachte Sibylla in ihrem Garten. Ein Hofgärtner war mit dessen Pflege beauftragt. Die dort angebauten Heilpflanzen wurden *»vielmal mit eigen(en) Händen«* zu Arzneien verarbeitet und kostenlos an Arme und Bedürftige in Leonberg abgegeben. Sibylla ließ in Leonberg eine Hofapotheke einrichten, in der sich neben den gängigen pflanzlichen Ausgangsstoffen wie Myrrhe, Schlehen, Kampfer oder Salbei auch skurrile Dinge wie Schlangenpulver, ein Stück Hirschhorn, ein Stück von einem Totenkopf oder zwei gegerbte Stück Menschenhaut fanden.

Leonberg. Vor dem Schloss befindet sich Sibyllas »Wurtz und Lustgarten«.

Fließend war der Übergang von der Heilkunde zur Alchimie. Die bereits von ihrem verstorbenen Mann leidenschaftlich betriebene Goldmacherei war auch Sibylla vertraut. Ein mit ihrem Sohn und anderen Gelehrten gegründeter alchimistischer Geheimbund verfolgte in erster Linie aber einen anderen Zweck: den der höheren Naturerkenntnis. Sibylla war also eine geistig rege und umfassend gebildete Fürstin. Ihre deutschsprachige Bibliothek beinhaltete neben zahlreichen Leichenpredigten und einem Kochbuch auch naturwissenschaftliche Werke wie »Arzney und Chimische Bücher« oder das »New Kreutterbuch« von Jacobus Theodorus Tabernaemontanus aus dem Jahr 1588. Weitere Bücher befassten sich mit historischen Themen oder der Kindererziehung.

Viel zu kurz erscheint daher die Zeit, die Sibylla an ihrem Witwensitz verbringen konnte. Nur fünf Jahre nach ihrem Einzug ins Leonberger Schloss endete ihr Leben dort am frühen Morgen des 16. November 1614. Zuletzt hatte sie wohl an starkem Herzzittern gelitten. Andere Beschwerden kamen hinzu und so brachte ihr ein starker Bronchialkatarrh mit Erstickungsanfällen und einer rechtsseitigen Körperlähmung den Tod. Sibylla von Württemberg starb wie einst ihr Mann Friedrich im Alter von 50 Jahren. Am 15. Dezember 1614 wurde sie neben Friedrich in der herzoglichen Gruft der Stuttgarter Stiftskirche beigesetzt.

Epilog

Sibylla, postum gerühmt als Frau von schöner Gestalt und großmütigem Herz, hatte an der Seite ihres ungeteilt selbstbezogenen Mannes viel aushalten müssen. Sie sprach oftmals selbst davon, dass ihr Leben eine Aneinanderreihung von Kränkungen und Widerwärtigkeiten gewesen wäre und sie nicht glaube, dass irgendeiner ihrer Untertanen sein Kreuz und Herzeleid mit dem Ihrigen tauschen würde. Politisch war Sibylla von Württemberg nicht in Erscheinung getreten, sich ihres fürstlichen Standes aber stets bewusst gewesen. Daher galt sie als angesehene Herzogin mit scharfen Verstand und gutem Urteilsvermögen. Während sie ihrem Mann äußerst devot begegnete, unternahm sie immer wieder den Versuch, eigene Interessen zu wahren.

Ihren Lebensmittelpunkt hatte sie innerhalb der Familie gefunden, den herzoglichen Haushalt geführt und sich mit Hingabe um ihre zahlreichen Kinder gekümmert. *»All Ihrs Herzens Lust und Freud war nur bei Ihren Kinder, unter sie nicht anders als eine Gluckhenne gegen ihre Hühnlein, sich allwegen auf das holdseligste und liebreichst erzeiget.«* Sibylla war zur Stammmutter des heutigen Hauses Württemberg geworden. Es grenzt beinahe an ein Wunder, dass sie dank einer guten körperlichen Konstitution die zahlreichen Schwangerschaften und Geburten gut überstanden hat. Erst im Witwenstand hatte sie den Freiraum einer eigenen Lebensgestaltung erhalten. Ihr prächtiger Pomeranzengarten in Leonberg, im 18. Jahrhundert verfallen, ist inzwischen originalgetreu restauriert worden.

Anna Catharina von Salm-Kyrburg
(1614–1655)

»Das ganze Haus ist durch diese Heirath despectiert.«

Der verwaiste Thron

Trüge die Heimsuchung ein Gesicht, so würde sich darin die erste Hälfte des 17. Jahrhunderts in vielgestaltiger Weise widerspiegeln. Der Schwarze Tod entvölkerte ganze Landstriche. Missernten verursachten bittere Hungersnöte. Ein schrecklicher Krieg brachte unendliches Leid über das Land und die Menschen, die ohnehin ums Überleben kämpfen mussten. Städte wurden zerstört, Dörfer gebrandschatzt, ihre Bewohner gefoltert, ermordet und vertrieben. Jahrzehntelang waren die Regierenden unfähig, einen dauerhaften Frieden zustande zu bringen. Der Krieg überlebte Kaiser, Könige und Reichsfürsten. Kleine und große Feldherren kamen und gingen. Sie ernteten Ruhm und Ehre, Ungnade und Tod. Zerstörungen allenthalben und nichts blieb, wie es einmal war.

Doch manchem wurde gerade das zur Fügung. Hätte es diesen Krieg nicht gegeben, wäre das Leben der Anna Catharina von Salm-Kyrburg in völlig anderen Bahnen verlaufen. Nicht im Entferntesten hatte man gedacht, dass das Mädchen einmal Herzogin von Württemberg werden sollte, denn ihre Herkunft entsprach kaum den Anforderungen des herzoglichen Hauses. Anna Catharina war zwar adelig, entstammte aber einer gräflichen Familie – und so weit unter Stand heirateten die Landesfürsten üblicherweise nicht. Es bedurfte demnach einer Aneinanderreihung von Zufällen, damit sie ins Visier des württembergischen Herzogs Eberhard III. geraten konnte. Die weitere Verkettung der äußeren Umstände sorgte für eine Liebesgeschichte mit Folgen. Und so entstand aus dem mannigfachen Elend dieses Krieges ein kleines Stück persönlichen Glücks für die junge Grafentochter aus dem Hause Salm-Kyrburg.

Kinderjahre im großen Krieg

Wild- und Rheingraf Johann Casimir von Salm-Kyrburg und seine Frau, Gräfin Dorothea von Solms-Laubach, residierten auf der Kyrburg, einer stattlichen Burganlage, die im frühen Mittelalter auf einer bewaldeten Anhöhe hoch über dem Städtchen Kirn erbaut worden war. Im Tal schlängelte sich die Nahe durch die hügelige Landschaft des südlichen Hunsrücks, um einige Kilometer flussabwärts bei Bingen in den Rhein zu fließen. Seit 1607 war die bereits jung verwitwete Dorothea von Solms-Laubach in zweiter Ehe mit dem Grafen der Kyrburg verheiratet. Vier Kinder hatte sie ihrem Mann inzwischen geboren, zwei von ihnen waren im Säuglingsalter gestorben. Umso mehr freute man sich an den beiden lebenden Buben im Alter von drei und fünf Jahren, welche die kritische Zeit überstanden hatten.

Und weiterer Kindersegen stand ins Haus, denn zu Beginn des Jahres 1614 wusste sich Gräfin Dorothea abermals in anderen Umständen. Obwohl ihre Schwangerschaft bereits fortgeschritten war, hielt sie sich in jenen Tagen nicht zuhause, sondern im etwa 180 Kilometer südöstlich gelegenen Finstingen auf, das zum Herrschaftsgebiet der Grafen von Salm-Kyrburg gehörte. So wurde Anna Catharina, anders als ihre Geschwister, nicht auf der Kyrburg, sondern am 27. Januar 1614 um halb elf Uhr morgens im Finstinger Schloss geboren. Irgendwann im Laufe der nächsten Monate, vermutlich im Frühjahr, als die Wege wieder gut passierbar waren, kehrte die Familie auf die Kyrburg zurück. Dort kam ein gutes Jahr

Auf der Kyrburg verbrachte Anna Catharina ihre ersten sechs Lebensjahre.

später, im März 1615, Anna Catharinas Schwester Claudia zur Welt. Alles sah nach einer unbeschwerten Kindheit für die wild- und rheingräfliche Kinderschar aus, doch fern am Horizont braute sich Unheil zusammen. Niemand konnte ahnen, welch dramatischen Ereignissen die deutschen Fürstentümer entgegensahen. Bald sollte sich das Leben auf der Kyrburg völlig verändern.

In den vielen Einzelstaaten des Reiches gab es seit der Reformation grundlegende konfessionelle Gegensätze. Der *Augsburger Religionsfrieden* von 1555 hatte dem Protestantismus zwar einen festen Platz in der deutschen Religionslandschaft eingeräumt, gleichzeitig aber sowohl dem evangelischen als auch dem katholischen Bekenntnis Grenzen gesetzt. Eine grundlegende Lösung der Glaubensfrage war schwierig; zusätzlich gab es mit den *Reformierten* eine Vielzahl unterschiedlicher evangelischer Gruppierungen, die ebenfalls um ihre Anerkennung kämpften. Der katholische Kaiser stand wie eh und je an der Spitze des Heiligen Römischen Reiches deutscher Nation. Als er begann, die freie Religionsausübung der Protestanten mehr und mehr einzuschränken, verstärkten sich die latent vorhandenen religiösen Spannungen innerhalb des Reiches. Es formierten sich zwei gegensätzliche Lager. Die protestantischen Fürsten und Städte gründeten mit der *Union* ein festes Bündnis, die katholisch-kaiserliche Seite schloss sich in der *Katholischen Liga* zusammen. Innerhalb weniger Jahre verhärteten sich die Fronten derart, dass sich schließlich zwei militarisierte Gegner gegenüberstanden. Eine gewaltsame Auseinandersetzung schien lediglich eine Frage der Zeit zu sein.

Als Anna Catharina vier Jahre alt war, trug sich im fernen Prag ein Ereignis zu, das die explosive Stimmung entzündete. Die mehrheitlich protestantischen Stände Böhmens fühlten sich durch zahlreiche Repressalien ihres aus dem katholischen Hause Habsburg stammenden Königs Ferdinand um die ursprünglich zugesicherte Glaubensfreiheit betrogen. Als die Schikanen nicht mehr hinnehmbar waren, drang eine Abordnung protestantischer Adeliger im Mai 1618 in den Amtssitz des königlichen Statthalters der Stadt, dem Hradschin, ein und stellte die beiden anwesenden Beamten des Königs zur Rede. Nachdem diese vergebens versucht hatten, sich zu rechtfertigen, wurden sie an Ort und Stelle durch ein selbsternanntes provisorisches Gericht verurteilt und zusammen mit ihrem Schreiber kurzerhand aus dem Fenster geworfen. Sie hatten Glück im Unglück, denn ein Misthaufen unter dem Burgfenster soll den Aufprall gemildert haben. Alle überlebten.

Der Prager Fenstersturz gilt als Auftakt des Dreißigjährigen Krieges.

Doch der *Prager Fenstersturz* löste einen Aufstand der böhmischen Stände gegen die Vorherrschaft der Habsburger im Land aus. König Ferdinand wurde abgesetzt und an seiner Stelle mit Friedrich V. von der Pfalz ein Protestant in Böhmen inthronisiert. Im Jahr darauf erhielt der abgesetzte Ferdinand die Kaiserkrone des Heiligen Römischen Reiches und nutzte die damit gewonnene Machtfülle zur Vergeltung der erlittenen Niederlage. Bald zog er gegen das nun protestantische Böhmen ins Feld. Mit der Unterstützung seines Schwagers Maximilian von Bayern und den Verbündeten der *Katholischen Liga* besiegten die kaiserlichen Truppen im November 1620 die böhmischen Einheiten am *Weißen Berg* bei Prag. Die Herrschaft Kaiser Ferdinands in Böhmen war wiederhergestellt, seine Pläne aber reichten deutlich weiter. Noch bevor die Schlacht am *Weißen Berg* entschieden worden war, hatten sich mit dem Kaiser verbündete, spanische Truppen weiter Teile des pfälzischen Territoriums seines Gegenspielers Friedrich V. bemächtigt. Damit bedrohte der Krieg plötzlich Anna Catharinas Zuhause, denn auf ihrem Eroberungszug besetzten spanische Einheiten die Kyrburg. Ihr Vater sah sich gezwungen, samt Frau und Kindern seinen angestammten Sitz zu verlassen und im sicheren Finstingen Zuflucht zu suchen. Die böhmischen Ambitionen des pfälzischen Kurfürsten Friedrich hatten also in einer zweifachen Katastrophe geendet. Böhmen war binnen eines Jahres verloren, die Pfalz besetzt. Seine angestammte, pfälzische Kurfürstenwürde übernahm Bayerns Regent Maximilian. Friedrich V. von der Pfalz ging als *Winterkönig* in die Geschichte ein.

Inzwischen richtete sich Johann Casimir von Salm-Kyrburg mit seiner Familie an Anna Catharinas Geburtsort wohnlich ein. Das mittelalterliche Örtchen Finstingen lag im waldreichen Ostlothringen. Aufgrund seiner geringen Größe und seiner Abgeschiedenheit spielte die kleinen Gemeinde, die heute zu Frankreich gehört und Fénétrange heißt, kaum eine Rolle in der Reichspolitik seiner Zeit. Das an der Saar gelegene Schloss mit mittelalterlichem Kern hatte einst drei adelige Familien beherbergt und bot den Neuankömmlingen genügend Platz. Der nach einem Brand im 16. Jahrhundert neu errichtete Renaissancebau gliederte sich in drei unter-

Schloss Finstingen (Fénétrange). An Anna Catharinas Geburtsort fand die Familie längere Zeit Zuflucht.

schiedliche Komplexe. Sie gruppierten sich um einen hufeisenförmigen Innenhof und waren mit Erkern, Türmchen und einer Schlosskapelle ansprechend ausgestaltet worden. Finstingen sollte für mehrere Jahre die Heimat der sechsjährigen Anna Catharina werden. Ein Wiedersehen mit der Kyrburg rückte in weite Ferne.

Württembergs junger Herzog

Unterdessen nutzte Kaiser Ferdinand II. seine militärischen Erfolge, um die Macht des Hauses Habsburg auszuweiten. Mit seinen genialen Feldherren Tilly und Wallenstein konnte er in den Folgejahren den katholischen Einflussbereich bis weit nach Norden ausdehnen. 1629 stand der Kaiser am Gipfel seiner Macht und führte seinen gegenreformatorischen Kurs konsequent fort. Im *Restitutionsedikt* befahl er die Rückführung aller im *Augsburger Religionsfrieden* evangelisch gewordenen Kirchengüter des Reiches. Das Herzogtum Württemberg hatte sich während dieser ersten elf Kriegsjahre einer Politik der vermittelnden Neutralität verschrieben gehabt und dadurch nachhaltig versucht, drohendem Unheil zu entgehen. Die Verfügungen des Restitutionsedikts indes trafen gerade das Land im Südwesten besonders hart, denn der Anteil ehemaligen Klosterbesitzes betrug mehr als ein Drittel des württembergischen Staatsgebietes. Dem Herzogtum drohte ein dramatischer territorialer Verlust und die Einquartierung kaiserlicher Truppen, welche die Durchsetzung des Edikts garantieren sollten. Der Versuch württembergischer Einheiten, sich den kaiserlichen Streitkräften im sogenannten *Kirschenkrieg* entgegenzustellen, endete kläglich und so nahmen die Restitutionsprozesse ihren Fortgang. Das Herzogtum befand sich in einer existenziell bedrohlichen Lage.

Kaiser Ferdinand II.: Seine Expansionspolitik schürte den Krieg.

Hilfe nahte von außen, denn die aggressive Expansionspolitik des Kaisers blieb nicht unbeachtet. Hier ging es längst nicht mehr nur um die Frage der Konfession, sondern um die Durchsetzung und Wahrung machtpolitischer und dynastischer Interessen. Die Reichsfürsten bangten um ihre angestammten Rechte und Freiheiten. Sie zwangen den Kaiser zur Entlassung des übermächtigen Feldherren Wallenstein, der eine wesentliche Stütze des kaiserlichen Erfolges gewesen war. Auch im Ausland merkte man auf, denn Habsburg schien seinen Triumphzug fortsetzen zu wollen. Frankreich und Schweden waren fest entschlossen, dieses zunehmende Ungleichgewicht der Kräfte in Europa nicht weiter hinzunehmen.

Im Sommer 1630 landete der schwedische König Gustav Adolf an der Odermündung und drängte die kaiserlichen Truppen in den darauffolgenden Jahren weit nach Süden zurück. Auch Württemberg atmete auf, denn im Winter 1631/32

Jung und überfordert: Herzog Eberhard III. mit 19 Jahren.

erreichten schwedische Einheiten die Grenzen des Herzogtums und befreiten es von den unerwünschten, kaiserlichen Besatzern. Durch den erfolgreichen Feldzug der Schweden schien sich das Kriegsglück zugunsten der Protestanten gewendet zu haben. In seiner Not holte Kaiser Ferdinand den entlassenen Wallenstein zu Hilfe. Ein zähes Ringen begann. Der Schwedenkönig Gustav Adolf fiel im November 1632 in der Schlacht bei Lützen, Wallenstein konnte einige Erfolge verzeichnen. Als der mächtige Feldherr jedoch begann, in eigener Regie Verhandlungen über einen Friedensschluss mit seinen Gegnern zu führen, ließ ihn Kaiser Ferdinand im Februar 1634 in Eger ermorden.

Inzwischen hatte die katholische Seite neuen Mut geschöpft und holte zum Gegenschlag aus. Der Kriegsschauplatz verlagerte sich, dadurch geriet Württemberg zwischen die Fronten. Seit nahezu zwei Jahren wurde das Land von Eberhard III. regiert. Der Herzog war noch unerfahren und musste mit erst 19 Jahren das durch Truppendurchmärsche, Hunger und Seuchen geschwächte Herzogtum inmitten heftiger Turbulenzen führen. An seiner Seite agierte mit Jakob Löffler ein politisch versierter Kanzler, unter dessen Einfluss Württemberg seine neutrale Haltung aufgab und ein Bündnis mit Schweden einging. Die Folgen waren verheerend. Durch die starke schwedische Präsenz wurde das Herzogtum zum Aufmarschgebiet kaiserlicher Truppen. Im Spätsommer 1634 kam es bei Nördlingen zur entscheidenden Schlacht. Kaiserliche Streitmächte fügten der schwedischen Bundesarmee eine vernichtende Niederlage zu und besetzten anschließend nicht nur das Herzogtum, sondern sämtliche Territorien bis zum Rhein. Württemberg wurde dadurch zum Hauptzerstörungsgebiet des Dreißigjährigen Krieges.

In Stuttgart hatte man den Gang der Dinge besorgt beobachtet und vorausschauend gehandelt. Die Mutter Eber-

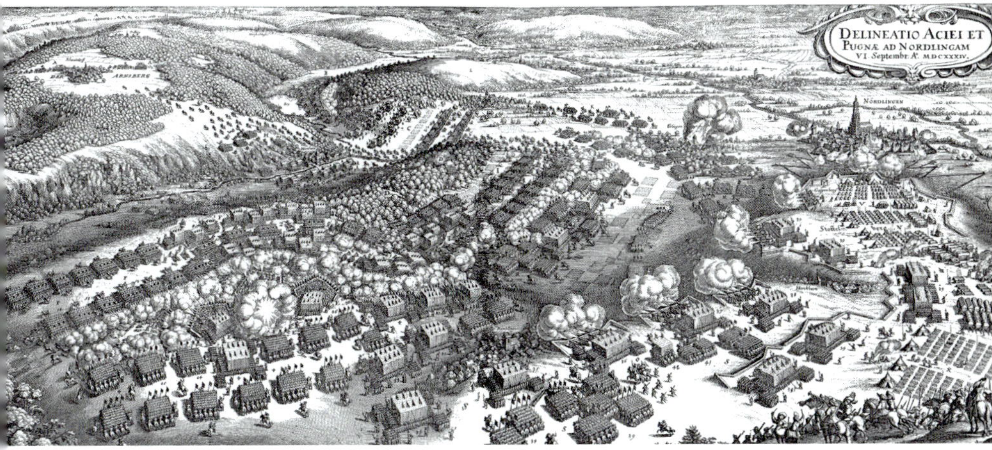

Die Schlacht bei Nördlingen im Jahr 1634 besiegelte Württembergs Schicksal.

hards III., Herzogin Barbara Sophie, war mit ihren Töchtern mehr als zwei Wochen vor der Katastrophe von Nördlingen schutzsuchend nach Straßburg abgereist, einen Teil der fürstlichen Pretiosen und der Kunstkammer im Gepäck. Als die Nachricht vom schrecklichen Ausgang der Schlacht den Herzog erreichte, zog dieser umgehend Konsequenzen und folgte seiner Mutter ins Straßburger Exil, um von sicherem Boden aus die unübersichtliche Lage zu sondieren und über den Fortgang der Dinge zu entscheiden. Schnell bildete sich eine Exilregierung, deren Mitglieder sich aus geflüchteten württembergischen Räten und Beamten zusammensetzten. Noch wusste niemand, ob Eberhard III. jemals auf den Thron seines Herzogtums zurückkehren würde.

Die falsche Braut

Anna Catharina von Salm-Kyrburg war zum Zeitpunkt der Schlacht bei Nördlingen zwanzig Jahre alt und vieles in ihrem Leben hatte sich inzwischen verändert. Ihre Mutter war *»nach langem Siechtum«* gestorben, woraufhin Anna Catharina und ihre Schwester Claudia Finstingen im Jahr 1631 verlassen hatten und bei wild- und rheingräflichen Verwandten in Colmar aufgenommen worden waren. Erschwerend kam hinzu, dass Claudia zeitlebens unter einer rätselhaften, von Schmerzen begleiteten Krankheit litt, die sie ständig quälte. Als das Kriegsgeschehen nun den Südwesten erreicht hatte, fürchtete Graf Johann Casimir um seine Sicherheit, da er als protestantischer Heerführer in schwedischen Diensten stand. Er nahm seine Kinder zu sich und zog mit ihnen nach Straßburg. Die Reichsstadt bot durch ihre Lage auf der linken Rheinseite und die Protektion durch Frankreich ausreichend Schutz. Im *Bischofs-Hof* am späteren Schlossplatz fand die Familie Unterkunft. Allenthalben wurde die Tugend der Töchter aus dem Hause Salm-Kyrburg gerühmt. Die Quellen berichten von eifrigen Gottesdienstbesuchen und frommer Andacht.

Anna Catharina und Eberhard III. hielten sich nun zeitgleich in Straßburg auf. Der Herzog lebte mit seiner Mutter, einigen seiner Geschwister und Teilen seines Gefolges in einem angemieteten Haus auf dem St.-Thomas-Platz. Das Gebäude gehörte einem Straßburger Buchdrucker und verfügte über mindestens einen großen Saal, der für repräsentative Zwecke genutzt werden konnte. Obwohl Geld knapp war und auch keine Einkünfte aus Württemberg die klammen Kassen füllten, lebte man standesgemäß. Jeden Tag wurden über 170 Personen, darunter Hofbeamte, Dienerschaft und geladene Gäste, verköstigt. Den täglichen Bedarf an Lebensmitteln bezifferte der Küchenmeister auf mindestens 900 Gulden. Der fürstliche Speisezettel bestand unter anderem aus Unmengen an Brot, Reis, Fleisch, Fisch, kostbaren Gewürzen wie Safran, Zimt und Ingwer, Gemüse und Wein.

Die Zeit wurde dem exilierten Eberhard nicht lang. Er amüsierte sich beim Jagen, Schießen und bei gesellschaftlichen Anlässen. Möglicherweise machte er bei einer solchen Gelegenheit die Bekanntschaft der gleichaltrigen Anna Catharina von Salm-Kyrburg. Sie galt als auffallend hübsch und erregte schnell die Aufmerksamkeit des Herzogs. Fortan häuften sich

Die Reichsstadt Straßburg. Hier lernte Eberhard III. seine Anna Catharina kennen.

seine Besuche bei einer *»ehrlichen Dame«*. Bald wurde klar, dass die Beziehung zwischen Eberhard und Anna Catharina mehr als ein Techtelmechtel war. Der Herzog dachte daran, seine Geliebte zu ehelichen.

Herzogin Barbara Sophie reagierte empört. Um ihren Sohn an seine Pflichten dem Haus und seinem Land gegenüber zu erinnern, setzte sie sich hin und verfasste ein Schreiben, in dem sie klare Worte fand: *»Mütterlicher Rat an den jungen Herzog Eberhard den III. wegen seiner Heirat«*. Darin formulierte sie zahlreiche Einwände gegen die Ehe mit Anna Catharina von Salm-Kyrburg. Zum einen, so ihr Vorwurf, erwarte ihr Sohn als regierender Herzog den Respekt des Hauses Württembergs, andererseits *»despectiere«* er selbst das ganze Haus durch diese Heirat. Aus einer solchen Verbindung könne kein Glück erwachsen. Zudem hätten bereits die Ahnväter, allen voran der *»weise, verständige und gottesfürchtige«* Herzog Christoph bestimmt, dass man *»keine Tochter keinem*

Herzogin Barbara Sophie, Eberhards Mutter. Sie versuchte, die Hochzeit ihres Sohnes zu verhindern.

Grafen geben soll«. Diese These gelte natürlich erst recht für einen regierenden Herzog. Sogar des Herzogs Vater habe einen Eid geschworen, *»sich mit gräflichen Personen nicht zu verheiraten«* und mit seinem unrechtmäßigen Ehevorhaben breche Eberhard des Vaters Schwur. *»Man soll den Alten folgen, sowohl im Tod, als wenn sie noch leben.«* Vor einer Heirat müsse er außerdem den testamentarisch bestimmten Vergleich mit seinen Brüdern vornehmen, damit diese erhielten *»was ihnen von Rechtswegen gebürt«*.

Barbara Sophies *»mütterliche Bedenken«* reichten noch viel weiter. *»Wenn du eine Gräfin nehmen solltest«*, schrieb sie, *»kämen ohne Unterlaß Grafen und Herren, Vater und Brüder, Vetter und Schwäger zu dir, und saugten dich dermassen aus.«* Diese angeheiratete Verwandtschaft wolle sicherlich *»Ämter bedienen und große Besoldungen haben und schämen sich doch zu tun, was ein Diener schuldig ist und dein Seckel wird dadurch geleert werden«*. Anna Catharina selber, als *»gemachte Fürstin«* werde entsprechend *»Geschmuck und Kleinodien«* wünschen, um anderen Fürstinnen ebenbürtig zu sein. *»Das wird dich viel tausend Gulden kosten. Nimmst du aber eine Fürstin, so bringt sie dir einen fürstlichen Geschmuck zu.«* Die Herzogin mahnte ihren Sohn eindringlich, *»der kindisch unbesonnenen Lieb müßig zu gehen«*. Er müsse gerade in diesen schweren Zeiten eine Heirat anstreben, die *»deinem Land und Leuten und deinem ganzen Haus zu Aufnehmen und Bessern gereiche«*. Sie schloss mit dem Wunsch, der Herr möge ihm *»ein vernünftiges, frommes, gottesfürchtiges, verständiges, christliches Gemahl geben«*, seinem fürstlichen Stand gemäß, *»denn das kommt vom Herrn und wird dem gegeben, der Gott fürchtet«*.

Nicht nur die Mutter ließ es an Argumenten gegen die Auserwählte des Herzogs wenig mangeln. Einer Ehe mit Anna

Die Hochzeit von Anna Catharina und Eberhard III. in Straßburg 1637

Catharina standen handfeste politische Gründe entgegen. Ihr Vater genoss in seiner Eigenschaft als schwedischer Heerführer einen schlechten Ruf am Kaiserhof. Diese Tatsache konnte einer möglichen Rückkehr des Herzogs auf den württembergischen Thron entgegenstehen. Die württembergischen Diplomaten und Räte in Straßburg, welche im Hintergrund bereits eine mögliche Restitution Eberhards betrieben, baten ihn inständig, von dieser Verbindung abzusehen.

Sämtliche Einwände stießen indes auf taube Ohren. *»Er hatte aber allbereit eine Hochachtung gegen die Eigenschaften dieser Gräfin gefasset, dass er sie zur Ehe wünschte, ob er schon viele Schwierigkeiten zu überwinden hätte.«* Nachdem seine Mutter im Februar 1636 infolge einer längeren Krankheit gestorben war, ließ Eberhard im Herbst desselben Jahres Heiratsvertrag und Widdumsverschreibung aufsetzen. Dabei verhandelte er mit den Brüdern des Brautvaters, da Johann Casimir wieder im Feld stand. Die Trauung fand im darauffolgenden Jahr statt. Alle geladenen Gäste wurden schriftlich informiert: *»Erstlich solle allen Eingeladenen uff Sonntag, den*

26. Februar (1637) Nachmittag um drei Uhr in dem Bischofs-Hof sich einstellen.« Anna Catharina von Salm-Kyrburg heiratete Herzog Eberhard III. von Württemberg nicht in dessen Straßburger Residenz, sondern im Hause ihres Vaters. Im gleichen Jahr ehelichte ihre Schwester Claudia einen Grafen zu Rappoltstein und lebte fortan an einem der angesehensten elsässischen Höfe.

Die Entscheidung, Anna Catharina allen äußeren Umständen zum Trotz zu seiner Gemahlin zu machen, wurde Eberhard III. noch lange nachgetragen. Er hätte besser daran getan, so die Kritiker, *»ins Feld zu ziehen als im Frieden einer leichtfertigen Stadt die Freuden des ehelichen Lebens zu genießen«*. Stattdessen sei er der Neigung seines Herzens gefolgt und habe sich *»im größten Elend mit der schönen Gräfin von Salm«* vermählt.

Lustbarkeiten in schwerer Zeit

Das junge Paar genoss die Freuden des Ehelebens. Mit hoher Wahrscheinlichkeit waren ihnen diese bereits vor ihrer Hochzeit vertraut gewesen. Die vorzeitige Geburt des gemeinsamen Sohnes Johann Friedrich, der nur sieben Monate nach dem großen Tag das Licht der Welt erblickte, verlangte dem moralischen Anspruch der Zeit entsprechend nach einer Erklärung. Herzog Eberhard sah sich gezwungen, durch seinen Gesandten in Wien einen *»unglücklichen Fall«* als Ursache der Frühgeburt anzugeben, die Anna Catharina angeblich erlitten hatte. Wieder regten sich missbilligende Stimmen, doch im Laufe der Zeit wurden Klatsch und Tratsch rund um Herzog und Herzogin weniger. Der kleine Prinz jedenfalls gedieh prächtig.

Ernsthafte Sorgen machten Eberhard dagegen die Finanzen. Nach wie vor überstiegen die Kosten der Hofhaltung die Einnahmen bei weitem. Es musste Geld beschafft werden und dafür veräußerte und verpfändete der Herzog einen großen

Teil des Kleinodienbesitzes seiner verstorbenen Mutter. Als keine weiteren Geldquellen mehr aufgetan werden konnten, reduzierte man den Hofstaat. Davon waren vor allem Mägde, Wäscherinnen und Boten betroffen. Die Anzahl der Pferde wurde auf 30 Tiere verringert, das entsprach nur noch einem Drittel der ursprünglich im Marstall untergebrachten Tiere. Mit stattlichen 160 Broten schlug die wöchentliche Fütterung der Greifvögel und Jagdhunde des Herzogs zu Buche, woraufhin ihr Bestand deutlich verringert wurde. Wirkliche Entbehrungen gab es dennoch keine, denn um der Etikette zu genügen, war Eberhard geflissentlich darauf bedacht, eine seiner gesellschaftlichen Stellung entsprechende Prachtentfaltung zu wahren. Bescheidenheit war seine Sache nicht.

Während Anna Catharina wieder in anderen Umständen war, betrieb ihr Gatte mit Nachdruck seine Wiedereinsetzung. Diesem Anliegen galt von Anfang an die vorrangige Arbeit der Straßburger Exilregierung. Die überhastete Flucht des Herzogs nach Straßburg habe dem Land geschadet, verlautete aus Stuttgart; eine Aussöhnung mit dem Kaiser war unumgänglich. Nachdem Eberhard im Jahr 1635 vom *Prager Frieden* und der damit verbundenen Amnestie ausgeschlossen worden war, hatte er auf eine diplomatische Lösung ohne Waffengewalt gesetzt. Zahlreiche Gesandtschaften waren nach Regensburg, Prag, Dresden und Wien geschickt worden, sämtlich mit dem Ziel der Wiedergewinnung des angestammten Herzogtums. Dem gleichen Zweck hatten Verhandlungen mit Schweden, Frankreich und den verbündeten Fürstentümern des Reiches gedient. Ein langer und mühsamer Prozess hatte begonnen, in dem es vor allem um den territorialen Umfang einer möglichen Restitution ging.

Immense Gebietsabtretungen, die der Kaiser forderte, hatte Eberhard strikt abgelehnt. Auf dem Regensburger Kurfürstentag 1636 waren die kaiserlichen Bedingungen in einer Resolution nochmals unterstrichen und von Württemberg erneut verworfen worden. Erst im Jahr seiner Hochzeit mit Anna Catharina erklärte sich Eberhard mit den Forderungen des

Das Landschaftshaus in Stuttgart. Hier wohnte Eberhard nach seiner Rückkehr aus dem Exil.

Kaisers einverstanden und machte sich im Frühjahr 1638 persönlich auf den Weg nach Wien. Es wurde verhandelt, diskutiert und abgewogen. Nach reiflicher Überlegung und dem Zureden der Kurfürsten von Brandenburg und Sachsen, *»er solle sich in die Zeit schicken und lieber das, was er haben könne, annehmen als sich in ungewisser Hoffnung außerhalb des Landes aufzuhalten«*, fand sich Eberhard zu einer Einigung mit dem Kaiser bereit. Seine Rückkehr auf den Thron Württembergs war nur noch eine Frage der Zeit.

Im Herbst 1638 hieß es Abschied nehmen. Von Straßburg, aber auch von Anna Catharina und dem gemeinsamen Sohn Johann Friedrich, die fürs Erste in der Reichsstadt zurückblieben. Am 11. Oktober traf Herzog Eberhard III. nach über vierjähriger Abwesenheit in Stuttgart ein. Mit Glückwunschschreiben und Freudengedichten begrüßte ein Volk seinen Herrscher, das in den vergangenen Jahren vieles erlitten hatte. Württemberg bestand durch die abgerungenen Zugeständnisse an den Kaiser nur noch aus der Hälfte seines ursprünglichen Territoriums. Geschunden und zerschlagen durch die vergangenen Jahre waren ganze Landstriche entvölkert, die Städte zerstört.

Als der Herzog das Stuttgarter Schloss erreichte, wurde ihm das Ausmaß des Dramas unmittelbar vor Augen gehalten. Die Wandvertäfelungen der fürstlichen Gemächer waren herausgerissen, das ganze Gebäude ausgeplündert und demoliert, die großflächigen Tapisserien Herzog Christophs sowie die Archiv- und Bibliotheksbestände als Beutegut außer Landes gebracht worden. Das Schloss war schlicht unbewohnbar. Vorläufig bezog Eberhard das steinerne Landschaftshaus. Anlässlich der Rückkehr des Herzogs wurde auf den 11. November ein landesweiter Buß- und Dankgottesdienst ausgeschrieben. Die Verfasser eines zu diesem Anlass an alle Superintendenten gerichteten Gebetes machten deutlich, dass bei aller Freude *»wir uns noch keiner vollkommenen Erlösung berühmen, denn der grausame und erschröckliche Krieg wütet und rumoret noch aller Orten. Die ansteckenden Seuchen und Krankheiten verzehren Fleisch und Blut, dass die Leut wie der Schatten an der Wand anzusehen sind und bald diese, bald jene weggenommen werden«*.

Während Eberhard in Straßburg Hof gehalten hatte, war sein Land durch Plünderungen, Einquartierungen und Kontributionen in den Ruin getrieben worden. Die vormals prosperierende Wirtschaft Württembergs stand am Abgrund. Weinbau und Landwirtschaft lagen danieder, das Land konnte seine Menschen nicht mehr ernähren. Aus dem wenigen, was der Boden noch hervorbrachte, musste die Kriegsmaschinerie erhalten werden. Andere Wirtschaftszweige, wie die Tuchfabrikation in Calw oder die Uracher Leinwandherstellung, waren durch die Besatzungszeit schwer geschädigt. Auf über 40 Millionen Gulden wurden die kriegsbedingten Kosten und Schäden beziffert, ohne dass ein Ende wirklich abzusehen war. Und als ob dies nicht genügte, leistete die Pest ganze Arbeit und forderte immer wieder unzählige Tote. Eberhard stand vor gewaltigen Aufgaben.

Dr. Schnabel von Rom. Kleidung, die den Arzt vor einer Ansteckung mit der Pest schützen sollte.

Zunächst bemühte er sich um die Zusammenführung seiner Familie, die mit der Geburt des zweiten Sohnes Ludwig Friedrich inzwischen vier Personen umfasste. Die doppelte Hofhaltung war auf Dauer kaum zu finanzieren. Das Vorhaben des Herzogs erwies sich als unerwartet schwierig, da nicht genügend Pferde zur Verfügung standen und die zur Deckung der Reisekosten erforderlichen Gelder nicht bereitgestellt werden konnten. Erst als Eberhard einige Kostbarkeiten aus seiner Kunstkammer versetzt hatte, begannen die Reisevorbereitungen. Eberhard holte seine Frau persönlich ab. Am 4. Januar 1639 verabschiedeten sich Bürgermeister und Rat der Reichsstadt Straßburg von ihren württembergischen Gästen: *»Die Weitläufigkeit des Stadtwesens und der ungleiche Humor der großen Menge fremder und heimischer Bewohner«* hätten wohl Unannehmlichkeiten mit sich gebracht, für die man sich entschuldigen wolle. Straßburg hatte nicht nur den Württembergern, sondern vielerlei Menschen Schutz gewährt – zweifellos eine immense Herausforderung für die Stadt und ihre Bewohner.

Kinder, Kinder

Mit einem Kleinkind und dem nur wenige Wochen alten Ludwig Friedrich trat das Herzogspaar die Reise nach Stuttgart an. Bei eisiger Kälte ging es über winterliche und schlechte Wege gen Osten. Die anstrengende Fahrt forderte einen hohen Tribut. Als die herzogliche Familie am 9. Januar die Residenzstadt erreichte, war der kleine Ludwig Friedrich ernsthaft erkrankt und starb nur sechs Tage später im Alter von zehn Wochen. Anna Catharina war zwar bald wieder schwanger, aber bei schlechter Gesundheit. Drei Monate nach dem Tod ihres Sohnes empfahl Anna Catharinas Arzt Carl Bardili seinem Herzog deshalb dringend, dass *»Eure fürstliche Durchlaucht und hertzgeliebte Gemahlin zu ihrer Gesundheit es unumgänglich werde, den Teinacher Hausbrunnen«* aufzusuchen. Er bat den Herzog um entsprechende Anweisungen, *»damit bei zeiten die hierzu gehörige notwendige Preparatorien mögen bestellt werden«*. Er begründete die Wahl des Bades in Teinach damit, dass *»der Teinacher Hausbronnen sehr spirituol und durch vertrage(n)s, die beste mineralische Kräfte*

Der Kurort Teinach, den Anna Catharina aufgrund ihrer schwachen Konstitution aufsuchte.

deflagrieren, (wenn) derselbige im Ursprung getrunken würde«. Als Unterkunft schlug er ein nahegelegenes Schloss vor, da *»in offenem Ort diese Zeit sich aufzuhalten nicht ratsam sein wird«*. Das Schloss dagegen böte *»allda schöne Zimmer«* und sei *»dazu ein wohlverwachet Ort«*. Seine Sorge war angesichts des anhaltenden Kriegsgeschehens nicht unbegründet. Man bemühte sich daher, Anna Catharina so sicher und bequem wie möglich unterzubringen und fragte die entsprechenden Räumlichkeiten an.

Aus Teinach ging bald die Meldung ein, dass leider *»die Mobilien gar gering«*, aber *»Betten vorhanden«* seien und zwar *»mit Leinwand Unterbetten. Die Leinwand (sei) gar schlecht«*. Das Schreiben enthielt zudem Vorschläge zur Unterbringung des Gefolges und des Gesindes, gleichzeitig wurde darum gebeten, einen Mitarbeiter des Hofamtes für die genauere Planung abzustellen. Inzwischen war es Mai geworden, doch aufgrund ungünstiger Witterungsverhältnisse empfahl Bardili der Herzogin, mit der Abreise nach Teinach noch zu warten. *»Demnach (werde) nun bei diesem trüben, regnerischen und* *ungesunden Wetter die gute Sauerbrunnen Kur mit mildem Regenwasser vermischt werden.«* Man werde so lange abwarten, bis *»in 8 oder 10 Tagen durch gut Wetter der Sauerbrunnen zu seinem mineralisch kräftigen kommt«*. Vom Zustand des Sauerbrunnens wolle er sich vorab noch überzeugen, *»damit in Bestellung der Präparatorien so lang innegehalten werde, bis er mit Nutz gebraucht werden kann«*. Einige Tage später war es so weit. Eberhard verfügte am 16. Mai 1639: *»Von Gottes Gnaden Eberhard Herzog zu Württemberg. Demnach kann die hochgeborene Fürstin, unsere geliebte Frau Gemahlin, bis kommenden Montag zur vorhabenden Baden-Kur nach (Teinach) abgefertigt werden. Du wollst die Verfügung tun, dass zum erwählten Tag morgens um vier Uhr ein wohlgeplanter Wag(en) in unserem Schloßhof erscheinen tut.«*

Augenscheinlich hatte die Bad- und Brunnenkur in Teinach Erfolg. Am 29. November 1639, einige Monate nach ihrer Rückkehr ins Stuttgarter Schloss, brachte Anna Catharina einen Sohn zur Welt. Leider verstarb der Knabe, wie zu Jahresbeginn sein Bruder, noch im Säuglingsalter. Und die unglückliche Reihe sterbender Kinder nahm kein Ende. Nur zwei Monate alt wurde der im Dezember 1640 geborene vierte Sohn der Herzogin. Erst eine kleine Tochter, die am frühen Morgen des 19. Februar 1642 *»in der Hertzoglichen Residenz-Stadt Stuttgart, als die erste Prinzessin, zur großen Freude geboren«* wurde, überstand die gefährlichen ersten Wochen, obwohl sie *»wegen Schwachheit gleich im Gemach getauft werden musste«*. Einzig der fünfjährige Erstgeborene Johann Friedrich war noch am Leben, als seine Schwester Sophia Luisa die Nottaufe empfing.

Die Kinder des Herzogpaares wurden in schwere Zeiten hineingeboren. Eberhard saß zwar wieder auf dem württembergischen Thron, aber Regierung, Verwaltung und Landschaft blieb kaum etwas anderes übrig als *»zusammen zu halten bis Gott bessere Zeiten schicke«*. Der Krieg war noch nicht zu Ende, deshalb konnte ein grundlegender Wiederaufbau nicht stattfinden. Die württembergische Landschaft nutzte die Gunst

Gerade in Kriegszeiten feierten die Menschen, als gäbe es kein Morgen.

der Stunde und verschaffte sich durch die Genehmigung eines Zuschusses zu den laufenden Regierungs- und Verwaltungskosten die Wiederherstellung und Erweiterung ihrer früheren politischen Rechte. Schuldennachlässe, Zuschüsse und Kredite sollten der Wirtschaft des Landes aufhelfen, zeitigten aber angesichts der unruhigen äußeren Bedingungen kaum Erfolge. Eine dauerhafte Neugestaltung war dagegen die Einrichtung von Kirchenkonventen. Ihnen oblag die Aufsicht über die Lebensführung der einzelnen Gemeindemitglieder und die Einhaltung der Schulordnung. Gerade auf den Erhalt des seit der Reformation deutlich erweiterten Schulwesens legte man trotz aller Schwierigkeiten besonderen Wert.

Mit dem offenen Kriegsbeitritt Frankreichs gegen Habsburg einige Jahre zuvor war eine erneute Kräfteverschiebung verbunden gewesen. Die zunächst wenig erfolgreich agierende französische Armee besiegte 1643 die katholisch-spanischen Verbände in den Niederlanden. Ein Auftakt war gemacht; im Anschluss stießen die Franzosen über die hart umkämpfte, da strategisch wichtige nordbadische Festung Philippsburg

nach Südosten vor. Württemberg profitierte zwar letztlich von Frankreichs Eingreifen, fungierte aber nun als Aufmarschgebiet kaiserlicher, bayerischer und französischer Verbände und hatte die damit verbundenen Probleme zu verkraften. Das ausgeblutete Land konnte die Truppen kaum ernähren, ohne Rücksicht nahmen sich die durchziehenden Soldaten, was sie brauchten.

Von Ruhe konnte keine Rede sein. Wegen *»dazumal vorgewesener Kriegsgefahr, im Fürstlichen Schloß und allda«* musste die Familie des Herzogs vorübergehend im Kirchheimer Schloss Unterkunft suchen. In der Nacht vom 12. auf den 13. Februar 1643 kam Anna Catharina dort mit einem Mädchen nieder. Die kleine Prinzessin wurde tags darauf *»ohne sondere Ceremonien«* auf die Namen Dorothea Amalia getauft. Bei der Geburt des nächsten Kindes Christina Friederike Ende Februar 1644 lebte die Herzogin wieder im Stuttgarter Schloss.

Johann Friedrich, der Erstgeborene, starb bereits als junger Mann an den Blattern.

Anna Catharina erfüllte ihre Aufgabe, dem hohen Hause eine reiche herzogliche Nachkommenschaft zu bescheren, mit Bravour. Ohne größere Unterbrechung folgte eine Geburt auf die andere. Im Oktober 1645 kam Christina Charlotta zur Welt und im Januar 1647 endlich wieder ein Junge, Wilhelm Ludwig. Er rangierte als Zweitgeborener hinter seinem Bruder Johann Friedrich, dessen zu frühe Geburt in Straßburg einst viel Wirbel verursacht hatte. Von den neun Kindern des Herzogpaares waren noch sechs am Leben.

Gott Lob!

Für Württemberg zeichnete sich nach und nach ein Silberstreif in der Ferne ab. 1648 standen die Franzosen am Inn und die Schweden in Prag. Der Kaiser war in die völlige Defensive geraten und sah sich gezwungen, mit seinen Gegnern über einen Frieden zu verhandeln. Im Oktober 1648 war man sich endlich einig und beendete die Kriegshandlungen unter den im *Westfälischen Frieden* festgelegten Bedingungen. Die Macht des Kaisers wurde zugunsten der einzelnen Reichsstände eingeschränkt, die Souveränität der Einzelstaaten und damit ein föderaler, defensiver Reichsverband auf lange Sicht festgeschrieben. Dabei gelang dem württembergischen Gesandten Konrad von Varnbüler ein sensationeller Verhandlungserfolg. Mit der uneingeschränkten Unterstützung Schwedens konnte er die Wiederherstellung des Herzogtums Württemberg in seinen alten Grenzen durchsetzen. Bis zur letzten Minute war buchstäblich um jedes Kloster und jedes Dorf gefeilscht worden. Letzten Endes hatte sich die württembergische Bündnispolitik zugunsten Schwedens ausgezahlt.

Nach drei Jahrzehnten war endlich Frieden eingekehrt. Im ganzen Reich erklangen Danklieder. Eines der bekanntesten verfasste der evangelisch-lutherische Kirchenlieddichter Paul Gerhardt:

Gott Lob! Nun ist erschollen,
das edle Fried- und Freudenwort,
dass nunmehr ruhen sollen
die Spieß und Schwerter und ihr Mord.
Wohlauf und nimm nun wieder
Dein Saitenspiel hervor,
o Deutschland und sing Lieder
im hohen vollen Chor.
Erhebe dein Gemüte
Und danke Gott und sprich:
Herr, deine Gnad und Güte
Bleibt dennoch ewiglich.

Ende November brachte die 34-jährige Herzogin eine kleine Tochter auf die Welt, das erste in Friedenszeiten geborene Kind des Herrscherpaares. Bald ging ein bemerkenswertes

Jahr zu Ende. Unter der immensen Korrespondenz zu Weihnachten 1648 findet sich auch ein Brief von der Hand einer Verwandten des Hauses Brandenburg-Anspach an Anna Catharina: *»Und wünschen also aus getreuem Gemüt und Herzen, daß durch des grundgütigen Gottes gnadenreichen Segen von E.L. mit dem alten Jahr alles Ungemach, Widerwärtigkeit und Unglück zurück geleget und neues Glück, gute Gesundheit und ... Frieden«* einzöge.

Nach dem Dreißigjährigen Krieg musste Stuttgart wieder aufgebaut werden. Blick von der Altstadt auf das Alte Schloss (19. Jh.).

Herzog Eberhard III. hatte dank des unermüdlichen Einsatzes seiner Räte und Diplomaten das Herzogtum ungeschmälert zurückerhalten. Doch die Wunden des Krieges waren tief, das Land glich einem Trümmerfeld. Die Hälfte aller Häuser war zerstört, allein im Amt Stuttgart rund 1399 Gebäude. Ein Drittel der Wiesen, Äcker und Weinberge lagen brach. Die Bevölkerung hatte sich von 450 000 Menschen auf 150 000 dezimiert. Gemeinsam mit seinen Ratgebern leitete Eberhard den Wiederaufbau seines Landes ein. Damit rasch ein funktionierendes Staatswesen etabliert werden konnte, kümmerte er sich zunächst um die Reorganisation der Verwaltung sowie die Stärkung der Finanz- und Wirtschaftskraft des Herzogtums. Endlich ließen sich die lange angedachten Maßnahmen zur Förderung des Handwerks, des Weinbaus und der Landwirtschaft mit Erfolg umsetzen. Den großen Bevölkerungsverlust versuchte man durch gezielte Wiederbesiedlung aufzufangen, die jahrelang nicht bestellten Felder wurden rekultiviert. Orte und Städte, die von marodierender Soldateska heimgesucht worden waren, wurden allmählich wieder aufgebaut.

Im Hinblick auf die Außenpolitik zog Konrad von Varnbüler aus den Erfahrungen des letzten Jahrzehnts Konsequenzen für die württembergische Reichspolitik. Zukünftig sollte sich das Land jeglicher Parteinahme enthalten und weder der kaiserlichen noch der französischen Seite als Bündnispartner verpflichtet sein. Herzog Eberhard III. hatte sein Land zurückerhalten, musste aber dennoch mit dem Vorwurf leben, durch seine überhastete Flucht nach Straßburg das Herzogtum in den schlimmsten Zeiten des Krieges schutzlos den Feinden ausgeliefert zu haben. Der Neuanfang für Württemberg war schwierig und der Weg aus Not und Armut weit, doch gerade diese Phase seiner Regierungszeit sollte Eberhard zu einer erfolgreichen politischen Bilanz verhelfen. Herzog Eberhard und Herzogin Anna Catharina von Württemberg waren bis auf wenige Kleinkinderjahre im Krieg aufgewachsen. Nun brachen ungewohnte, friedliche Zeiten an.

Nach dem Friedensschluss erhielt Eberhard III. sein geschundenes Herzogtum vollständig zurück.

Die letzte Stunde

Am 19. März 1650 feierte man im Stuttgarter Schloss *»mit ungewöhnlichem Pomp und Schmausen«* die Taufe des knapp zwei Monate alten Carl Christoph. Anna Catharina hatte ihren sechsten Sohn am Tag nach ihrem 36. Geburtstag auf die Welt gebracht. Das ungewöhnlich aufwändig gehaltene *»Kind Taufs Fest«* wurde *»mit allerlei Ritterspielen gehalten«* und mag Ausdruck neugewonnener Lebenslust und der Aufbruchstimmung nach dem Dreißigjährigen Krieg gewesen sein. Der Überschwang fand ein jähes Ende, als bereits in der darauffolgenden Woche die siebenjährige Prinzessin Dorothea Amalia plötzlich starb. Obwohl das Mädchen *»jederzeit ziemlich blöder Constitution gewesen«* sei, hatte niemand mit einem solch schnellen Ende gerechnet. Man hatte sich aller zur Verfügung stehender Mittel bedient, um das Leben des Kindes zu retten, aber selbst *»all der Medicorum getreue Fleiß und gebrauchte gute Medikamente«* seien *»vergebens gewesen«*. Dorothea Amalia wurde in der Stuttgarter Stiftskirche beigesetzt. Der kleine Zinnsarg, in dem sie zu ihrer letzten Ruhe gebettet wurde, trägt eine Reihe Inschriften. Darunter findet sich eine von unbekannter Hand verfasste *»Red der verstorbenen Prinzessin, an die überlebende Fürstliche Eltern und Anverwandte«:*

Es b'hüt Euch Jesus Christ, ihr liebste Herzen mein,
Haltet zu aller Frist, auch Maß im Trauren fein,
Bin ich zartes Röselein, gar früh schon abgebrochen,
Aus Eurem Gärtelein, da ich so wohl gerochen.
Seyd nur getrost und glaubt, dass Ich in kurzer Zeit,
Euch wieder werd geschenkt, mit Freud in Ewigkeit.

Im Frühsommer brachen Anna Catharina und Eberhard zu einer gemeinsamen Sauerbrunnenkur nach Teinach auf. Während ihrer Abwesenheit starb der nur wenige Wochen zuvor mit aller Pracht getaufte Carl Christoph *»durch schnelle, unvermutete Hinwegraffung nach etlich Tag sich angezeigter Unpässlichkeit«*. Auch sein Zinnsarg ist mit zahlreichen Inschriften verziert. *»War schon der edle Prinz geliebt so inniglich, Gott liebt Ihn doch vielmehr, drum nahm er Ihn zu sich.«* Anna Catharina litt unter dem Verlust ihrer beiden Kinder. *»Die Umstände schlugen der Mutter eine unheilbare Wunde, sind aber ein sichtbarer Beweis, dass auf übergroße Freude und Verschwendung grosser Kummer und Reue folgt«*, bilanzierte mitleidslos der Geistliche Johann Valentin Andreä, der das Kind getauft hatte.

Dreimal noch wurde Anna Catharina Mutter. In den folgenden vier Jahren kamen zwei Söhne und eine Tochter zur Welt und um keines von ihnen musste sie trauern. 14 Kinder hatte die Herzogin geboren und immerhin neun von ihnen sollten das Erwachsenenalter erreichen. Anna Catharina, deren Herkunft für einen württembergischen Herzog eigentlich nicht gut genug gewesen war, zeigte sich als vorbildliche und fromme Landesherrin. Ihren Untertanen begegnete sie *»ohne Ansehen ihres hohen Stands gar freundlich, demütig und sanftmütig«*, hatte ein offenes Ohr für die Sorgen und Nöte der einfachen Leute und setzte sich bei ihrem Mann für deren Belange ein. Vielen erwies Eberhard *»(be)sondere Gnad«*. *»Aus Barmherzigkeit«* versorgte sie die Kranken und Armen mit *»nuzlichen Arzney«* und *»anderen benötigten Mitteln«*. Lediglich der *»wenig haushälterische Sinn«* der Herzogin gab hin und wieder Anlass zur Kritik.

Der Geistliche Johann Valentin Andreä

Anna Catharina sollte keine Kinder mehr bekommen. Ihr eigener Gesundheitszustand verschlechterte sich besorgniserregend. Sie war wohl schon längere Zeit *»mit Krankheiten und Schwachheiten mehrfältig heimgesucht und beleget worden. Besonders vor dreien, und auch in dem letzten halben Jahr.«* Nach einem *»Schlagfluß«* an Karfreitag 1655 habe sie zwar allmählich wieder sprechen können, aber ihre Leiden hatten ihr *»dermaßen hart und beschwerlich zugesetzet, dass sie fast keinen Schlaf mehr und weder Tag noch Nacht Ruhe haben können«*. Die letzten Tage der Herzogin waren eine einzige Qual. Sie litt unter ständigen *»grausamen, scharfen und unnachlässigen Schmerzen von Nieren, Steinen und Grieß«*, die verabreichten Medikamente zeigten keine Wirkung. Die Sterbende stieß Seufzer aus, betete und schrie.

Am Abend des 26. Juni 1655 spürte Anna Catharina, dass *»keine Besserung in diesem Leben mehr zu (er)hoffen«* sei. Sie ließ alle neun Kinder zu sich kommen, um *»denselben den letzten mütterlichen Kuß«* zu geben und *»den letzten Kindlichen von denen (zu) empfangen«*. Die Herzogin segnete ihre Söhne und Töchter *»herzlich und mit großer Gemütsbewegung«* und wünschte ihnen, *»dass Gott in allen Gnaden ob ihnen halte und an Seel und Leib sie benedeie«*. Vor allem ihren Ältesten, Johann Friedrich, bat Anna Catharina eindringlich, Gott zu ehren und nach seinen Geboten zu leben, seinem Vater gehorsam zu sein und die Geschwister brüderlich zu lieben. Tief bewegt nahmen die anwesenden Erwachsenen Anteil am Abschied der Herzogin. Anna Catharina starb wenige Stunden später, gegen zwei Uhr am Morgen des 27. Juni 1655 einen bitteren Tod. Sie war 41 Jahre alt geworden.

Epilog

Leider ist das Vermächtnis der Anna Catharina von Württemberg kaum überliefert. Nur wenige Spuren führen zu einer Frau, die inmitten stürmischer Zeiten an der Seite des Herzogs von Württemberg stand. Aller Bedenken ihres Umfelds zum Trotz hatte das herzogliche Paar eine solide und augenscheinlich zufriedene Ehe geführt. Anlässlich des Todes seiner Frau ließ Eberhard III. in einer Verlautbarung öffentlich verkünden, dass *»nun durch diesen höchstleidigen allzu frühzeitigen Verfall nicht allein wir und unsere fürstlichen Kinder, sondern auch unseres Hauses sämtliche Anverwandte in höchste Betrübnis und Traurigkeit leider gesetzt werden«*. Im Herzogtum durften *»fürhin kein Saiten oder andere Spiel gebraucht«* werden, *»Tanz, Banqueten, Gesellschaft, Schiessen und andere dergleichen Freuden und Kurzweil«* waren verboten. Hochzeitspaaren war zwar gestattet, *»ihren Kirchgang miteinander (zu) halten«*, auf *»Spiel und fröhliche Solemnitäten«* mussten sie dagegen bei Strafandrohung verzichten.

Als Anna Catharina am 23. August in der Stuttgarter Stiftskirche zu Grabe getragen wurde, bestätigte der Prediger in seiner Ansprache die große Fürsorge der Herzogin zu ihrem Mann. Dem Pathos der Zeit gemäß pries er ihr Verhalten als *»dergestalt liebreich und freundlich, so ehrerbietig und gehorsam, so sorgfältig für dessen Gesundheit und alle Wohlfahrt«*. Der Herzog seinerseits habe seine Frau *»bis in den Tod geliebet und nicht anders als mit großem Leid und Bekümmernis«* werde sie ihm fehlen.

Anna Catharinas Sohn Wilhelm Ludwig, der nach seinem Vater Herzog wurde.

Nur kurze Zeit nach Anna Catharinas Tod wurden auch die sterblichen Überreste der in Straßburg verbliebenen Herzogsmutter Barbara Sophie nach Stuttgart überführt. In der Gruft der Herzöge fand sie in der Nähe ihrer Schwiegertochter ihre endgültige Ruhestätte.

Der verwitwete Eberhard blieb nicht lange allein. Bereits im Juli 1656 heiratete er in zweiter Ehe die erst 15-jährige Maria Dorothea Sophia von Oettingen-Oettingen, mit der er nochmals elf Kinder zeugte. Damit hatte er dem Haus Württemberg die stattliche Zahl von 25 legitimen Nachkommen beschert. Weiterhin verfolgte Eberhard III. konsequent den Aufbau des Herzogtums. Nachdem er Wirtschaft und Verwaltung neu gestaltet hatte, wandte er sich in seiner zweiten Regierungsphase verstärkt kulturellen Belangen zu. Neben den notwendigen Bautätigkeiten im Stil der Spätrenaissance standen höfische Repräsentation und der Aufbau einer Kunstsammlung im Vordergrund. Wie alle Fürsten jener Zeit war er darauf bedacht, seine Macht angemessen zur Schau zu stellen. Im Juli 1674 starb er mit knapp 60 Jahren an einem Schlaganfall. Nachdem der Erstgeborene des Herzogs während einer Englandreise den Blattern zum Opfer gefallen war, übernahm Anna Catharinas Sohn Wilhelm Ludwig die Regentschaft über das Herzogtum Württemberg.

Johanna Elisabetha von Baden-Durlach

(1680–1757)

»Gott erbarme sich unseres Zustandes!«

Ränkespiele

Mit üppig-verspielter Pracht hatte das Barockzeitalter Einzug gehalten und prägte Kunst, Architektur, Musik und höfische Lebensart gleichermaßen. Nahezu idealtypisch repräsentierte Frankreichs Sonnenkönig Ludwig XIV. die Strömung seiner Zeit. Vor den Toren der französischen Hauptstadt Paris hatte er sich mit Versailles ein stattliches Schloss erbauen lassen, das eine ebenso stattliche Hofhaltung mit vibrierendem Leben erfüllte. Unzählige Menschen drängten sich auf den Treppen und Galerien, Gemächern und Prunksälen, denn neben den ohnehin im Schloss lebenden Mitgliedern der Familie, der Regierung und des Adels verzeichnete Versailles einen steten Besucherstrom. Umschwirrt von Höflingen und Hofschranzen wurde Privatsphäre zum Luxusgut. Trotzdem oder gerade deswegen vollzogen sich in den königlichen Schlafgemächern radikale Veränderungen. Aus den diskreten Affären, die der König zur Befriedigung seiner intimen Bedürfnisse führte, entwickelte sich am französischen Hof die exklusive Stellung einer *Maîtresse en titre*. In einer somit legitimierten Beziehung gewannen diese meist schönen, geistreichen und geschickt taktierenden Frauen nach und nach bedeutenden Einfluss auf das gesamte Hofgeschehen und darüber hinaus. Als Favoritin wiesen sie selbst der rechtmäßigen Königin eine Statistenrolle zu. Bald führte kein Weg mehr an ihnen vorbei.

Die Opulenz des französischen Hofes machte Schule. In Eberhard Ludwig fand auch das Herzogtum Württemberg seinen barocken Herrscher. Eine junge Dame aus niederem Adel verstand es geschickt, den Fürsten an sich zu binden und in den Rang einer offiziellen Mätresse aufzusteigen. Die eigentliche Herzogin, Johanna Elisabetha von Baden-Durlach, führte nahezu 25 Jahre lang ein Dasein im Schatten der Geliebten ihres Mannes. Mühsam versuchte sie, ihre Stellung und ihr Ansehen zu wahren. Als der Herzog schließlich zu seiner Frau zurückkehrte, geschah dies ausschließlich aus dynastischen Gründen. Doch sein Kalkül sollte nicht mehr aufgehen.

Die Markgrafentochter

Nach dem Ende des Dreißigjährigen Krieges war es lange friedlich geblieben in den deutschen Landen. Diese Zeit neigte sich ihrem Ende zu, als in Frankreich ein junger Herrscher die Macht ergriff. Westlich des deutschen Reichs etablierte sich fortan eine aufstrebende Großmacht, die zunehmend Unruhe verbreitete. König Ludwig XIV. suchte nach einer Vormachtsstellung in Europa und begann damit, sein Staatsgebiet zu arrondieren. Für die westdeutschen Fürstentümer entlang der Rheingrenze bedeutete dies eine ständige Gefährdung durch den starken französischen Nachbarn. Die kleine protestantische Markgrafschaft Baden-Durlach war aufgrund ihrer exponierten Lage zwischen Rhein und Schwarzwald von dieser Entwicklung besonders tangiert.

Aufmerksam beobachtete Markgraf Friedrich VII. Magnus die Vorgänge jenseits des Rheins. Er lebte mit seiner Frau Augusta Maria, einer geborenen Herzogin von Holstein-Gottorp, in der Residenzstadt Durlach. Das Paar bewohnte die Karlsburg, ein ehemaliges Jagdschloss, das von den Vorgängern des Markgrafen seit der Mitte des 16. Jahrhunderts zu einer repräsentativen Residenz ausgebaut worden war. Südöstlich des Schlosses hatte man einen Lustgarten im Renaissance-

Stil angelegt, reich an seltenen Blumen und Gewächsen. Er beherbergte einen malerischen Zypressenhain in Form *»einer Einsiedelei, in dem sich das Geflüster der Bäume mit dem Schlagen der Nachtigallen und dem Plätschern einer Wasserkunst mischte«*, wie ein zeitgenössischer Besucher niederschrieb. Die Anlage wies ein Lusthaus aus und einen Küchengarten, eine dreireihige Lindenallee und verschiedene Monumente.

Markgraf Friedrich VII. Magnus von Baden-Durlach, Johanna Elisabethas Vater.

Eine zahlreiche Nachkommenschaft füllte die Residenz mit Leben. Am 3. Oktober 1680 wurde die Markgräfin von Baden-Durlach auf der Karlsburg von ihrem siebten Kind entbunden, einem Mädchen. Johanna Elisabetha wuchs inmitten eines weiterhin wachsenden Geschwisterkreises auf und wurde im Stil der Zeit standesbewusst und fromm erzogen. Als sie acht Jahre alt war, brach das lange befürchtete Unglück über die badischen Lande herein. Nachdem Ludwig XIV. durch zahlreiche Annexionen die von ihm gewünschte Rheingrenze befestigt hatte, erhob er nach dem Tod des pfälzischen Kurfürsten Ansprüche auf dessen Territorium. Aus der komplexen Vernetzung dieser Forderung entstand der *Pfälzer Erbfolgekrieg*, in dessen Verlauf die Franzosen zahlreiche Städte der Pfalz, Württembergs und Badens in Schutt und Asche legten.

Am 15. August 1689 nahm Frankreich die Residenzstadt Durlach ins Visier. Nachdem die Karlsburg den Dreißigjährigen Krieg wie durch ein Wunder ohne nennenswerte Schäden überstanden hatte, traf sie diesmal die ganze Wucht des französischen Angriffs. Die Soldaten wüteten fürchterlich; bald

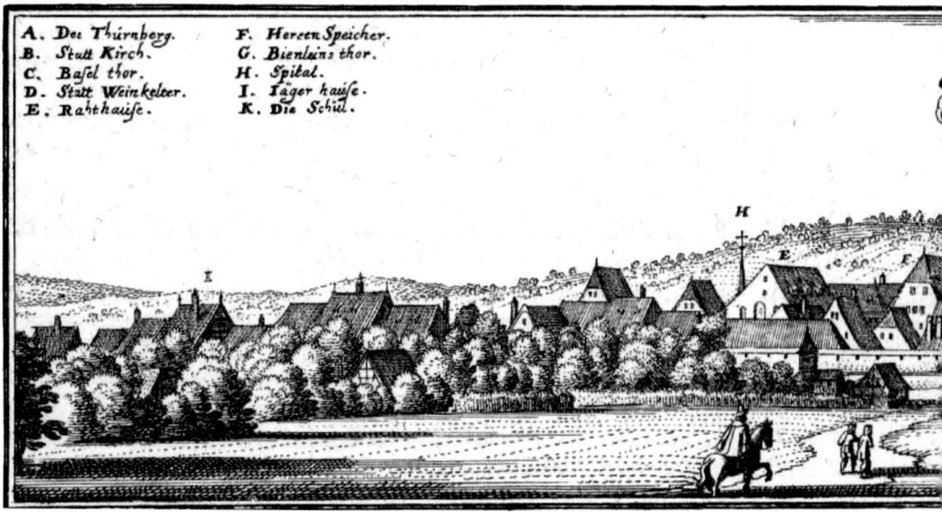

Vor diesem Kamin in der Karlsburg mag Johanna Elisabetha mit ihren Geschwistern gespielt haben.

Durlach mit der Karlsburg, Johanna Elisabethas Heimatort.

brannten Stadt und Schloss lichterloh. Als sich die Rauchschwaden verzogen hatten, standen von Johanna Elisabethas Zuhause nur noch die Grundmauern. Lediglich den *Prinzessenbau* hatten die Flammen verschont. Die ganze Stadt war zerstört, nur die Mauern der Türme und der Kirche sowie wenige aus Stein gebaute Häuser waren übriggeblieben. Hie und da erkannte man einen Torbogen, der einst zwischen den Fachwerkhäusern gestanden hatte.

Johanna Elisabetha war der grausame Anblick dieser Ruinen erspart geblieben, denn ihr Vater hatte Durlach mitsamt Familie rechtzeitig verlassen und in Basel Zuflucht gesucht. Aufgrund der instabilen politischen Lage waren dort bereits Jahre zuvor Liegenschaften angekauft und zur sicheren Ausweichresidenz ausgebaut worden. Die Markgrafen besaßen in Basel zudem seit nahezu 150 Jahren das Bürgerrecht. Johanna Elisabetha, ihre Eltern und Geschwister bezogen den *Durlacher Hof*, ein Palais, das dem Markgrafen nicht zum ersten Mal Exil bot. Viele Jahre sollte es dauern, bis an eine Rückkehr nach Baden zu denken war; die wiederkehrenden

Einfälle der Franzosen verhinderten mehr als eine ganze Dekade lang den Wiederaufbau von Stadt und Schloss Durlach.

Heirat über Kreuz

Nicht nur Baden litt unter den französischen Aggressionen; längst hatte der Krieg Württemberg erreicht. Ein erster Feldzug der Franzosen war in seinen Auswirkungen verheerend gewesen, denn das Herzogtum hatte seine betont neutrale Haltung inzwischen aufgegeben und sich in der Auseinandersetzung mit Frankreich auf die Seite des Kaisers geschlagen. Seit den letzten Herzog im Alter von nur dreißig Jahren der Tod ereilt hatte, war eine Interimsregierung mit den Staatsgeschäften betraut. Neben der komplizierten Sicherheitslage hatte dem eingesetzten Administrator vor allem die Herzogswitwe Magdalena Sibylla das Leben schwergemacht. Sie war es schließlich, die eine günstige Gelegenheit für seinen Sturz suchte. Durch eine List überzeugte die resolute Dame den Kaiser von der Notwendigkeit, ihren minderjährigen Sohn vorzeitig mündig zu sprechen, damit er das Erbe seines verstorbenen Vaters antreten könne.

Der französische General Mélac. Wegen seiner grausamen Feldzüge »Mordbrenner« genannt.

Als Eberhard Ludwig von Württemberg Anfang Februar 1693 die Regentschaft übernahm, war er erst 16 Jahre alt. Im gleichen Jahr fielen die Franzosen abermals ins Land ein. Die zügellosen, enthemmten Soldaten brachten auf ihren Durchmärschen viel Leid über die Ortschaften, derer sie sich bemächtigten. Dass in den Folgejahren solche Einfälle weitgehend verhindert werden konnten, verdankte Eberhard Ludwig weniger dem eigenen militärischen Geschick als vielmehr dem Markgrafen Ludwig Wilhelm von Baden-Baden. Der unter dem Namen *Türkenlouis* bekannte und erfahrene Feldherr führte den Oberbefehl über die

Eberhard Ludwig als Kind (rechts), seine Mutter Magdalena Sibylla (links) und Friedrich Carl, der Administrator des Herzogtums (oben).

kaiserlichen Truppen am Oberrhein. Durch seine militärische Unterstützung und dem von ihm initiierten Bau befestigter Linien konnte das Land besser geschützt werden.

Fortan war Württemberg hauptsächlich Aufmarschgebiet für die deutschen und österreichischen Armeen. Dem jungen Herzog war die Intervention des *Türkenlouis* nur recht gewesen, denn Eberhard Ludwig zeigte sich an politischen Themen nur wenig interessiert. Stattdessen widmete er sich herzoglichen Vergnügungen wie der Jagd. Zeitgenossen bestätigten, dass des jungen Regenten Geist *»sehr wenig ausgebildet worden, er war voller Lust und Sinnlichkeit, aus Lüsternheit und Langeweile verlangte er immerwährende Abwechslung und*

Medaille zur Hochzeit von Johanna Elisabetha und Eberhard Ludwig im Jahr 1697.

Zerstreuung«. Die lästigen Regierungsgeschäfte überließ er gerne dem *Geheimen Rat.*

Vermutlich auf die Initiative seiner Mutter Magdalena Sibylla hin kam es wenige Jahre später zu Heiratsplänen für den inzwischen 21-Jährigen. Mit dem protestantischen Haus Baden-Durlach verband die Herzogsmutter eine enge Verwandtschaft, daher wird angenommen, dass sie gemeinsam mit ihrer Tante Maria Augusta von Baden-Durlach eine badisch-württembergische Kreuzheirat konzipierte. Damit knüpften sich die zwischen den beiden Häusern bestehenden Bande noch enger. Nach den Plänen der Mütter sollte Eberhard Ludwig die knapp siebzehnjährige Johanna Elisabetha heiraten, für seine Schwester Magdalene Wilhelmine war der badische Erbprinz und spätere Begründer der Stadt Karlsruhe, Karl Wilhelm, ausersehen. Eine Heirat unter zwei Geschwisterpaaren – und wie üblich hatten sich die vier Protagonisten dieser Inszenierung noch nicht einmal zu Gesicht bekommen.

Johanna Elisabetha war also für die Rolle einer Herzogin von Württemberg ausgesucht worden und musste an die Seite des lebenslustigen Eberhard Ludwig treten. Damit nahm ihr Schicksal seinen Lauf. Zeitgenössischen Berichten zufolge war sie keine besonders ansprechende Erscheinung. Als der württembergische Herzog seiner künftigen Gemahlin erstmals gegenüberstand, soll er bei ihrem Anblick geradezu erschrocken sein. Deutlich besser gefiel ihm die Hofdame Friederike Auguste von Menzingen, die dem Gefolge Johanna Elisabethas angehörte. Es wurde sogar behauptet, dass Eberhard Ludwig in diese Heirat nur eingewilligt habe, um das hübsche Hoffräulein künftig in seiner Nähe zu wissen.

Derweil begannen die Hochzeitsvorbereitungen; voraus gingen die üblichen Heiratsverhandlungen. Zu Beginn des Wonnemonats Mai wurden die Eheverträge unterzeichnet. Der Markgraf setzte seiner Tochter 10 000 Gulden als Heiratsgut aus und versprach eine angemessene Aussteuer. Eberhard Ludwig sagte eine Morgengabe von 7500 Gulden zu und gewährte Johanna Elisabetha ein jährliches Handgeld von 1000 Gulden. Anschließend verfügte der Herzog in einem Dekret, dass seine Verlobung von den Kanzeln Württembergs verkündet und das Bußgebet um folgenden Absatz erweitert werden solle: *»Behüte wie einen Augapfel Ihrer Fürstlichen Durchlaucht Herzliebste Gemahlin.«*

Am 6. Mai 1697 feierten Johanna Elisabetha und Eberhard Ludwig im *Durlacher Hof* zu Basel ein prächtiges Hochzeitsfest. Kurz darauf brachen die frisch Vermählten in Richtung Stuttgart auf. Johanna Elisabethas Gefolge bestand aus der Dienerschaft und den nächsten Verwandten; insgesamt 38 Personen und 44 Pferde bildeten ihr Geleit. Tübingen empfing den Herzog und seine Frau auf ihrem Durchzug mit einer dreifachen Salve und einem eigens für diesen Tag verfassten *»Frohlockende(n) Wunsch- und Freudengedicht«:*

Des Himmels Meisterstück / der Schönheit Wonn und Sonn
Ist dies: Die Liebe sagt: Ein Fürstin von Geblüte,
Ein Außzug keuscher Lust / ein Spiegel von Gemüthe
Der Tugend und Verstandes / der Nymphen Ehren-Kron
Herr Friedrich der Groß / vor dem sich Baden beuget
Und mithin auch der Rhein / hat dieses Bild gezeuget.

Johanna Elisabetha und Eberhard Ludwig erreichten Stuttgart am 15. Mai. Die Ankunft des Herzogspaares war detailliert ausgearbeitet worden. 40 bis 50 Personen aus der Bürgerschaft, *»best bekleidet«* begrüßten Johanna Elisabetha bei ihrem Einzug durch das Hauptstätter Tor. Eine eigens abgestellte Leibgarde mit neu uniformierten Gardisten wartete der neuen Herzogin hoch zu Ross im Schlosspark auf. Damit nach der anstrengenden Reise noch eine kurze Erholungspause blieb, wurde an diesem Tag auf große Empfänge verzichtet. Anderntags feierte man in Stuttgart ein zweites, prunkvolles Hochzeitsfest.

Das Herzogspaar lebte fortan im Stuttgarter Schloss. Bereits vor der ersten Jahrtausendwende als Wasserburg erbaut, befand sich die Anlage seit dem 13. Jahrhundert im Besitz der Grafen und Herzöge von Württemberg. Herzog Christoph hatte mit der Umgestaltung der wehrhaften Burg zu einem repräsentativen Schloss begonnen, bis heute prägen neben der mittelalterlichen Ansicht die Gestaltungselemente der Renaissance den Charakter des Gebäudes. Im Ostturm hatte Johanna Elisabetha ihren Audienzsaal, im Vorgemach der Herzogin befand sich ein prächtiger Kamin. Eberhard Ludwig hielt sich nur wenig im Schloss und damit in der Nähe seiner Gattin auf, deren frommen, strengen Wesen er nichts abgewinnen konnte. Zwar kam er zumindest anfangs seinen ehelichen Pflichten nach, doch wie erwartet dauerte es nicht lange, bis das Hoffräulein von Menzingen zur fürstlichen Geliebten wurde. Mit der Geburt des Thronerben Friedrich Ludwig am frühen Morgen des 14. Dezember 1698 sah der Herzog seine dynastische Aufgabe als erfüllt an und zog sich zurück. Er verfolgte andere Pläne.

Württembergs Sonnenfürst

Während der ersten Regierungsjahre Eberhard Ludwigs war es zwischen ihm und den württembergischen Landständen relativ ruhig geblieben. Nach dem Friedensschluss von Rijswijk, der dem *Pfälzer Erbfolgekrieg* ein Ende gesetzt hatte, wurde jedoch klar, dass er künftig keine Einmischung in seine Entscheidungen mehr dulden würde. Eberhard Ludwig verkündete, dass er als ein *»großer Fürst«* regieren wolle. Taktisch geschickt entzog er den Landständen allmählich ihre Rechte. Bald hatte er sein Ziel erreicht und herrschte fortan in despotischer Alleinregierung. Dem Volk wurden hohe Steuern auferlegt, um die fürstliche Stellung mit prunkvollen Bauten, aufwändigen Jagdinszenierungen und Hoffesten, Opernaufführungen und anderen Vergnügungen in Szene zu setzen. Wie viele deutschen Fürsten folgte er damit dem Trend seiner Zeit im Streben nach Macht, Größe und barocker Repräsentation. Der *Türkenlouis* und der französische Sonnenkönig Ludwig XIV. waren ihm große Vorbilder. Politisch agierte Eberhard Ludwig indes wesentlich zurückhaltender als der Franzose. Kaiser und Reich blieb er treu verbunden. Außenpolitisch vertrat er eine gemäßigte Linie, zeigte aber eine große Vorliebe für alles Militärische und stand persönlich in Diensten des Kaisers.

Vorbild des württembergischen Herzogs: Sonnenkönig Ludwig XIV. von Frankreich.

Da Eberhard Ludwig bisher keine Gelegenheit gefunden hatte, die allgemein übliche Kavalierstour zu absolvieren, brach er im Jahr 1700 zu einer größeren Reise auf. Seine Frau ließ er leichten Herzens im Stuttgarter Schloss zurück. Die Route führte ihn zunächst an einige deutsche Höfe, anschließend bereiste er die Niederlande und Frankreich.

Die dort neu entstandenen und an Prunk kaum zu übertreffenden Barockbauten beeindruckten ihn nachhaltig.

Mit ziemlicher Sicherheit besuchte der im Ausland weitgehend inkognito reisende Herzog auch die alles übertreffende Anlage von Versailles mit ihrer kostbaren Ausstattung aus Marmor, Gold und Alabaster und der sie umgebenden geometrisch angelegten Parkanlage. Längere Zeit verbrachte Eberhard Ludwig in England und erst im Jahr 1701 kehrte er, reich an neuen Eindrücken und architektonischen Ideen, nach Württemberg zurück. Umgehend wurde mit der Umsetzung seiner frisch gewonnenen Anregungen begonnen. Aus dem nördlich der Stadt Stuttgart gelegenen Erlachhof sollte ein kleines Jagdschlösschen werden, zahlreiche weitere Lust- und Jagdschlösser wurden verschönert oder neu errichtet.

Der junge Eberhard Ludwig als kaiserlicher General

Kurz nachdem Eberhard Ludwig seine Kavalierreise beendet hatte, brach erneut Krieg aus. Im *Spanischen Erbfolgekrieg* standen sich Frankreich und Habsburg erneut als Hauptkontrahenten gegenüber, da sowohl Ludwig XIV. als auch der Kaiser Ansprüche auf den spanischen Thron erhoben hatten. Württemberg unterstützte nach wie vor den Kaiser und Eberhard Ludwig hatte inzwischen erkannt, welch immenser Prestigegewinn aus erfolgreich verlaufenden militärischen Auseinandersetzungen erwachsen konnte. In den folgenden Jahren war Württemberg immer wieder in Feldzüge involviert, führte diverse Bündnisverhandlungen. Eberhard Ludwig stand persönlich im Feld und führte seine Truppen an, kämpfte an diversen Fronten und eine lange Zeit am Rhein. Im Land selbst fanden nur wenige Kampfhandlungen statt. Erst 1714 sollte der *Spanische Erbfolgekrieg* ein Ende finden.

Prunkvolle Bauten und barocke Architektur faszinierten den württembergischen Herzog.

Neben seinen militärischen Aktivitäten, die ihm letzten Endes den Titel eines Generalfeldmarschalls eintrugen, fand Eberhard Ludwig noch genügend Zeit für seine zahlreichen Vergnügungen. Unter anderem frönte der Herzog seiner Jagdleidenschaft und stiftete zu Beginn des 18. Jahrhunderts mit dem Hubertusorden den ersten württembergischen Hausorden, um damit seinen Jagdgesellschaften einen glanzvollen Rahmen zu geben. Zudem verfolgte er konsequent seine architektonischen Pläne. Da Eberhard Ludwig das Alte Schloss in Stuttgart eines prestigebewussten Herrschers nicht mehr würdig genug erschien, wandte er sich verstärkt dem Erlachhof zu. Aus dem im Bau befindlichen Jagdlustschloss in der wald- und seenreichen Hügellandschaft vor den Toren Stuttgarts entwickelte sich alsbald ein ehrgeiziges Großprojekt.

Johanna Elisabetha als junge Frau um 1700. Ihr Mann wandte sich bald nach der Hochzeit von ihr ab.

1705 erließ der Herzog den Befehl, *»dass fürderhin der Erlachhof nimmer mit diesem Namen genannt werden soll, sondern Ludwigsburg«*. Im Laufe der folgenden Jahre entstand unter den Baumeistern Jenisch, Nette und Frisoni eines der eindrucksvollsten Barockschlösser Deutschlands. Für die Bevölkerung bedeuteten die hochfliegenden Pläne ihres Herzogs dagegen immense Opfer. Das Land, das Eberhard Ludwig regierte, war mit 340 000 Einwohnern ein mittelgroßes Territorium des Reiches und verhältnismäßig arm. Obwohl sie selbst kaum genug für den Eigenbedarf erwirtschaften konnten, wurden die Bauern für Frondienste zwangsverpflichtet und den Bürgern für die Finanzierung des Schlosses immer neue Abgaben auferlegt. Die verantwortungslose Verschwendungssucht und offenkundig fehlende Moral ihres Herrschers lief den religiösen und sittlichen Vorstellungen der Menschen im Land ohnehin zuwider. Unmut machte sich breit.

Die Nöte seines Volkes kümmerten Eberhard Ludwig indes herzlich wenig, er blickte vor allem auf sich selbst. Ein französischer Gesandter beschrieb den Herzog während eines Aufenthaltes am württembergischen Hof als ziemlich groß und gutaussehend, aber gleichzeitig als oberflächlich und unbeständig. *»Er hat die ganze Lebhaftigkeit seines Alters, denn er bleibt keinen Augenblick auf der gleichen Stelle, so dass ich mich praktisch nicht mit ihm unterhalten konnte.«* Weiter urteilte der Diplomat: *»Dieser Prinz ist so zerstreut und so seinen Vergnügungen hingegeben, dass er nur das Spiel und Plaudereien liebt.«* Als gütigen Landesvater betrachtete sich Eberhard Ludwig genauso wenig wie als treusorgenden Familienvater.

So kam es, dass Johanna Elisabetha ins Abseits geriet, je mehr die barocke Lebensweise am Hof Einzug hielt. Protzige Repräsentation entsprach nicht ihrer Wesensart und die bestehenden Spannungen zwischen ihr und ihrem Ehemann taten ein Übriges. Sicher ahnte Johanna Elisabetha nicht, dass dadurch einer Entwicklung Vorschub geleistet wurde, die ihr in den kommenden Jahrzehnten das Leben schwer machen sollte. Denn im Jahr 1706 spann sich um den ahnungslosen Herzog Eberhard Ludwig eine weitreichende Intrige.

Un ménage à trois

Schöne Frauen hatten den württembergischen Herzog von jeher begeistern können. Zudem galt er als leicht beeinflussbar – und genau diese beiden Schwächen Eberhard Ludwigs wurden vom Hofadel geschickt ausgenutzt, um durch die gezielte Positionierung einer Mätresse die eigene Macht am Hof zu stärken. Der Hofmarschall und Geheime Rat Johann Friedrich von Staffhorst wurde zur treibenden Kraft in diesem Spiel. Zunächst hatte er versucht, Johanna Elisabethas Kammerfräulein von Menzingen als Favoritin zu lancieren; als deren Liaison mit dem Herzog unvermutet endete, vermählte sich der Hofmarschall kurz entschlossen selbst mit der hübschen Badenerin. Sein Ziel behielt Staffhorst dennoch fest im Auge und ersann alsbald einen neuen Plan.

Der mecklenburgische Offizier Friedrich Wilhelm von Grävenitz stand seit zwei Jahren als Kammerjunker in Diensten des württembergischen Herzogs. Seine zwanzigjährige Schwester Wilhelmine lebte mit der verwitweten Mutter in der mecklenburgischen Provinzstadt Güstrow. Obwohl die Familie altmärkischem Adel entstammte, gestalteten sich die Grävenitz'schen Verhältnisse recht bescheiden. Staffhorst befand, dass Wilhelmine die richtige Frau für sein Vorhaben wäre und wies Friedrich Wilhelm von Grävenitz an, seine Schwester nach Stuttgart zu holen.

Der Kammerjunker erkannte schnell, dass ihm ein solches Arrangement zum persönlichen Vorteil gereichen konnte und unterbreitete seiner Schwester ein entsprechendes Angebot. Die junge Frau, intellektuell hochbegabt und äußerst ehrgeizig, sagte erfreut zu und machte sich baldmöglichst auf die Reise nach Württemberg. Als sie Stuttgart erreichte, fand sie zunächst im Hause der Staffhorsts Unterschlupf, denn im Komplott um den Herzog mischten neben dem Hofmarschall auch dessen Frau und zahlreiche weitere Personen mit. Frau von Staffhorst nahm die junge Frau unter ihre Fittiche, bereitete sie auf ihre künftige Rolle vor und sorgte für eine umfangreiche und prächtige Garderobe.

Die Pläne der Intriganten gingen auf. Bei einer Komödie, die der Hofadel für den Herzog aufführte, trat Wilhelmine erstmals öffentlich auf. Sie war eine aparte, hochgewachsene und schlanke Erscheinung und verstand es, sich und ihre Vorzüge gekonnt in Szene zu setzen. Ein französischer Musiker hatte sie in Orgelspiel, Tanz und Gesang unterrichtet und so brillierte Wilhelmine mit einer klangvollen Altstimme. Neben ihrer musischen Begabung besaß sie gute Kenntnisse in französischer Sprache und Literatur. Ihre sicheren Umgangsformen, ihr Sinn für alles Schöne und ihre charmante Intelligenz faszinierten Eberhard Ludwig. Es dauerte nicht lange, bis Wilhelmine von Grävenitz zur herzoglichen Mätresse wurde. Das Werk des Hofmarschalls war gelungen.

Während ihrer ersten Zeit am Stuttgarter Hof wurde Wilhelmine von Grävenitz nicht nur vom Herzog bewundert und verehrt. Durch kluges und überlegtes Verhalten gewann sie schnell den Respekt und die Zuneigung der Menschen. Wilhelmine stand am Beginn einer großen Karriere. Bald entwuchs sie der ihr zugedachten Rolle, die sich im Wesentlichen auf die Erfüllung der erotischen Bedürfnisse des Herzogs und die Wahrnehmung der Staffhorst'schen Interessen hätte beschränken sollen. Denn Eberhard Ludwig entwickelte ernsthaﬅe Gefühle für Wilhelmine und betrachtete sie bald als die Liebe seines Lebens.

Wilhelmine von Grävenitz. Sie besaß die ganze Liebe Eberhard Ludwigs.

Wilhelmine nutzte diese Situation in eigener Sache und rang ihm ein Heiratsversprechen ab. Der Herzog von Württemberg und seine Mätresse ließen sich bereits Ende Juli 1707 kirchlich *zur linken Hand* trauen. Solche morganatischen Eheschließungen waren in Fürstenkreisen durchaus nicht unüblich. Ein Problem wurde daraus, als der Herzog diese Ehe für rechtlich vollgültig erklären ließ und öffentlich machte. Dabei ging er gezielt vor. Zunächst sollten die Geschwister von Grävenitz in den Grafenstand erhoben werden. Wilhelmines Bruder Friedrich Wilhelm wandte sich diesbezüglich im September 1707 direkt an den Kaiser in Wien und bat schriftlich darum *»mich Friedrich Wilhelm von Grävenitz wie auch meine Schwester Christina Wilhelmina als Grafen und Gräfinnen zu decalieren ... und das gewöhnliche Diploma darüber ausfertigen zu lassen«*. Wilhelmine wurde der Titel einer *Reichsgräfin von Urach* zuerkannt.

Im November beorderte Eberhard Ludwig seine Geheimen Räte nach Urach und teilte ihnen mit, dass Wilhelmine von Grävenitz nun seine rechtmäßige Gemahlin sei. Er begründete sein Handeln damit, dass Wilhelmine ansonsten *»von Ihme alle Zeit entfernet zu sein begehret«* und nur als Ehefrau an seiner Seite bleiben wolle. Der Herzog machte unmissverständlich klar, dass seine Entscheidung endgültig sei und derjenige, der sie anzweifle, mit seiner Entlassung zu rechnen habe. *»Hierauf hat der Herzog die sogenannte Gräfin von Urach aus dem inneren Zimmer heraus geführet und dem ganzen Hof präsentiert, da dann sämtliche zugegen geweste Räte und Cavalliers ihre erste Reverence gemacht. Nachdem obvermelder Maßen die Declaration geschehen war, wurde auch öffentliche Tafel gehalten.«*

Eberhard Ludwig als junger Herzog, verheiratet mit zwei Frauen.

Gleichzeitig verlangte Eberhard die Zustimmung seiner Räte bezüglich des Ehevertrages. Dieser regelte unter anderem die Versorgung etwaiger aus dieser Verbindung hervorgehender Kinder – einen Anspruch auf die Nachfolge ihres Vaters besaßen sie nicht – und sah vor, dass seiner frisch angetrauten Frau eine jährliche Apanage in Höhe von 10 000 Gulden zustand. Das entsprach dem Zehnfachen dessen, was Johanna Elisabetha laut Ehevertrag zur Verfügung hatte. Ferner sollte Wilhelmine 2000 Gulden jährlich aus einem Kammerschreibereigut erhalten.

Eberhard Ludwig war nun mit zwei Frauen verheiratet und lebte damit in Bigamie – der Skandal war perfekt. Die Bekanntgabe der Doppelehe des Herzogs führte zu Verwunderung an den europäischen Fürstenhöfen und zu harscher Kritik im Land und am Hof. Eberhard Ludwig reagierte auf jede Unmutsäußerung mit kompromissloser Härte und zahlreiche Personen verloren im Zuge dieser Affäre ihre Ämter, darunter ihr Begründer, Hofmarschall von Staffhorst.

Die Hauptbetroffene dieses Eklats jedoch war Johanna Elisabetha und diese dachte nicht daran, Eberhard Ludwigs Vorgehen zu tolerieren. Nicht nur für sie, auch für ihre Familie war eine derart kompromittierende Situation nicht hinnehmbar. Am 15. November 1707 hatte Markgraf Friedrich Magnus von Baden-Durlach von der Zweitehe seines Schwiegersohnes erfahren und sondierte zunächst die Meinungen anderer Fürstenhäuser sowie die Stimmungslage am Wiener Hof. Mit seiner Tochter stand er in brieflichem Kontakt. Die Situation war schwierig. Ihm war nicht daran gelegen, Eberhard Ludwig als Landesherrn zu schädigen, zudem war klar, dass der Kaiser den württembergischen Herzog als Verbündeten im *Spanischen Erbfolgekrieg* brauchte. Eine öffentliche Verurteilung kam daher nicht in Frage.

Also suchte man einen diskreten Weg, um Eberhard Ludwig von der Unmöglichkeit dieser doppelten Ehe zu überzeugen. Schließlich gelang es einer kaiserlichen Kommission, ihn umzustimmen. Am 18. Juni 1708 wurde die Ehe mit Wilhelmine von Grävenitz annulliert, auch wenn der Herzog beteuerte, diese *»Separation tue ihm so wehe, als ob man ihm die Seele aus dem Leib risse«*. Im Hinblick auf seine Frau stellte er fest, dass die eheliche Beiwohnung *»von Gott oder sich selbst herkommen muß, auch sich gewiß durch andere nicht erzwingen lässt«*.

Wilhelmine von Grävenitz ließ sich ihren Verzicht großzügig vergüten. Ausgestattet mit der enormen Summe von 50 000 Gulden Entschädigung zog sie sich ins Schweizer Exil zurück, da ihr per kaiserlichem Dekret der Aufenthalt in Württemberg fortan untersagt war. Die Beziehung zu Eberhard Ludwig war deshalb keinesfalls beendet, auch wenn für ihn die offizielle Aussöhnung mit seiner Gemahlin anstand. Dieser Vorgang gestaltete sich erwartungsgemäß schwierig, auch wenn Johanna Elisabetha vermutlich nicht wusste, dass ihr Gatte weiterhin regelmäßigen Umgang mit seiner Mätresse pflegte. Angesichts der tiefen Demütigungen, denen sie ausgesetzt gewesen war, hatte die Herzogin genaue Vorstellungen, wie der Weg zur Beilegung der Zwistigkeiten aussehen sollte. Ihr lag insbesondere daran, Wilhelmine von Grävenitz strafrechtlich zu belangen. Ob dabei ihr Ehrgefühl im Vordergrund stand oder sie für ihren Mann möglicherweise noch Gefühle hegte, lässt sich nicht mehr feststellen.

Jedenfalls erfuhr Johanna Elisabetha reichlich Rückhalt in ihrem Hofmeister von Phull, aber auch durch zahlreiche Fürstinnen, die sich mit ihr solidarisiert hatten und dies kundtaten. Ihr Vater, Markgraf Friedrich Magnus, bemühte sich dagegen um eine diplomatische Lösung und bat seine Tochter *»allen Groll, Haß, Neid, Feindschaft, Rachgier und Unversöhnlichkeit aus ihrem Herzen völlig zu verbannen«*. Sie solle sich besonnen benehmen, ihr Temperament zügeln und sich nicht gegen ihr Schicksal auflehnen. *»Eifersucht und Jalousie«* seien keine günstigen Voraussetzungen, die Liebe des Herzogs *»wider zuwegen zu bringen«*.

Karl III. Wilhelm von Baden, Bruder der Herzogin und Gründer der Stadt Karlsruhe. Zeitweise hatte er bis zu 60 Mätressen.

Zwei Anläufe, die Ehegatten miteinander auszusöhnen, scheiterten, denn Johanna Elisabetha bestand darauf, ihre Kontrahentin verurteilt zu sehen. Doch in dieser Angelegenheit konnte Eberhard Ludwig auf die Loyalität der anderen Fürsten und insbesondere der Habsburger zählen. Der kaiserliche Geheime Referendar machte der Herzogin schließlich deutlich, dass ihrem Ansinnen nicht entsprochen werde. Als zudem Johanna Elisabethas Vater und damit einer ihrer stärksten Unterstützer starb, stand sie auf verlorenem Posten. Sein Sohn und Nachfolger Karl Wilhelm wollte vorrangig die belasteten Beziehungen beider Häuser normalisieren. So wurde ausgerechnet ihr älterer Bruder zu einem der Hauptgründe, weshalb Johanna Elisabetha letztlich gezwungen war, einem Aussöhnungsvertrag zuzustimmen, der ihre Belange kaum mehr berücksichtigte.

In diesem Vertragswerk musste die Herzogin erklären, künftig *»vor allen Sollicitationen (Gesuchen) gegen die Gräfin von Grävenitz«* Abstand zu nehmen. Der Herzog versprach im Gegenzug, seiner Frau *»ihrer vormalige aufrichtige und sincere Affection wieder(zu)schenken«* und bestätigte ihren Status als regierende Herzogin.

Durch seine Rückkehr von Ludwigsburg – dort hielt er sich inzwischen überwiegend auf – nach Stuttgart sollte bezeugt werden, dass der Unfrieden zwischen den Ehegatten aus der Welt geschafft sei. Allerdings gab es noch eine weitere, entscheidende Verfügung. Wilhelmine von Grävenitz wurde die Möglichkeit eröffnet, nach einer Heirat in das Herzogtum und damit in die Nähe Eberhard Ludwigs zurückzukehren. Johanna Elisabethas Bruder hatte gerade hinsichtlich dieses Passus in den Vertragsverhandlungen die Interessen seiner Schwester hinter die eigenen gestellt. Einer der Verhandlungspartner bemerkte, Karl Wilhelm sei *»auch im einen oder anderen Punkt auf Kosten der Herzogin sogar zu weit gegangen«*.

Dennoch erklärte Johanna Elisabetha ihrem Gemahl in einem Revers vom 23. Oktober 1710, mit der getroffenen Vereinbarung gänzlich zufrieden zu sein. Der Dreißigjährigen war schließlich nichts anderes übriggeblieben, wollte sie nicht als diejenige gelten, die für das Scheitern der Rekonziliation verantwortlich zeichnete. Also sicherte sie *»auf das Allerverbindlichste«* zu, ihr darin gegebenes Versprechen niemals zu brechen, *»sondern solches, solange ein Blutstropfen in meinen Adern sein wird, meinerseits unverbrüchlich zu halten«*. Zwei Monate später beschied Eberhard Ludwig dem Kaiser in einem offiziellen Schreiben, dass er mit seiner Frau eine *»solide Versöhnung zu ihrer vollkommenen Contento (Zufriedenheit) errichtet«* habe.

Doch allen *»ohnverbrüchlichen«* Versprechungen des Herzogs zum Trotz – wie sollte sich eine Beziehung per Dekret wiederherstellen lassen, die von vornherein niemals richtig bestanden hatte? Eberhard Ludwig vermisste an seiner Frau all das, was ihn zu Wilhelmine von Grävenitz hinzog. Johanna Elisabethas christliche Strenge stand in krassem Gegensatz zu Wilhelmines raffiniertem Charisma. Das herzogliche Paar hatte keinerlei Gemeinsamkeiten, während Eberhard Ludwig und Wilhelmine viele Interessen teilten. Für den Herzog stand außer Frage, dass Wilhelmine von Grävenitz zurückkehren musste. Ein ausgeklügelter Plan sollte daher für ein Arrangement sorgen, das seinen innigsten Wunsch erfüllte und nicht mehr angefochten werden konnte.

Die Favoritin

Eine zentrale Rolle bei der Umsetzung des herzoglichen Vorhabens spielte der württembergische Geheime Rat und Minister Heinrich von Schütz. Man hatte sich des Postens des Landhofmeisters erinnert, eines Amtes, das seit Jahrzehnten nicht mehr besetzt worden war, dessen Ausübung aber mit einer immensen Machtfülle verbunden war. Wäre Wilhelmine von Grävenitz die Frau des noch zu bestimmenden Landhofmeisters, stünde sie in der Rangfolge direkt hinter dem Herzog und seiner Frau und könnte sich ungehindert in Eberhard Ludwigs Nähe aufhalten. Folglich galt es, Wilhelmine offiziell in diese Position hineinzuverheiraten.

Heinrich von Schütz vermittelte den passenden Ehepartner in Person des unbedeutenden böhmischen Reichsgrafen Johann Franz Ferdinand von Würben, der durch seine Spielleidenschaft enorme Schulden aufgehäuft hatte. Die Aussicht auf eine Zahlung von 20 000 Gulden, die Würden eines Landhofmeisters, Geheimen Rats und Hofkriegspräsidenten bei vollen Bezügen machte es Würben nicht schwer, sich auf eine Scheinehe mit Wilhelmine von Grävenitz einzulassen. Nachdem er sich vertraglich verpflichtet hatte, die Ehe nicht zu vollziehen und seiner Frau einen ständigen Wohnsitz in Württemberg zuzugestehen, wurden die beiden Anfang Januar 1711 getraut. Würben kehrte nach Wien zurück und hielt sich wie versprochen relativ selten in Württemberg auf. Es sollte nur wenige Jahre dauern, bis er eines stillen Todes starb.

Johanna Elisabetha reagierte auf die neue Situation mit Erleichterung. In völliger Verkennung der Tatsachen äußerte sie sich ihrem Mann gegenüber hoch erfreut über die Heirat seiner Mätresse und betonte ihre Hoffnung, dass sich die-

Das Ludwigsburger Schloss während der Bauzeit um 1709/12

se Ehe positiv auf ihre eigene Beziehung auswirken möge. Währenddessen erwirkte Heinrich von Schütz in einem zweiten Schritt die Rückkehr der frisch vermählten Gräfin an den württembergischen Hof. Er hatte den Kaiser davon überzeugt, dass keinem Reichsfürsten verwehrt werden könne, *»die Gattin des vornehmsten Ministers an seinem Hof zu haben«*. Als Landhofmeisterin Gräfin Würben fand sich Wilhelmine bald darauf in Stuttgart ein. Dort bat sie Johanna Elisabetha um eine Audienz, da ihr *»Wollsein«* am Hof auch *»von ihrer Aufführung und der Herzogin Durchlaucht Gnade«* abhing. Diese weigerte sich, Wilhelmine zu empfangen und durchschaute allmählich die Hintergründe der Würben'schen Hochzeit.

Obwohl Eberhard Ludwig versicherte, dass sämtliche Differenzen zwischen ihm und seiner Frau ausgeräumt worden seien, war unverkennbar, worauf die Anwesenheit Wilhelmi-

Der Hofprediger Samuel Urlsperger wagte, den Herzog zu kritisieren und wurde des Hofes verwiesen.

nes abzielte. Um die Position der Gräfin zu schwächen, verlangte Johanna Elisabetha die gesellschaftliche Zurücksetzung des Ehepaares Würben. Eberhard Ludwig warf ihr daraufhin Rachsucht vor und erklärte, dass dies nicht möglich sei. So kam, was kommen musste. Aus ihrem gesicherten Status heraus konnte Wilhelmine die Beziehung zu Eberhard Ludwig fortführen. Die Ehe des Herzogpaares war damit endgültig zerrüttet.

Da Johanna Elisabetha nach wie vor dem Hoftreiben fern blieb, nahm Wilhelmine von Würben in ihrer Eigenschaft als Landhofmeisterin offiziell die Rolle der ersten Dame bei Hof ein. Im Jahr 1718 verlegte Eberhard Ludwig die Residenz dauerhaft in sein prächtiges Ludwigsburger Schloss, dem inzwischen eine eigens geplante Stadt angegliedert worden war. Der Herzog vertraute seiner Favoritin blind, bezog sie in alle Entscheidungen mit ein. Damit besaß Wilhelmine von Würben eine enorme Machtposition und spielte über viele Jahre eine zentrale Rolle am württembergischen Hof. Kritiker wurden umgehend mundtot gemacht. Als der Hofprediger Samuel Urlsperger die Vorgänge am Hof von der Kanzel herab anprangerte: »*Gott erbarme sich unseres Zustandes! An den Höfen ist's überhaupt so gar verdorben, dass ich nicht sehe, wie jemand unter Großen und Kleinen, unter Befehlenden und Gehorchenden seine Seele fast mehr erretten kann!*«, enthob ihn der Herzog seines Amtes. Im Volksmund wurde die neue fürstliche Residenz schlicht als *Lumpenburg* betitelt.

Derweil erschöpften sich die Aufgaben der herzoglichen Favoritin keineswegs im Glanz fürstlicher Repräsentation. So

Das Theater des Ludwigsburger Schlosses. Eberhard Ludwigs Tod verhinderte für Jahrzehnte die Fertigstellung.

äußerte sich Wilhelmines langjähriger Sekretär Heinrich August Krippendorf hinsichtlich ihrer eloquenten Klugheit und ihres diplomatischen Gespürs: *»Sie hat wirklich oft hierdurch ihre geschworenen Feinde von ihrem schädlichen Vorsatz abgebracht und dieselben sich zu Freunden gemacht.«* Beide Fähigkeiten halfen ihr, auch in politischer Hinsicht eine Schlüsselposition einzunehmen. In- und ausländische Gesandte akzeptierten sie als kompetente Ansprechpartnerin und nicht zuletzt als gehörte Fürsprecherin beim Herzog.

Eberhard Ludwig gestand ihr einen großen Handlungsspielraum zu, den sie ausgiebig nutzte. Zum einen spann sie ein weitreichendes Netz nützlicher Verbindungen und brachte zahlreiche Personen ihres Vertrauens in Amt und Würden – allen voran ihren Bruder Friedrich Wilhelm von Grävenitz, der in den Rang eines Premierministers aufstieg. Zum ande-

ren galt ihr besonderes Interesse der Politik. *»Jeden Morgen und Mittag bis 5 Uhr ward mir Arbeit zugebracht«*, berichtete Krippendorf, *»und wann die Sache pressant, entzog sie sich gänzlich den Plaisirs, sprach auch des abends und nachts die Räte und Secretarios und erteilte die nötige Orders und Befehle.«*

Eberhard Ludwig selbst agierte im Sinne seiner Geliebten, entmachtete den *Geheimen Rat* in Stuttgart und schaltete ihm das *Konferenzministerium* vor. Besetzt mit Schütz, treu ergebenen Ministern und seiner Mätresse hatte er damit ein Regierungsorgan geschaffen, das seine Entscheidungen beeinflusste und mittrug. Wilhelmine von Würben war zweifellos die *maîtresse en titre (régnante) déclarée* Württembergs. Sie brillierte neben Eberhard Ludwig in einem von unermesslichem Luxus geprägten Hofleben.

Einer der unzähligen Besucher Ludwigsburgs hielt seine Eindrücke schriftlich fest: *»Seine Durchlaucht lassen französische Komödie halten, wo jedermann frei zugelassen wird, und haben überdas fast beständig Ball, Verkleidung und musicalisches Conzert. Alle Tage ist große Gesellschaft bei der Maîtresse des Herzogs, und spielt man in ihrem Zimmer Piquet, Quadrille und Pharaon, so dass man hier alle Lustbarkeiten, welche an großen Höfen sonst im Schwange gehen, zu*

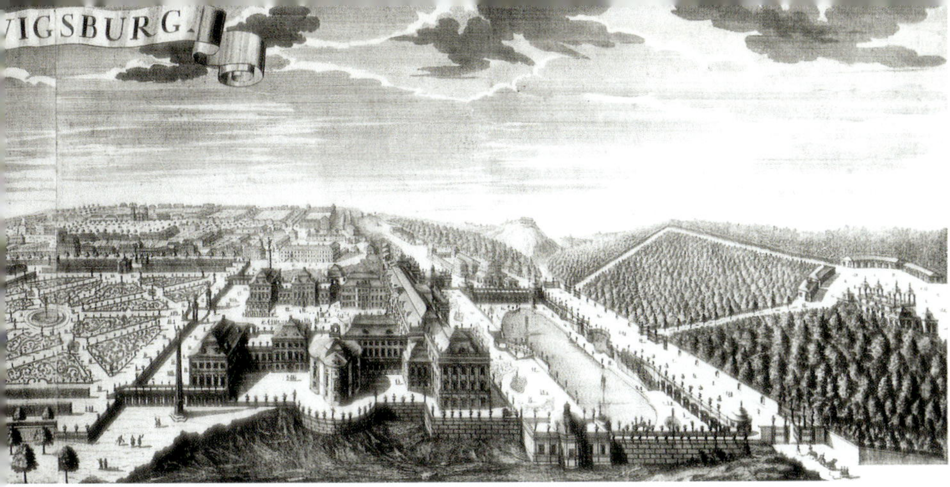

Die Residenz Ludwigsburg im Jahre 1727. Im Hintergrund ist die entstehende Stadt zu erkennen.

genießen hat.« Es gab Ausfahrten in kostbaren, teilweise mit Blattgold überzogenen Schlitten, aufwändige Jagd, Karnevals-, Opern- und Ballettveranstaltungen. Galatage wurden in unvorstellbarer Pracht gefeiert. Die Zahl der Hofbediensteten wuchs stetig an, eine Vorliebe für Exotik brachte Kroaten, Ungarn, Türken und Mohren ins Schloss. Der württembergische Hof besaß bald eine enorme Anziehungskraft und wurde bald über die Grenzen des Landes hinaus bekannt.

Zwanzig Jahre Einsamkeit

Während Wilhelmine von Würben zum gesellschaftlichen Mittelpunkt des Herzogtums aufstieg, musste Johanna Elisabetha erneut in die Rolle der vernachlässigten und ungeliebten Gattin schlüpfen. Der Versöhnungsvertrag aus dem Jahr 1710 schien ihren Gemahl nicht mehr zu interessieren. Dabei wollte es die als intelligent und willensstark geltende Herzogin nicht belassen. Hartnäckig kämpfte sie um Selbstbestimmung, Anerkennung und das Ziel, die alles beherrschende Mätresse ihres Mannes zu entmachten.

Eberhard Ludwig dagegen versuchte, seine Frau in der Defensive zu halten. Er behielt sich die Mitsprache in ökonomischen Fragen des Haushaltes der Herzogin vor, gestand ihr aber zu, dass sie aus *»Küche, Keller und Konfektionskammer«* beanspruchen könne, was sie brauche. Benötigte Geldbeträge wies er ihr einzeln an, den Empfang der Summen hatte sie eigenhändig zu quittieren. Einen angemessenen Unterhalt, der über die Lebenshaltungskosten hinausging, musste sie sich ständig erstreiten. Andere Maßnahmen Eberhard Ludwigs zielten auf das direkte Umfeld der Herzogin ab. 1713, zwei Jahre nach der Rückkehr seiner Geliebten, hatte er Johanna Elisabethas Hofmeister von Phull gegen einen Mann seines Vertrauens ausgetauscht und diesen Schritt mit der Behauptung begründet, von Phull habe der Herzogin *»schädliche Ratschläge«* gegeben. Johanna Elisabetha hatte sich heftig gegen die Entlassung ihres Beraters in der Grävenitz-Affäre gewehrt, den Befehl ihres Mannes aber letztlich akzeptieren

Historisierende Darstellung eines Empfangs der Gräfin von Würben (früher Grävenitz). Gemeinsam mit dem Herzog hielt sie in Ludwigsburg prächtig Hof.

Unzählige Jahre lebte Johanna Elisabetha einsam in Stuttgart. Ansicht der Stadt aus dem Jahr 1675.

müssen. Nur wenige Monate später wurden eine ihrer Hofdamen und ihr Kammerjunker entfernt. Nachdem der Herzog Stuttgart endgültig den Rücken gekehrt hatte, wurde es still um Johanna Elisabetha. Das gesellschaftliche Leben spielte sich fortan fast ausschließlich in Ludwigsburg ab.

Johanna Elisabethas Hofstaat war zwar standesgemäß und entsprach dem, was Baden-Durlach im Zuge der Ehekrise und Versöhnung von Eberhard Ludwig gefordert hatte. Doch der Alltag gestaltete sich eintönig. Selten fand sich ein ausländischer Staatsgast ein, der Johanna Elisabetha im Alten Schloss einen obligatorischen Besuch abstattete. Ihr einziges Kind, der Erbprinz, war inzwischen erwachsen und lebte mit seiner Frau Henriette Marie beim Vater in Ludwigsburg. Eberhard Ludwig hatte der Herzogin von Anfang an jedes Mitspracherecht bei der Erziehung ihres gemeinsamen Sohnes verwehrt. Als Johanna Elisabetha 1718 erstmals Großmutter wurde, war es Wilhelmine von Würben, die den Säugling ins Taufzimmer trug und dort feierlich dem Herzog übergab.

Die Herzogin verstärkte ihre Isolation, indem sie der Favoritin ihres Mannes wann immer möglich aus dem Weg ging. Konnte ein Zusammentreffen nicht vermieden werden, kam es laut Eberhard Ludwig zu *»Beschimpf- oder Excitirung einer neuen Querel«*. Folgerichtig blieb Johanna Elisabetha Ludwigsburg lieber fern; sie versuchte mit anderen Mitteln, dem dortigen Treiben ein Ende zu setzen. Dazu pflegte sie einen regen Kontakt mit befreundeten Fürstenhäusern, insbesondere derer von Braunschweig-Wolfenbüttel und Hessen-Kassel. Mehrfach wurden Schriftstücke verfasst und am Kaiserhof in ihrer Sache insistiert, so dass sich Eberhard Ludwig bemüßigt fühlte, Heinrich von Schütz mit der Aufgabe zu betrauen, *»ein wachsames Auge darauf zu haben, ob etwa von Seiten der Herzogin am Kaiserlichen Hof oder sonsten ihrenthalben von anderen fürstlichen Höfen etwas vorgebracht erscheine«*. Gleichzeitig versuchte er, die Herzogin noch mehr beiseitezustellen, worunter Johanna Elisabetha sehr litt. Es werde, so klagte die 38-Jährige im Juni 1719, den *»Hof- und anderen bedienten Damen«* verboten *»zu ihr zu gehen«* und ihr damit der gesellschaftliche Umgang verwehrt; sie fühle sich von *»aller menschlichen Sozietät ausgeschlossen.«*

Drei Jahre später entschloss sie sich zu einem wohl kalkulierten, direkten Vorstoß beim Kaiser in Wien mit dem Ziel, Wilhelmine von Würben nachhaltig zu schädigen. *»Dieses famose Weibs-Bild, die Grävenitzin«* habe, so das von ihrem Sekretär eingereichte »Promemoria« der Herzogin, *»der so klaren und scharfen (kaiserlichen) Verordnungen«* des Jahres 1710 zuwidergehandelt, indem sie sich nach Württemberg *»ja mitten in die Residenz-Stadt Stuttgard und an den Hof selbst«* begeben und *»mit dem Herzog von vornen, und heftiger als zuvor, wieder angefangen«* habe. Ihr, der *»unschuldigen«* Herzogin, seien durch die Favoritin ihres Mannes täglich *»unverantwortliche Drangsalen«* angetan worden. *»So ist doch alles in dem leidigen Zustande bis anher geblieben«*, beschwerte sich Johanna Elisabetha, *»und das gottlose verrufene Mensch in ihrem leichtfertigen, ruchlosen Leben dadurch so gestärkt, sicher gemacht und aufgeblasen worden, daß sie zu allen Extremitäten ungescheut geschritten, weder göttliche noch weltliche Gesetze geachtet, und als wenn kein Richter im Himmel und auf Erden mehr wäre, ihre Insolenzen (Ungebührlichkeiten) nicht nur fortgesetzt, sondern es wohl tausendmal mit*

Ausübung ungemeiner Bosheiten und Gewaltthaten im Land und am Hof ärger als je zuvor gemacht habe.«

Im gleichen Atemzug ging sie mit Heinrich von Schütz ins Gericht, der am Wiener Kaiserhof einst durchgesetzt hatte, dass Wilhelmine als Gräfin von Würben an den württembergischen Hof zurückkehren konnte. Ihn beschuldigte Johanna Elisabetha, *»meine der Herzogin gerechte Sache lange Jahre her am kaiserlichen Hofe, durch seinen Credit und Schliche unterdrückt«* und dafür gesorgt zu haben, dass *»diese schädliche und landverderbliche Creatur (Wilhelmine)«* für ihr sträfliches Handeln bisher nicht belangt wurde. Für seine *»der ehebrecherischen Grävenitz geleisteten guten Dienste«* sei er reich belohnt worden und habe, wie andere Mitglieder aus dem Umfeld Wilhelmines, *»ziemliche Geld-Summen aus dem unter diesem Joch seufzenden Lande zusammengerafft«.*

Der Absolutist: Eberhard Ludwig mit seinem Wolfshund Mélac um 1720. Das Tier ist nach dem »Mordbrenner« benannt.

Die Herzogin unterstrich ihre eigene Unschuld am Ehezerwürfnis und erklärte, von Schütz habe die Unverschämtheit besessen, *»so gar falsche Briefe auf mich zu schmieden, und mich mit dem mehr als teuflischen Bezicht einer ungetreuen ehebrecherischen Liebe und Correspondenz mit andern, erzboshafterweise zu belegen, ja wohl diese von ihm mit verstellter und nachgeahmter Hand geschriebene falsche Briefe an Ihro K. M. Hoflager selbst, gleichwie an meines Herrn Gemahls Liebden und dem hiesigen Hof für wahrhaftig von mir geschrieben, hinterrücks meiner auszubreiten«.*

Während Eberhard Ludwig niemals einen Zweifel daran gelassen hatte, dass seine Ehe mit Johanna Elisabetha von

Beginn an der gegenseitigen Zuneigung entbehrt habe, unterstrich die Herzogin in ihrer Denkschrift: *»Ich habe auch wiederholt erklärt, daß ich nicht die geringste Klage wider meines Herrn Gemahls Liebden Person zu führen intendire, sondern solche allein wider die Wurzel und Quelle allen Uebels und deren Ausrottung oder Verstopfung, nehmlich wider die gottlose Grävenitz.«* Sie fügte hinzu: *»Ich lebe auch der gänzlichen Zuversicht, dass wenn allein dieses ruchlose und verrufene Mensch sich von Land, Hof und Canzlen auch meines Herrn Gemahls Liebden wieder entfernt ... auch sonst alles gar bald wieder in die vorige Ruhe, Zufriedenheit und Vergnügung erfreulich hergestellt«* sein werde. Abschließend verlangte sie die gerechte Bestrafung Wilhelmines und wies nochmals darauf hin, wie viel Geld die *»nichtswürdige Hofmeisterin«* dem Herzogtum abgepresst und zur persönlichen Bereicherung verwendet habe. Die Denkschrift der Herzogin wurde nicht nur dem Kaiser zugespielt, sondern in den Wiener Kaffeehäusern verteilt, um eine größtmögliche Publizität zu erreichen.

Eberhard Ludwig reagierte ungehalten, als er von den Umtrieben seiner Frau erfuhr. *»Diese Beschwerden fallen auf mich zurück«*, erklärte er dem Reichsvizekanzler und ersuchte ihn, dem Kaiser mitzuteilen, dass es sich bei den Vorwürfen seiner Frau um *»Unfug und Nichtigkeiten«* handele. Zudem sei die Landhofmeisterin Würben nicht die Ursache der Eheprobleme des Herzogpaares, diese hätten bereits *»fast mit der Vermählung selbst angefangen«*. Ein württembergischer Gesandter sollte sicherstellen, dass in Wien bekannt wurde, welch gutes *»Traktament«* Johanna Elisabetha *»bei Tafel, Keller, Stall und sonsten genießet«*. Eberhard Ludwig wollte um jeden Preis verhindern, dass eine kaiserliche Kommission die Beschwerden der Herzogin vor Ort untersuchte.

Letztlich wurde Johanna Elisabethas Forderung nach einer Aburteilung der Wilhelmine von Würben, geborene Grävenitz nicht stattgegeben. Eberhard Ludwig bemühte sich, den Ansprüchen seiner Frau im Hinblick auf ihre materielle

Ausstattung entgegenzukommen und ließ in Wien verlauten, dass seiner Gattin an *»Alimentations- und Unterhaltungsgeldern«* nichts vorenthalten werde. Indes versuchte er weiterhin, seine Frau in vielen Dingen einzuschränken. Auch das zweite Enkelkind der Herzogin, ein Mädchen, trug Wilhelmine von Würben zur Taufe. Diese Herabsetzung wurde sogar an den europäischen Höfen registriert, wie ein Kommentar der in Versailles lebenden Elisabeth Charlotte von Orléans, besser bekannt als Lieselotte von der Pfalz, belegt: *»Der Herzog von Württemberg ist auch gar zu brutal, seiner Gemahlin die doch des Prinzen leibliche Frau Mutter ist, nicht solle Part geben dass sie einen Enkel hat. Das kommt von der Mätress und von Huren kommt nichts guts, dass das Kind von der mit Verloff (Verlaub) Huren ist zur Tauff getragen worden kann wenig Glück bringen.«*

Mit einem Mörser stellte die Herzogin aus braunen Mandeln und Wasser Mandelmilch her.

Eberhard Ludwig war der ständigen Auseinandersetzung mit seiner Frau längst überdrüssig; klein beizugeben lief allerdings seinem autokratischen Selbstverständnis zuwider. Er beschloss schlicht, künftig jede Begegnung mit Johanna Elisabetha zu vermeiden, um die *»aufs Höchste gekommene Zwietracht«* zu beenden. Er bot ihr an, alles Vorgefallene zu vergessen, wenn sie im Gegenzug *»Ihro selbst Klaggeschrei«* einstellen würde. Die Herzogin antwortete, es sei für sie *»das glücklichste und vergnüglichste Verhältnis«*, sollten die Differenzen zwischen ihm und ihr ein Ende finden. Er solle das seiner Meinung nach Richtige tun. Niemals habe sie *»begehrt«*, dass er sie aufsuche, ihn nie an ihren Tisch oder ins Bett genötigt.

Als Johanna Elisabetha klar wurde, dass Eberhard Ludwig wirklich jeden Kontakt zu ihr unterließ, äußerte sie sich Dritten gegenüber bestürzt. Sie hoffe, dass ihr Gemahl seinen *»so hart gefaßten Entschluß«* revidieren möge. Da sich nichts änderte, versuchte die inzwischen 44-Jährige 1724 abermals, durch eine Klage am Kaiserhof ihre Rechte einzufordern. Gegen eine Zahlung von 15 000 Gulden erreichte Eberhard Ludwig, dass die Herzogin ihr Gesuch zurückzog. Eine Konvention regelte fortan ihre Verhältnisse und allmählich kehrte Ruhe in den jahrelangen Ehezwist ein. Eberhard Ludwig schien sich endlich an seine Zusagen zu halten, Johanna Elisabetha ließ ihn in Frieden.

Lediglich in Haushaltsdingen wandte sie sich an ihren Mann. So bat sie um Unterstützung, als ihr der Hofkammerrat die kostenlose Abgabe diverser Ingredenzien verweigerte, welche sie für die Herstellung von Mandelmilch, Kaltschalen und anderen Spezialitäten benötigte. Ferner sei ihr Tisch- und Leinbettzeug zerrissen und unbrauchbar, ließ sie Eberhard Ludwig wissen, und der Hofkammerrat habe lediglich bemerkt, dass sie sich eben *»bloß in die Betten legen«* solle. Der Herzog sorgte dafür, dass die Beschwerden seiner Frau ernst genommen wurden. Einige Zeit zog ins Land, in der das Ehepaar zwar keinen besonders herzlichen, aber wenigstens angemessenen Umgangston pflegte. Johanna Elisabetha ahnte nicht, welch erstaunliche Entwicklung ihrem Leben bevorstand.

Wendezeit

Noch im Jahr 1730 erfreute sich die nunmehr 44-jährige Wilhelmine von Würben ihres hohen Ranges am württembergischen Hof. *»Sie geniesset alle einer regierenden Fürstin sonst zukommende Ehre und versammelet sich der Hof bei ihr, der Herzog spielet in ihrem Zimmer und speiset daselbst«*, wusste ein Baron Pöllnitz zu berichten. *»Weil sie auch die Gnade des Herzogs in Händen hat, so machet ihr jedermann seine Aufwartung wie dem Herzog selbst, und ist derjenige unglücklich, der ihr nicht in allen Stücken zu Willen lebet.«*

Nichts deutete auf das Unheil hin, welches sich über der herzoglichen Favoritin zusammenbraute und ihre vermeintlich sichere Stellung ins Wanken brachte. Doch ähnlich, wie eine Intrige ihren Aufstieg ermöglicht hatte, begann mit einer Intrige ihr Niedergang. Die Initiatoren rekrutierten sich erneut aus dem Hofadel, sogar Wilhelmines Bruder Friedrich Wilhelm von Grävenitz soll darin verwickelt gewesen sein. Die Gruppe hoffte, durch eine Schwächung Wilhelmines selbst größeren Einfluss auf Eberhard Ludwig nehmen zu können. Mit Carl Alexander konnte man den katholischen Vetter des Herzogs für die Sache gewinnen. Sollte die protestantische Linie mit dem Tode Eberhard Ludwigs aussterben, wäre er der nächste rechtmäßige Anwärter auf Württembergs Thron.

Der einzige Sohn des Herzogspaares Erbprinz Friedrich Ludwig und seine Gemahlin Henriette Marie.

Ein Umstand spielte dem Komplott in die Hände. Erbprinz Friedrich Ludwig, der Sohn des Herzogpaares, war bereits seit Jahresbeginn unübersehbar krank. Eberhard Ludwig musste sich ernsthaft mit der Nachfolge im Herzogtum befassen, denn von den beiden Kindern des Prinzen lebte nur noch die Tochter Luise Friederike. Kurzzeitig spielte der Herzog wohl mit dem Gedanken, Mätresse und Ehefrau zu verlassen, um durch eine erneute Eheschließung für weitere Nachkommenschaft zu sorgen. Den Intriganten gelang es, ihn von dieser Idee abzubringen und davon zu überzeugen, eine Aussöhnung mit Johanna Elisabetha anzustreben, die er früher rundweg als eine ihm *»von Gott auferlegte Strafe«* bezeichnet hatte.

Der Zweck heiligte die Mittel. Zunächst galt es, die Trennung von Wilhelmine zu vollziehen. Wilhelmine spürte inzwischen, dass ihr Gefahr drohte und versuchte, die Nähe zu Eberhard Ludwig aufrechtzuerhalten. Daher wählte der Herzog den Augenblick der Trennung mit Bedacht. Am 11. Mai

1731 brach er zu einem Staatsbesuch nach Berlin auf, am gleichen Tag hatte ausgerechnet Heinrich von Schütz der langjährigen Favoritin den herzoglichen Befehl zu überbringen, dass sie den Hof zu verlassen habe. Wilhelmine konnte ihr Unglück kaum fassen. Der Serenissimus habe *»ja bis letzte Nacht bei ihr geschlafen«*. Doch Eberhard Ludwig war abwesend und nicht erreichbar. Wilhelmine blieb nichts anderes übrig, als sich in ihr Schloss im reichsritterschaftlichen Freudental zurückzuziehen. Damit war sie Eberhard Ludwigs Anordnung zwar nachgekommen, blieb aber dennoch in unmittelbarer Nähe der Ludwigsburger Residenz.

Im Frühsommer suchte Eberhard Ludwig die abermalige und endgültige Aussöhnung mit seiner Frau, die Anfang Juli 1731 vertraglich bestätigt wurde. Beide Ehegatten versprachen, sämtliche *»zu besonderen publiken Misshelligkeiten er-*

Nach der Rückkehr an die Seite ihres Mannes bezog Johanna Elisabetha das Schlösschen Favorite als Sommerresidenz.

wachsenen Irrungen in ewige Vergessenheit zu stellen, sich künftig mit gegenseitiger inniger Liebe und Treue zu begegnen«. Johanna Elisabetha verpflichtete sich, Wilhelmine von Würben Amnestie zu gewähren, sie nicht zu belangen und ihr auch weiterhin den Zutritt zum Herzog zu gestatten. Die Gräfin musste sich im Gegenzug verpflichten, *»diese fürstliche Gnade und Amnestie durch eine entsprechend moderate, redliche und behutsame Aufführung gegenüber dem Herzogspaar«* zu honorieren. Trotz dieses Passus wurde Wilhelmine von Würben bei Hof nicht mehr zugelassen.

Am 7. August 1731 hielt Johanna Elisabetha gemeinsam mit ihrem Mann Einzug in Ludwigsburg und bezog das Schloss Favorite als Sommerresidenz. Die Bürgerschaft der Stadt begrüßte ihre Herzogin mit *»Frohlocken«* und erklärte in einem eigens gedruckten Flugblatt ihre Freude über die Versöhnung des Fürstenpaares. Währenddessen versuchte Wilhelmine von Würben mehrmals, zu Eberhard Ludwig zurückzukehren. Der Herzog reagierte hart, ließ seine einstige große Liebe am 14. Oktober 1731 um vier Uhr morgens verhaften und auf der Festung Hohenurach internieren. Nun würde endlich Ruhe einkehren. Das Herzogspaar verbrachte die Herbsttage in Kirchheim.

Am Abend des 23. November 1731 wurde Johanna Elisabetha und Eberhard Ludwig per Eilbote eine schreckliche Botschaft überbracht: Ihr Sohn, der Erbprinz, läge im Sterben und wünsche, seine Eltern zu sehen. Sie brachen umgehend nach Ludwigsburg auf, doch ihren Sohn sollten sie nicht mehr lebend antreffen. Unterwegs ereilte sie die Nachricht vom Tod Friedrich Ludwigs im Alter von 32 Jahren. Eine Autopsie ergab später, dass sich beide Lungenflügel des Erbprinzen *»in fauligem Zustand«* befunden hätten und mit Löchern und Geschwüren übersät gewesen waren.

Johanna Elisabethas einziges Kind war tot. Und ungeachtet aller getroffenen Maßnahmen fürchtete sie nach wie vor, dass es Wilhelmine von Würben gelingen könnte, nach Ludwigsburg zurückzukehren und sie erneut in Bedrängnis zu bringen. Die Herzogin wollte das ihr verbliebene Stückchen Glück nicht mehr verlieren. Nach vielen schweren Jahren genoss sie ihren wiedergewonnenen Status und die Gunst ihres Mannes. Als ihre jahrelange Konkurrentin endlich hinter Gittern verschwunden war, lag ihr sehr daran, diesen Zustand zu erhalten. Sie sehe sich *»dahero äußerst gemüßiget«*, schrieb sie an eine Vertraute des Kaisers, *»jedannoch connivendo meines Herrn Gemahls Liebden, die freie Hand gelassen werden möchte, mehrmeldte Gräfin wenigstens so lange ich lebe an einem sicheren Ort, und zwar in specie auf dem hierzu am besten situitierten bekannten Berg, Schloß Hohentwiel, unter convenabler Verpfleg- und Bedienung, in ferner Gewahrsame zu halten«*. Vorerst blieb die Gräfin auch im Interesse des Herzogs auf Burg Hohenurach in Haft.

Die gescheiterte Hoffnung

Trotz aller Turbulenzen vergaß Eberhard Ludwig nicht den eigentlichen Grund seiner Aussöhnung mit Johanna Elisabetha und ließ nichts unversucht, um einen Erben zu zeugen. Der Herzogin, die vermutlich Jahrzehnte kein Mann aufgesucht hatte, mag das plötzliche Bemühen ihres Gemahls höchst ungewohnt erschienen und doch mit der Hoffnung auf einen dauerhaften Erhalt ihrer neu errungenen Stellung verbunden gewesen zu sein. In der Tat dauerte es nicht lange, bis erste Nachrichten verkündeten, die 51-jährige Herzogin befände sich in anderen Umständen. Ein Reskript des Herzogs bestätigte am 23. Juni 1732, dass *»unsere Herz-geliebte Frau Gemahlin Liebden durch die mildreiche und preiswürdigste Güte des Allerhöchsten sich schon bei einigen Monaten her in gesegnetem Leibzustand befinden«* und die Untertanen Grund hätten, *»den grundgütigen Gott einmütiglich zu bitten, dass Derselbe die daher anzuhoffende Leibesfrucht gnädiglich bewahren und zu seiner Zeit einen höchst erwünschten und erfreulichen Anblick allermildest verleihen wolle«*.

Der Ludwigsburger Oberhofprediger Drommer pries in einer Druckschrift das *»Wundergut«*, welches der Höchste an Württemberg erwiesen habe. Dem weit verbreiteten Wunderglauben war es auch zu verdanken, dass die Schwangerschaft der alternden Herzogin tatsächlich geglaubt wurde. Rasch verbreitete sich die freudige Neuigkeit in- und außerhalb des Herzogtums, zahlreiche Glückwunschschreiben gingen ein. Eberhard Ludwig begann mit aufwändigen Geburtsvorbereitungen und traf zahlreiche Anordnungen. Die Niederkunft sollte im Schlafzimmer der Herzogin erfolgen, das Kind im *Bacchuszimmer* des Ludwigsburger Schlosses untergebracht werden, es gab Überlegungen zur Verpflegung des Säuglings und zum Ablauf der Tauffeierlichkeiten. Die Hofärzte begutachteten 22 potentielle Saugammen und befanden, Eva Christina Beutenmüller sei die richtige Kandidatin. Diese habe vor sechs Wochen ein *»Büble«* entbunden und weise *»an beiden Brüsten, an der Milch und an ihrem übrigen Leib nicht den geringsten Fehler auf«*. Zudem sei *»auch der Humeur, das Temperament, die Conduite (Verhalten) und ihr Lebenswandel, so viel uns wissend ist, gut und untadelhaft«*. Mehrere Kindsfrauen komplettierten die Belegschaft der *»Kindsstube«*.

Die Herzogin hoffte trotz fortgeschrittenen Alters auf eine Schwangerschaft.

Ungeachtet aller vorgeburtlicher Betriebsamkeit gab es auch Zweifler. Am Kaiserhof in Wien befand man, die öffentlich demonstrierte Schwangerschaft der Herzogin ziele darauf ab, mögliche Ansprüche des Katholiken Carl Alexander auf den württembergischen Thron zu unterlaufen. Dessen Gattin Maria Augusta bat prompt darum, Johanna Elisabe-

Herzog Eberhard Ludwig um 1730, drei Jahre vor seinem Tod.

tha bei Schwangerschaft und Niederkunft zur Seite stehen zu dürfen. Eberhard Ludwig lehnte dieses Ansinnen brüsk ab, worauf Maria Augusta notariell festhalten ließ: *»Also habe ich in Betracht sothaner bei dem gewöhnlichen Naturlauf der etlich und fünfzig Jahren, welche der Frauen Herzogin bereits übertreten, seltenen Umständen einer wirklichen Schwangerschaft, und der damit verknüpften schweren Folgen mich nicht erbrechen können, wieder diesen heimlichen Vorgang auf das feierlichste und in bester Rechtsform zu protestieren.«* Carl Alexander, der sich vor Ort ein Bild der Lage machte, zeigte sich ungehalten über die nach außen getragene Gewissheit, die Herzogin werde einen Sohn zur Welt bringen. Der potentielle Nachfolger hatte insgeheim bereits Vorbereitungen für seine mögliche Sukzession getroffen und monierte, dass man ihm bereits im Vorfeld die Administration Württembergs streitig machen wolle.

Am 19. November ließ Eberhard Ludwig feierlich den Namenstag der inzwischen 52-jährigen Herzogin begehen. Der Hof erschien in prächtiger *»Galla«*, man speiste zu den Klängen der *»Instrumental Music«* vom goldenen Service und trank aus *»Poccals«*. Johanna Elisabetha lud zum *»Assemblée«* in ihre Gemächer, angenehme *»Camer Music«* unterhielt die Gäste. Ein festliches Abendessen beschloss den Tag – die Niederkunft musste unmittelbar bevorstehen.

Bis heute ist nicht geklärt, welche Gründe hinter Johanna Elisabethas seltsamer Schwangerschaft standen. Ein bewusstes Täuschungsmanöver schließen die Historiker weitgehend aus, selbst wenn es nach außen hin so aussah. Näher liegt die Vermutung, dass Eberhard Ludwigs ausgeprägter Wunsch nach einem Erben im Vordergrund stand. Konnte eine Schwangerschaft damals zuverlässig festgestellt werden? Die Hofärzte bedienten sich vor allem der Urinschau und dem allgemeinen Eindruck, um zu entscheiden, ob eine Frau in anderen Umständen war oder nicht. Eine Hebamme, die in gynäkologischen Fragen ein breiteres Wissensspektrum aufgewiesen hätte, wurde nicht hinzugezogen. Möglicherweise ahnten die Leibärzte mit Fortschreiten der Schwangerschaft, dass hier etwas nicht stimmte. Doch wie hätte man den Herzog von einem Irrtum überzeugen sollen, zumal dieser bereits die bevorstehende Geburt seines Kindes ankündigte und verlauten ließ; *»so warten (wir) nunmehro alle Augenblick auf deren glückliche Entbindung«*.

Johanna Elisabethas Schwangerschaft löste sich stillschweigend in Nichts auf. Unterlagen, die auf eine Fehl- oder Frühgeburt hinweisen würden, fehlen. Eva Christina Beutenmüller verließ den Hof im März 1733, zwei Monate später wurden die Bediensteten der Kinderstube ausgezahlt und entlassen. Der größte Triumph war Johanna Elisabetha damit versagt geblieben; ihr Mann erfreute sich bereits an einer neuen Mätresse, Gräfin Friederike Wilhelmine von Wittgenstein. Auch die Nachfolge war entschieden – Carl Alexander führte nun den Titel des offiziellen Erbprinzen.

Eberhard Ludwigs Ende kam rasch. Im Frühjahr 1733 verschlechterte sich sein Gesundheitszustand, vermutlich war der Herzog schon seit längerem krank. Am 31. Oktober starb Eberhard Ludwig von Württemberg, nur wenige Wochen nach seinem 57. Geburtstag, im Ludwigsburger Schloss.

Wilhelmine von Würben war im Frühjahr 1733 aus der Haft entlassen worden und nach Berlin gezogen. Carl Alexander leitete im darauffolgenden Jahr ein Ermittlungsverfahren gegen die ehemalige Mätresse seines Vorgängers ein. Zahlreiche Zeugen zeigten sich bereit, über angebliche Verfehlungen der Landhofmeisterin Auskunft zu geben, es gab kaum ein Vergehen, dessen man die *Landverderberin* nicht

bezichtigte. Eberhard Ludwig sei Sklave seiner Favoritin gewesen und um ihn sich gefügig zu machen, habe Wilhelmine magische Mittel gebraucht; man verdächtigte sie gar der Hexerei. Der Prozess endete in einem Vergleich zwischen Herzog Carl Alexander und der Gräfin, die 20 Jahre lang den Hof beherrscht hatte und dadurch zu immensem Reichtum und Besitz gekommen war. Wilhelmine von Würben wurde 58 Jahre alt. Am 21. Oktober 1744 starb sie in der preußischen Hauptstadt.

Mangels direkter Nachkommen erbte Eberhard Ludwigs Vetter Carl Alexander den württembergischen Herzogsthron.

Johanna Elisabetha überlebte ihren Mann um fast 24 Jahre. Im Zuge ihrer Versöhnung hatte der verstorbene Herzog seiner Frau Stadt und Schloss Leonberg sowie Stadt und Amt Kirchheim unter Teck überlassen, aus denen der Herzogin ergiebige Geld- und Naturaleinkünfte zustanden. Nach dem Tod Eberhard Ludwigs bezog sie ihren Witwensitz Kirchheim und widmete sich überwiegend wohltätigen Aufgaben. Zu ihrer Wittumsausstattung gehörten außerdem Schloss und Dorf Stetten im Remstal, das über viele Jahre hinweg von Wilhelmine von Würben genutzt worden war. Nun verbrachte Johanna Elisabetha regelmäßig mehrere Wochen des Jahres im Stettener Schloss; dort starb sie am 2. Juli 1757 im für damalige Verhältnisse hohen Alter von 76 Jahren.

Epilog

Johanna Elisabetha von Württemberg hatte nicht nur ihren Mann, sondern auch dessen Nachfolger Carl Alexander überlebt. Als die Nachricht von ihrem Tod in Ludwigsburg eintraf, ordnete der regierende Herzog Carl Eugen *»aus besonderer Estime und Konsideration«* an, bis zu ihrer Beisetzung in den drei fürstlichen Residenzen Ludwigsburg, Stuttgart und Tübingen sowie auf den Witwensitzen der verstorbenen Herzogin zweimal täglich die Kirchenglocken zu läuten. Zugleich seien der *»Gebrauch der Orgel«* und sämtliche Musik einzustellen. Für den Sonntag sah Carl Eugen eine Leichenpredigt über Psalm 116, Vers 15 vor: *»Der Tod seiner Heiligen ist wertgehalten vor dem Herrn.«*

Johanna Elisabetha hatte durch die Eheschließung mit Eberhard Ludwig sprichwörtlich ihr Kreuz aufgenommen. Bemerkenswert erscheint in diesem Zusammenhang die Tatsache, dass auch das zweite Paar dieser badisch-württembergischen Kreuzheirat nicht glücklich geworden ist. Immerhin hatte Johanna Elisabethas Schwägerin Magdalene Wilhelmine in der Erziehung ihrer Kinder und Enkel sowie als deren vormundschaftliche Regentin eine erfüllende Aufgabe gefunden.

Für die württembergische Herzogin hingegen waren keine alternativen Betätigungsfelder geblieben. Erschwerend kam hinzu, dass Johanna Elisabetha in eine Zeit hineingeboren worden war, in der die Geliebte eines Monarchen zu enormer Machtfülle gelangen konnte. Obwohl isoliert und in aller Öffentlichkeit gedemütigt, hatte Johanna Elisabetha hartnäckig um die ihr als Herzogin zustehenden Rechte gerungen. Dass sie sich ihrer fürstlichen Bestimmung verpflichtet gefühlt hatte, zeigt die Bereitschaft, sich dem Spektakel einer wundersamen Schwangerschaft auszusetzen, deren Ausgang letzten Endes abzusehen gewesen war.

In der Nacht vom 11. auf den 12. Juli wurden die sterblichen Überreste Johanna Elisabethas von Stetten nach Ludwigsburg überführt. Als der Leichenzug die Orte Rommelshausen, Waiblingen, Hegnach, Neckarrems und Oßweil passierte, läuteten auf herzoglichen Geheiß hin die Kirchenglocken. In der Fürstlichen Gruft unter der Schlosskirche fand Johanna Elisabetha von Württemberg ihre letzte Ruhe.

Franziska von Hohenheim

(1748–1811)

»Herz, Leib und Seele gehören Dir«

Die Wege des Lebens

Die zweite Hälfte des 18. Jahrhunderts wurde zum Wegbereiter neuer geistiger Strömungen. Das Gedankengut der Vernunft und der Aufklärung veränderte Ziele und Ideale, erweiterte die allgemeine Weltanschauung auf der Basis von Humanismus, Philosophie und den zunehmenden Erkenntnissen der Naturwissenschaft. Während zugleich das Barockzeitalter im Rokoko seinen fulminanten Höhepunkt überschritt, bereitete die Französische Revolution dem absolutistischen Herrschaftsanspruch der französischen Könige ein jähes Ende. Den Fürsten Europas wurde vor Augen geführt, wie rasch aller Glanz vergehen konnte. Nahezu gleichzeitig verschwanden die großen und einflussreichen Mätressen. Die Musen der Regenten fanden sich auf ihrem ursprünglichen Rang einer dezent verfügbaren Geliebten wieder; außereheliche Beziehungen verlagerten sich aus der Öffentlichkeit weitgehend in die privaten Gemächer.

Mit dem anbrechenden bürgerlichen Zeitalter fand zudem ein Paradigmenwechsel statt. Weibliche Tugenden wie Sanftmütigkeit, Emotionalität und Hingabe gewannen an Bedeutung. Angesichts vorgefertigter gesellschaftlicher Erwartungen und begrenzter persönlicher Spielräume waren die Entfaltungsmöglichkeiten der meisten Frauen ohnehin stark eingeschränkt. Ob Herzogin oder Edelfrau, ob Tochter aus adeligem oder bürgerlichem Hause – über ihr Leben entschied das meist männliche Umfeld. Franziska von Hohenheim wagte den Versuch, sich aus den vorgegebenen Bahnen zu lösen und zu ergreifen, was sich ihr unerwartet auf einem goldenen Teller darbot. Sie traf damit eine eigene, freie Entscheidung und lebte ihr zerbrechliches Glück – stets gewahr, dass es eine wirkliche Unabhängigkeit nicht geben konnte.

Die Töchter des Freiherrn von Bernerdin

Das kleine Örtchen Adelmannsfelden, etwa zwei Stunden Fußmarsch von Ellwangen entfernt, lag auf einem langgestreckten Hochplateau über dem Tal der *Blinden Rot*. Der Fluss durchzog die Ellwanger Berge auf seinem Weg zum Kocher. An die Häuser des Marktfleckens grenzten Wiesen, Felder und Gärten, die umgebenden Täler und Höhen waren von Wald bedeckt. Seit mehr als 200 Jahren gehörte Adelmannsfelden zu den Besitzungen des einst reichen, alten schwäbischen Rittergeschlechts der Vohenstein. Im Laufe der Jahrhunderte hatte die Familie an *»Macht und Besitz eingebüßt«* und als der letzte männliche Nachkomme gestorben war, ging das dezimierte Vermögen auf drei erbberechtigte Töchter über.

In Adelmannsfelden besaß die Familie neben einem baufälligen Schloss auch mehrere Häuser. Eines davon bezog Johanna Dorothea Charlotte Freiin von Vohenstein zu Adelmannsfelden. Seit dem 11. Februar 1740 war die Erbin mit dem Freiherrn Ludwig Wilhelm von Bernerdin verheiratet, dessen Verhältnisse sich ebenfalls äußerst bescheiden ausnahmen. Die Vorfahren Ludwig Wilhelm von Bernerdins stammten ursprünglich aus Kärnten. Ihres protestantischen Glaubens wegen waren sie aus ihrem angestammten Land vertrieben worden und hatten sich mit dem Erwerb des reichsfreien Guts Sindlingen bei Herrenberg eine neue Heimat geschaffen.

Das Haus in Adelmannsfelden, in dem das Ehepaar Bernerdin nun lebte, war ein etwas größerer Bauernhof und bestand älteren Beschreibungen zufolge aus zwei Stuben, zwei Kammern, einem Saal und verschiedenen Nebengebäuden, die ökonomischen Zwecken dienten. Die Einrichtung dürfte schlicht und im Stil der Zeit gehalten gewesen sein; ein großer Schrank, Truhen, hochlehnige Stühle, ein Tisch mit geschnitzten Füßen und Himmelbetten aus dunklem Holz. An den Wänden erinnerten Ahnenbilder an bessere Zeiten, in den großen Kachelöfen knisterte ein wärmendes Kaminfeuer; uralte Waffen, Trinkhörner und Jagdtrophäen waren stumme Zeugen vergangener Tage. Da der Adelscodex jedweden Gelderwerb untersagte, blieben der Familie nur wenige Möglichkeiten, den Lebensunterhalt zu bestreiten. Ihr Grundbesitz warf nicht viel ab, mühsam hielten sie sich mit dem Verkauf der Früchte ihres Gartenlandes über Wasser.

Das reichsfreie Gut Sindlingen, Sitz der Familie Bernerdin.

Franziska Theresia von Bernerdin wurde als fünftes Kind der Familie am 10. Januar 1748 in diese zwar adelige, aber unstandesgemäß ärmliche Welt hineingeboren. Von den vier Mädchen, die ihre Mutter bis dahin zur Welt gebracht hatte, waren lediglich zwei am Leben. In den folgenden Jahren bekamen die Bernerdins zwar regelmäßig Nachwuchs, doch nur eine Handvoll Töchter sollte das Erwachsenenalter erreichen. Zum großen Leidwesen der Eltern starben drei Söhne, die das Geschlecht im Mannesstamm hätten erhalten können, bereits als Säuglinge oder im Kindesalter. Also wuchs Franziska mit ihren Schwestern heran.

Die häusliche Einfachheit prägte Kindheit und Erziehung der Bernerdin-Töchter. Während der Vater auf dem Feld arbeitete oder zur Jagd ausritt, kümmerte sich Franziskas Mutter um Haus und Garten. Sobald die Mädchen alt genug waren, mussten sie ihr bei den anfallenden Tätigkeiten zur Hand gehen. Gemeinsam bewältigte man Saat und Ernte, die Arbeiten am Spinnrad, die Versorgung der Familie. Es zählte zu den Aufgaben der älteren Kinder, die jüngeren Geschwister zu beaufsichtigen. Die Großfamilie und das Gesinde lebten auf engstem Raum in bedrängenden Verhältnissen. Am Morgen und am Abend fand sich der gesamte Haushalt zum gemeinsamen Gebet ein.

Die in Adelskreisen üblichen Vergnügungen hatten in dieser Umgebung keinen Platz. Es gab weder die beliebten Gesellschaftsspiele noch Musik, Konversation oder große Gesellschaften; die Welt der Mode wurde völlig ausgeklammert. Der Dorfschullehrer vermittelte den Töchtern lediglich die nötigsten Kenntnisse in Schreiben, Lesen und Rechnen. Mehr Wert legte man auf den Religionsunterricht, den der Pfarrer erteilte. Das in gehobenen Familien vorrangig gesprochene Französisch lernten die Mädchen nicht. Allgegenwärtig war dagegen eine starke Religiosität. Schriftenlesungen, Hausandachten und die Gebete vor den Mahlzeiten strukturierten die Tage.

Franziskas Eltern neigten dem extremen Pietismus zu und gaben diesen an ihre Kinder weiter. Das ewige Heil stand im Zentrum des Lebens, die Ausrichtung auf Gott war Leitlinie für alles Tun. Mit ihren radikalen religiösen Forderungen grenzte sich die protestantische Erneuerungsbewegung deutlich von der evangelischen Landeskirche in Württemberg ab, die unter der Führung des katholischen Herzogs stand. Im Hause Bernerdin fanden zeitweise gar Separatisten Zuflucht, die wegen ihrer kirchenkritischen Haltung aus Württemberg ausgewiesen oder verfolgt worden waren.

Diese nach innen gerichtete Frömmigkeit prägte Franziskas Wesen. Zeitlebens fühlte sie sich in erster Linie Gott und ihrem Gewissen verpflichtet. Dadurch entstand ein ambivalenter Freiraum, begrenzt durch Schuldgefühle und persönliche Abwägung. Glücklich und frei fühlte sich Franziska vor allem in der Natur. Als kleines Mädchen streifte sie mit Vorliebe durch Wiesen und Felder, eng verbunden mit dem Gang der Jahreszeiten und den damit wechselnden Farben, Geräuschen und Gerüchen – kleine Fluchtburgen in der Eintönigkeit und Strenge des häuslichen Alltags.

»Es gab eine Zeit, wo in dem Hause meiner Eltern mein Herz nur für die Tugend schlug«, bemerkte Franziska viele Jahre später mit Blick auf ihre Kindheit. Die Tugend war das einzige Kapital, das die Eltern ihren Töchtern angesichts fehlender Vermögenswerte mit auf den Weg geben konnten und der pietistische Wertekanon ließ wenig Spielräume. Gehorsam, Demut, Ehrlichkeit, Fleiß und Bescheidenheit bildeten die Hauptsäulen weiblicher Charaktereigenschaften und sie mussten genügen, um die Mädchen des Hauses Bernerdin einem möglichen Heiratskandidaten erobernswert erscheinen zu lassen.

Traurige neue Welt

Als die beiden älteren Schwestern Franziskas zum Traualtar schritten, mag dem Freiherrn von Bernerdin ein Stein vom Herzen gefallen sein. Beide heirateten in bessere Verhältnisse hinein. Marie lebte fortan als Freiherrin Schertel in Burtenbach, Eberhardine zog mit ihrem Gatten, dem Geheimrat und Hofgerichtspräsidenten von Pflug nach Tübingen. Franziska bot sich damit erstmals Gelegenheit, Adelmannsfelden zu verlassen. In den engen, schwerfälligen Wägen jener Zeit machte sich die Familie hin und wieder auf, um die beiden Jungverheirateten an ihren neuen Heimatorten zu besuchen.

Mit Reinhard von Leutrum fand sich im Jahr 1765 schließlich der erhoffte Bewerber für Franziska ein. Da die Bernerdins ihrer Tochter lediglich eine kleine Mitgift zukommen lassen konnten, nahm der Freiherr das Angebot des vermögenden Barons aus angesehenem Hause ohne Umschweife an. Als pflichtbewusste Tochter fügte sich die 17-jährige

Nur widerwillig folgte Franziska ihrem ersten Mann nach Pforzheim.

Franziska, obwohl sie den sechs Jahre älteren Freier späteren Aussagen zufolge vom ersten Augenblick an verabscheute. *»Geheirat, als ich kaum 16 Jahr alt war, gleichsam als ein Kind, ohne alle Neigung, ohne alle Liebe, bloß weilen man mir sagte: Du musst den von Leuterum heiraten. Mithin aus bloßen Gehorsam und nie aus eigner Wahl wurde ich einem Mann angetraut, der nie mein Herz befriedigen konnte.«*

Reinhard von Leutrum soll von ungestaltem Äußeren und psychisch labil gewesen sein. Einer früheren Lebensbeschreibung zufolge hatte Franziska *»nicht einmal die Einwendung der hässlichen Caricatur Figur ihres Bräutigams ihren Eltern zu machen«* dürfen; der Baron war angeblich *»eher zum Pigmeen (Pigmäen) als zu unsern gewöhnlichen Männern gebildet, auf einem höchstens 4 Fuß hohen Cörper saß ein unverhältnismäßig dicker Kopf, der leidenschaftsleer war«*. Im Rückblick fand Franziska harte Worte für die ihr aufgezwungene Ehe: *»Heirathen heißt, aus einem freien Menschen ein Leibeigener werden – gutes Geld in Scheidemünze einzuwechseln. Gleich am Tempel Hymens liegt der Kirchhof der Liebe.«*

Als Baronin von Leutrum verließ Franziska kurz nach der Hochzeit Adelmannsfelden und zog mit ihrem Gatten nach Pforzheim. Zumindest die äußeren Lebensumstände Franziskas gestalteten sich fortan angenehm. Sie lebte in einem großen, gut ausgestatteten Haus mit zahlreichen Bediensteten, zudem stand ein Sommersitz zur Verfügung. An der Seite ihres Mannes unternahm sie erste Reisen, etwa zu ihrem Schwiegervater nach Karlsruhe. Als Reinhard von Leutrum vier Jahre nach der Eheschließung zum württembergischen Kammerherrn ernannt wurde, erweiterte sich der geografische und gesellschaftliche Radius des Ehepaares nochmals erheblich.

Die Mömpelgarder Herzogin Friederike Dorothea Sophie mit dem Bildnis ihres ältesten Sohnes Friedrich. Als Württembergs Herrscher machte er Franziska später das Leben schwer.

Franziska lernte die Höfe in Karlsruhe und Ludwigsburg kennen und offenbar fiel es der jungen Baronin nicht schwer, sich innerhalb der ihr ursprünglich fremden, höfischen Welt zu bewegen. Sie knüpfte Kontakte. Dabei wurden ein Fräulein von Schilling – Franziskas Cousine – und deren Freundin Henriette von Grollmann zu wichtigen Schlüsselfiguren. Beide standen als Hofdamen in Diensten der Friederike Dorothea Sophie von Württemberg, die mit ihrem Gemahl Friedrich Eugen und den gemeinsamen Kindern in der württembergischen Nebenresidenz Mömpelgard lebte. Dort war Franziska ein gern gesehener Gast.

Zwischen Franziska und den jungen Frauen entwickelte sich rasch eine intensive Freundschaft. Henriette von Grollmann pflegte einen regen Briefwechsel mit der jungen Baronin und da Franziska kein Französisch konnte, formulierte Henriette ihre Schreiben mühevoll auf Deutsch. Anlässlich eines Aufenthaltes bei ihrem Schwiegervater in Karlsruhe erreichten Franziska folgende Zeilen: »*Ich kann unmöglich diese gute Gelegenheit vorbei gehen lassen, ohne mich nach Deinem Wohlsein Englische (engelsgleiche) Freundin, schönste beste Leutrumen zu erkundigen; ich wünsche, daß solches vollkommen gut, und habe ich mir ganz außnehmend gefreut, daß Du Dir in Carlsrouhe so gut amüsierst.*« Die französische Färbung der Formulierungen ist leicht zu erkennen.

Als kaum kalkulierbare Einschränkung der unbeschwerten Frauenfreundschaft erwies sich Reinhard von Leutrum. *»Ach liebste Freundin, Du kannst gar nicht glauben welch ein Verlangen ich habe Dir bald zu sehen, mach doch in diesem Jahre möglich zu uns zu kommen, berede hierzu Deinen Herrn Gemahl ich bitte denselben meine ergebens Compliment zu machen.«* Henriette schloss mit dem Wunsch, Franziska möge sie *»nur halb so lieb als ich dich«* behalten und solle ihrer *»Freundschaft auf ewig gewiß«* sein. Man suchte ständig Gelegenheit, einander zu sehen. Ein eigentlich trauriger Umstand spielte den drei Freundinnen dabei in die Hände, denn obwohl Franziska bereits vier Jahre verheiratet war, ließ eine Schwangerschaft auf sich warten. Die Ärzte empfahlen einen Kuraufenthalt in Wildbad, jenem in Hof- und Adelskreisen gerne genutzten Erholungsort im Schwarzwald.

Die *»Frau von Leutrum ergriff diesen Rath mit desto größerer Freude, als die Frau Herzogin Friedrich von Würtenberg auf eine Sommer Kur in das Wildbad machte und sie Gelegenheit hatte, ihre beiden Herzensfreundinnen, Grollmann und Schilling zu sehen und zu sprechen«*. In der Begleitung ihres Mannes, den die Kinderlosigkeit seiner Frau schwer belastet haben dürfte, machte sich Franziska auf den Weg. Kurz nachdem das Ehepaar im Frühjahr 1769 in Wildbad Quartier bezogen hatte, traf die ersehnte Nachricht von Henriette ein: *»Allerliebste und sehr wertgeschätzte Freundin. Ich habe die Ehre, Dir mein Engel hierdurch zu melden, daß wir heute Mittag um 17 Uhr allhier in Wildbad glücklich und wohl seind angekommen.«*

Um ein erstes Treffen zu arrangieren, musste zunächst der zögerliche Ehemann seine Zustimmung geben. Das lockere Leben bei Hof war ihm bekannt und möglicherweise wachte er tatsächlich eifersüchtig über die Ehre seiner Frau, wie einige Quellen berichten. Die Freundinnen sannen also auf eine Möglichkeit, ihren innigen Wunsch erfüllt zu sehen und suchten Schützenhilfe bei einem Mittelsmann. *»Der Herr von Gaisberg würd' sein Versprechen gewiß erfüllen, Deinen*

Wildbad im Schwarzwald. Franziska und ihr Gatte hielten sich zur gleichen Zeit dort auf wie Herzog Carl Eugen.

Herrn Gemahl zu bitten, uns dieses Glück (eines Wiedersehens) sobald als nur möglich schenken.« Henriette betonte, dass auch Herzogin Dorothea Sophie einer Begegnung mit Freude entgegensehe, *»je eher, je angenehmer, diese Versicherung soll ich nochzumahlen von meiner gnädigen Herrschaft geben, mit vielen Complimente«*.

Offenbar hatte sich Franziska bei ihren Aufenthalten in Mömpelgard die Wertschätzung des Fürstenpaares gesichert. Der Herzogin war Franziska eine anregende Gesprächspartnerin in Glaubensdingen. Unter den Freundinnen herrschte dagegen ein lockerer Plauderton, der neueste Tratsch wurde ebenso besprochen wie die aktuelle Mode. *»Ich nehme mir die Freiheit«*, bat beispielsweise Henriette um Rat, *»eine Probe von dem Taft mit bei zu fügen, mit untertänigster Bitte, mir 1 Lot von der nehmlichen Farben heute kommen zu lassen.«* Franziska, die zuhause nahezu asketisch erzogen worden und der jeglicher Tand fremd gewesen war, hatte inzwischen zu einem eigenen Kleiderstil gefunden.

Wildbad verzeichnete in diesen späten Frühlingstagen des Jahres 1769 einen weiteren, hohen Besucher. Kein Geringerer als Herzog Carl Eugen von Württemberg machte für kurze Zeit Station in vertrauter und geschätzter Umgebung. Möglicherweise kam es dabei zu einer ersten Begegnung mit Franziska, die sich im engeren Umfeld seiner Schwägerin Herzogin Dorothea Sophie bewegte. Als die Tage in Wildbad zu Ende gingen, fiel Franziska der Abschied schwer. Sie kehrte mit ihrem Gatten nach Pforzheim zurück, in der Hoffnung die beiden Freundinnen bald wiederzusehen. Mit Henriette stand sie weiterhin schriftlich in Verbindung. Diese wusste, dass es in Franziskas Ehe enorme Schwierigkeiten gab und erkundigte sich einige Wochen später besorgt: *»Ich will mir stets versichern, daß alles Übele von Dir überstanden, daß Deine Prüfungsstunden vorbei und Du nun ein wahrhaft zufriedenes Leben führen wirst; Du verdienst ja so viel Gutes durch Deine unvergleichliche Denkungsart, warum sollte es Dir denn versagt sein?«*

Franziska war offensichtlich nicht glücklich. Ob sie Carl Eugen von Württemberg in Wildbad tatsächlich näher kennen gelernt hatte, ist nicht belegt. Doch für die Tatsache, dass die Baronin bald am württembergischen Hof bekannt war, sprechen folgende Zeilen Henriettes, welche sie ein Jahr später, im Hochsommer 1770, an Franziska richtete: *»Durch die Cavalliers des Herzogs habe ich Deine Rückkunft in Pfortzheim erfahren.«* Die inzwischen 22-jährige Franziska hatte einige Zeit bei ihrer Schwester in Tübingen zugebracht und ihre Heimkehr schien den Höflingen offenbar eine Bemerkung wert zu sein. War sie dem Herzog bereits aufgefallen?

Der Gipfel der Lust

Carl Eugen von Württemberg hatte man von Kindesbeinen an zum Herrscher erzogen. Er war am 11. Februar 1728 als Sohn des zum Katholizismus konvertierten Herzogs Carl Alexander und dessen lebenslustiger Frau Maria Augusta von Thurn und Taxis in Brüssel geboren worden. Fern der Eltern hatte die

Großmutter den Knaben in Obhut genommen und in einem unpersönlichen Umfeld aus Ammen, Gouvernanten, Lehrern und Erziehern aufwachsen lassen. Erst im Alter von acht Jahren zog er von Brüssel nach Stuttgart in die Nähe der Eltern, zu denen zeitlebens ein distanziertes Verhältnis bestand. Kurz darauf starb sein Vater.

Herzog Carl Eugen von Württemberg im Alter von etwa 22 Jahren. Er führte ein hemmungsloses Luxusleben.

Als der württembergische Prinz 13 Jahre alt geworden war, nahm ihn der preußische König Friedrich II. unter seine Fittiche. Während Carl Eugens zweijährigem Aufenthalt in Berlin wurde ihm zwar eine gute Erziehung, vielmehr jedoch die unbeschwerte Seite des Hoflebens vermittelt. Hoffeste, Jagden und fürstliche Repräsentation gefielen dem jungen Erbprinzen wesentlich besser als die regelmäßigen Unterweisungen in Französisch, Deutsch und Staatskunde. Carl Eugens kapriziöse Mutter, die als Witwe ein lustiges und an Liebhabern reiches Leben führte, fädelte inzwischen bereits eine Heirat für ihren ältesten Sohn ein. Mit Friederike von Brandenburg-Bayreuth, einer Nichte des Preußenkönigs, konnten die Beziehungen zwischen Preußen und Württemberg intensiviert werden.

Carl Eugen bestieg 1744 mit 16 Jahren den württembergischen Thron. Sein Regierungsstil war von Anfang an absolutistisch geprägt und brachte ihn in den klassischen Konflikt mit den württembergischen Landständen, die auf ihre Rechte pochten und seine Eskapaden zu finanzieren hatten. Vier Jahre nach seinem Amtsantritt heiratete er wie geplant die inzwischen 16-jährige Friederike von Bayreuth. Die Ehe scheiterte nach wenigen Jahren. Bereits im Herbst 1756 verließ die junge Herzogin ihren Gatten und zog sich in ihre Heimat zurück. Carl Eugen sah Friederike nie mehr wieder.

Friederike von Brandenburg-Bayreuth, Carl Eugens Gemahlin. Nur wenige Jahre lebte das Ehepaar zusammen.

Damit hatte sie den Herzog in eine fatale Situation gebracht: Die katholisch geschlossene Ehe konnte weder geschieden noch annulliert werden, denn eine früh verstorbene Tochter zeugte von ihrem Vollzug. Erbberechtigte Nachkommen Carl Eugens hätten demnach nur einer Beziehung mit Friederike entspringen können. Die Möglichkeit einer legitimen Neuvermählung gab es nicht. Der machtgewohnte Herrscher musste schmerzlich seine Grenzen erfahren und mit der Tatsache leben, dass er den Thron vermutlich niemals an einen leiblichen Sohn weitergeben würde.

Carl Eugen tröstete sich mit einem ausschweifenden Lebensstil. Schon zu Beginn seiner Regentschaft war ihm eine repräsentative Hofhaltung äußerst wichtig gewesen; selbst im Feld hatte er in diesen ersten Jahren von unterhaltsamen Zerstreuungen nicht lassen können. Geradezu peinlich erscheinen dabei die Sing- und Schäferspiele, die sogar im Militärlager abgehalten worden waren. Als die gegnerischen Truppen prompt in eine solche Aufführung hineinplatzten, hatten sie den württembergischen Herzog im Schäferkostüm vorgefunden. Im Laufe der Jahre entwickelte sich der württembergische Hof unter Carl Eugen zu einem Schauplatz üppigster barocker Prachtentfaltung. Hoffeste feierte man zu jeder sich bietenden Gelegenheit, sei es zu den Namens- und Geburtstagen des Herzogs, zur Jagdsaison oder zum Karneval, zu Staatsakten oder Staatsbesuchen; manchmal auch nur aufgrund einer spontanen Laune Carl Eugens.

In der verschwenderischen Glitzerwelt bei Hof mit ihren Opern, Komödien, Theater- und Ballettaufführungen verwischten nicht selten die Grenzen zwischen Illusion und Realität. So geschah es auch anlässlich des 35. Geburtstags von Carl Eugen. Mitten im Februar veranstaltete er ein opulentes Sommerfest; die Orangerie an der Südseite des Ludwigsburger Schlosses wurde beheizt und mit einem bemalten Himmel überspannt. Die Gäste wandelten zwischen Springbrunnen und Wasserbassins, auf weiten Alleen mit Orangen- und Zitronenbäumen, zwischen natürlich arrangierten Blumenbeeten. Der weitere Ablauf des Abends mündete in eine unglaubliche Inszenierung. Durch die zuckenden Blitze eines Jupiters erreichte die ausgewählte Gesellschaft den *Palast der Pracht*, einen eigens zu diesem Zwecke errichteten Bau im Ludwigsburger Schlosshof.

Im Inneren befand sich inmitten einer Kunstlandschaft der Berg des Olymp mit 15 Metern Höhe, umrahmt von Tempeln und Salons, Säulen und Arkaden, zahlreichen Felsen, Bäumen, Pflanzen und etlichem mehr. Dank der lebensgroßen und unglaublich detailverliebten Ausgestaltung einer künstlichen griechischen Mythologie einschließlich ihrer Götter empfanden sich die Festtagsgäste als Teil des Schauspiels. Weitere Darstellungen zeigten die vier Elemente und bedienten sich unter anderem echter Vögel, eines lebendigen Bauern, der auf einem künstlich angelegten Feld hinter seinem von echten Ochsen gezogenen Pflug herging und eines künstlich angelegten Sees. Ebenso lebensnah hatte man die vier Jahreszeiten gestaltet. Mit Licht- und Spiegeleffekten, dem geschickten Einbezug der realen Kulisse des Schlosses sowie der entsprechenden musikalischen und tänzerischen Umrahmung wurde die illusionistische Choreografie perfekt. Wie bei Hofe üblich beendete ein riesiges Feuerwerk den Abend – nicht jedoch die tagelang andauernden Geburtstagsfeierlichkeiten.

Szene aus einem Gartentheater im Hofcalender. Am württembergischen Hof gab es alle Formen pompöser Zerstreuung.

Zwischen 1763 und 1769 entstand das Lustschloss Solitude. Einige Jahre lang wurden dort rauschende Hoffeste abgehalten.

Neben solchen, an Aufwand kaum zu übertreffenden Festivitäten zeigte sich Carl Eugen von Württemberg als passionierter Bauherr. Über einen Zeitraum von 45 Jahren hinweg entstand das Stuttgarter Neue Schloss; auch die Solitude, Monrepos, Grafeneck, der Garten des Ludwigsburger Schlosses und später Hohenheim entsprangen den Ambitionen des württembergischen Herzogs. Sein übersteigertes Selbstwertgefühl gipfelte in einem selbst für damalige höfische Verhältnisse skandalösen Sexualleben. Des Herzogs zahlreiche Mätressen rekrutierten sich aus den adeligen Hofdamen, vor allem aber aus den vielen Sängerinnen, Schauspielerinnen und Tänzerinnen am Hof.

Neben einem Serail, aus dem er sich bediente, mussten auch Mädchen und Frauen aus dem Volk ihrem Herzog zu Willen sein. Ob sie bereit waren, sich dem Serenissimus hinzugeben, spielte keine Rolle. Folgte eine Schwangerschaft, wurde ihnen eine einmalige Abfindung von 50 Gulden ausgezahlt.

Dem herzoglichen Liebesleben entsprang folglich eine riesige Anzahl illegitimer Nachkommen, Schätzungen gehen von 150 bis 200 Kindern aus. Selbst der italienische Abenteurer Giacomo Casanova, der sich eine Weile in Stuttgart aufhielt, bemerkte: *»Der Hof des Herzogs von Württemberg war zu jeder Zeit der glänzendste von ganz Europa. Herrliche Gebäude, ein großartiger Marstall, eine glänzende Jägerei, Launen aller Art kosteten viel Geld. Alle Tänzerinnen waren hübsch und rühmten sich, den gnädigen Herrn zum mindesten einmal glücklich gemacht zu haben.«* Jede Dame am Hof, die mit Carl Eugen intim gewesen war, trug bei offiziellen Anlässen Schuhe aus blauem Atlas.

Mit seinen bevorzugten Mätressen pflegte der Herzog durchaus langjährige Beziehungen und die daraus hervorgehenden Söhne und Töchter wurden oftmals anerkannt. Meistens waren es sechs Frauen, die sich zeitgleich als anerkannte Mätresse titulieren konnten. Kostbarste Geschenke und großzügige Apanagen belasteten in diesem Zusammenhang die herzogliche Kasse erheblich. Carl Eugens Hofhaltung verschlang ohnehin unglaubliche Geldsummen, allein das geschilderte Geburtstagsfest hatte zwischen 300 000 und 400 000 Gulden gekostet. Da die württembergische Landschaft die Finanzierung eines solchen Luxus verweigerte, beschaffte sich der Herzog skrupellos Geld bei seinen Untertanen, verkaufte sie als Söldner und machte immense Schulden. 1764 verlegte Carl Eugen zudem seine Residenz offiziell von Stuttgart nach Ludwigsburg, wohin es ihn seit jeher gezogen hatte und das von Justinus Kerner später treffend als das *Schwäbische Versailles* bezeichnet wurde. Doch selbst für einen Herrscher wie Carl Eugen gab es Grenzen.

Gegen Ende der Sechzigerjahre musste der Herzog schließlich einsehen, dass ein Umdenken bitter nötig war. Seinem Volk war er verhasst, hatte er doch jahrzehntelang auf dessen Kosten in unermesslichem und arrogant zur Schau gestelltem Glanz gelebt. Außenpolitische Erfolge konnte Carl Eugen keine vorweisen und mit den Landständen lieferte er sich seit

1764 verlegte Carl Eugen den Hof offiziell nach Ludwigsburg.

längerem einen Prozess vor dem Reichshofrat in Wien mit dem Ergebnis, dass er zu Beginn des Jahres 1770 einen Vergleichsvorschlag unterzeichnen musste. Darin verzichtete er auf die uneingeschränkte Herrschaft und verpflichtete sich, einen Teil der seinem Volk abgepressten Gelder zurückzuzahlen. Alles Ignorieren half nicht mehr. Er war gescheitert.

Ein unmoralisches Angebot

Allmählich definierte sich der württembergische Herzog neu. Die rastlose Vergnügungssucht, welche er später als *Lebensgaloppade* bezeichnete, hatte ihn seinen Untertanen entfremdet; nun wollte er ein guter Landesvater werden. Es wurde ruhiger in Ludwigsburg. Carl Eugen entließ die meisten seiner offiziellen Mätressen. Per Dekret ordnete er am 1. Juni 1771 an: *»Die Tänzerin Monti kann abreisen wann sie will, so auch die Ricchieri, die auch keine Pension mehr hat.«* Nur wenige blieben, darunter die italienische Sängerin Caterina Bonafini, mit der Carl Eugen bereits seit Jahren liiert war und mit der

er mehrere Kinder hatte. Alles sah danach aus, als plane er eine gemeinsame Zukunft. Bis zu jener Begebenheit im Herbst 1771, zu der Carl Eugen zahlreiche gewählte Gäste einlud.

Ein Jagdausflug sollte den Herzog und seinen Hofstaat nach Kirchheim führen. Im Gefolge befanden sich Reinhard und Franziska von Leutrum, die Carl Eugen mit einem Eintrag in seinem Reisetagebuch am 15. September 1771 erwähnt: *»Mittags kam der Cammerherr von Leutrum und seine Frau, geborene von Bernerdin, hier an, welche auch in der Suite blieben.«* Von Leutrum würde einige Zeit den herzoglichen Kammerherrendienst versehen. Eine Konstellation mit Konsequenzen. Die ersten Tage, welche Franziska in Carl Eugens Umfeld verbrachte, waren mit Ausflügen, Spieleabenden, Opernbesuchen und Theaterveranstaltungen ausgefüllt. Der Herzog hielt sich gerne bei den Damen auf, begleitete sie *»in das Häuslein im Kräuterbühl, um die Hirsche daselbst schreien zu hören«* oder auf die Teck. Dabei suchte er auffallend häufig die Nähe der Baronin. Als elf Tage später schließlich zur Jagd geblasen wurde, ritt des Herzogs Mätresse Caterina Bonafini nicht wie üblich an der Seite ihres Geliebten. Stattdessen *»gingen der Cammerherr von Leutrum und seine Frau mit uns«*.

Carl Eugen konnte kaum verbergen, wie sehr ihm Franziska gefiel. Der Hof horchte auf, entsprach die Baronin doch kaum den Anforderungen der Zeit an Schönheit und Eleganz.

Offenbar reizte den eben erst geläuterten Carl Eugen gerade diese Andersartigkeit Franziskas. Sie war von mittlerer Größe, besaß eine hohe Stirn und blaue Augen. Ihr Mund schien etwas zu groß, die Zähne waren nicht ebenmäßig, aber das volle, dunkelbraune Haar und eine graziöse Körperhaltung ließen sie frisch und anziehend wirken. In ihrer *»noble und exquise simplicité«*, ihrer schlichten, natürlichen Art, unterschied sie sich deutlich von den Frauen, die der 43-jährige Herzog im Übermaß genossen hatte. Franziska war authentisch, ungekünstelt und spontan. Sie hatte sich mit vielen Lebensfragen auseinandergesetzt. In bescheidener Offenheit vertrat sie ihre Standpunkte und lebte eine verinnerlichte Religiosität. Mit ihrem Einfühlungsvermögen erkannte Franziska zudem, wie einsam und gebrochen der Herzog im Grunde war, trotz aller äußerlicher Pracht.

Herzog Carl Eugen als junger Mann. Er galt als mächtig, verschwenderisch und attraktiv.

Als die Jagdgesellschaft Kirchheim verließ, um sich zur Sauhatz nach Schorndorf zu begeben, reiste Franziska im Wagen des Herzogs. Ihr Mann musste eine andere Route nehmen. Auf dieser Fahrt durch den herbstlichen Schurwald erklärte sich Carl Eugen seiner Angebeteten. Viele Jahre später noch sollte er sich genau an diesen Augenblick erinnern: *»Bald zehn Jahre ist es, dass die gütige Vorsehung Dich an meine Seite brachte«*, so Carl Eugen in einem Brief an Franziska, *»dass ich Dich versicherte (Ich erinnere mich gar wohl) für beständig Dein zu bleiben, dass ich Dich liebe, schätze, ehre, dass immer meine Gedanken*

dahin gingen, keiner anderen als Dir Teil an meinem Herzen, an meiner Hand zu geben.«

Franziska wusste, dass sie sich mit einer Entscheidung für Carl Eugen in dessen völlige Abhängigkeit begeben würde. Doch instinktiv spürte sie, dass sich der Herzog auf eine tiefe und ehrliche Weise für sie interessierte. Der machtgewohnte und auch sexuell attraktive Mann übte eine immense Anziehungskraft auf sie aus. Er bot ihr die Aussicht auf ein unbeschwertes Leben und eine erfüllte Partnerschaft. Auch Franziskas verschuldeter Gatte erkannte bald die Vorteile, die ihm entstehen konnten, sollte seine Frau herzogliche Mätresse werden. Denn das Carl Eugen dieses Ziel anstrebte, war nicht zu übersehen.

Als sich das Ehepaar Leutrum am 6. November 1771 verabschiedete, um Leutrums Schwager in *»Geissingen«* zu besuchen, übte er sich keineswegs in Diskretion: *»Nachdem der Herzog in Tübingen die Pro-Rectors-Wahl gemacht hatte, so fuhren sie von da aus nach Ludwigsburg und sodann nach Geissingen, um die Frau von Leutrum zu besuchen.«* Zwei Tage später besuchte er Franziska ein weiteres Mal und als der Baron und die Baronin nach Pforzheim zurückkehrten, folgte er ihnen. Am 10. November 1771 unterbreitete er dem Kammerherrn ein eindeutiges Angebot. Dieser sollte für die stillschweigende Duldung eines außerehelichen Verhältnisses zum Reisemarschall befördert werden. Neben einer Besoldung von 3000 Gulden und einer Fourage für zwei Pferde garantierte der Herzog die Übernahme von aufgelaufenen Schulden in Höhe von 6000 Gulden.

Das Arrangement Carl Eugens entsprach dem damals üblichen Vorgehen im Hinblick auf herzogliche Ambitionen. Mit seinem Einverständnis legitimierte Reinhard von Leutrum quasi die Beziehung zwischen seiner Frau und dem württembergischen Herrscher. Am 11. November schrieb er an seinen Herzog: *»Und gleich wie ich von denen gnädigsten Promessen die Euer herzogliche Durchlaucht gegen meine Frau auf mein Sujet gnädigst äußern wollen besonders gerührt bin;*

also würde ich mich höchst glücklich schätzen, würdig zu sein den gebotenen tiefsten Respekt gegen Euer herzogliche Durchlaucht mit meinen unterthänigsten Diensten bezeugen zu können.«

Carl Eugen kehrte zufrieden nach Schorndorf zurück, eine Woche später schloss sich auch das Ehepaar Leutrum wieder der Jagdgesellschaft an. Alles schien zum Besten geregelt – bis Reinhard von Leutrum einen Brief seines Vaters erhielt. Der alte Leutrum war empört ob der Vorstellung, dass seine Schwiegertochter mit dem Einverständnis ihres Ehemannes die Rolle der herzoglichen Geliebten einnehmen sollte. Er fürchtete um die Familienehre, fand entsprechend harte Worte und stellte Reinhard von Leutrum schlicht vor vollendete Tatsachen; mit dem Stolz eines eingesessenen Adelsgeschlechts hatte er den Dienst seines Sohnes bei Hof bereits quittiert. Eine fatale Situation.

Franziska in Reisekleidung. Carl Eugen handelte mit ihrem Mann ein Arrangement aus, das sie zu seiner Mätresse machte.

Reinhard von Leutrum versicherte Carl Eugen, sich zu erklären, *»wie es einem Cavallier von Geburt und Ambition zustehen wird«*. Der Baron reiste ab und begab sich kleinlaut nach Karlsruhe. Eine Woche später erhielt der Herzog eine Nachricht: *»(Mein Vater) beharret darauf, dass ich in Pforzheim bleibe und die mir abgetretenen Güter nicht verlassen könne«*, so Reinhard von Leutrum. Zudem drohe ihm die Enterbung. *»Diese Sache ist über alle Maßen critisch für mich.«* Die Einmischung des Vaters habe ihm derartig Verdruss bereitet, *»dass ich krank darüber geworden«*. Der Baron entschuldigte sich mehrmals und bedauerte zutiefst, dass die ganze Sache eine solch unglückliche Wendung genommen habe. Nicht zuletzt stand für Leutrum die Rückgabe der 6000 Gulden an, die er zur Tilgung seiner Schulden bestens hätte gebrauchen können.

Franziska hielt sich zu diesem Zeitpunkt immer noch im Gefolge Carl Eugens auf. Am 24. November erreichte sie ein Schreiben ihres Gatten, in welchem dieser erklärte, dass *»mein Vater mich ohnabläßig und mit Gewalt dahin gezwungen nicht wieder zurückzukehren«*. Er betonte, dass er sich dieser Anordnung nicht aus freien Stücken gebeugt habe. *»Ich muß ihm doch folgen, will ich nicht riskieren, enterbt zu werden. Ich muß mir alles gefallen lassen, will ich das meinige nicht verlieren. Ich werde also nicht mehr zurückkommen, welches ich hier mit zur sicheren Nachricht melde.«* Er bat seine Frau, die ihm überlassenen 6000 Gulden gegen Quittung an den Herzog zurückzugeben. Das Geld *»befinden sich zu Schorndorff in jenem Commod«*, zu der ihr Carl Eugen den Schlüssel überlassen habe.

Franziska antwortete am darauffolgenden Tag: *»Dein Schrieb habe ich noch in Schorndorf um 11 Uhr erhalten.«* Verärgert machte sie ihrem Mann den Vorwurf, *»dass Du Ihro Durchlaucht den Herzog (von mir will ich nichts sagen) nicht besser Wort gehalten hast, wiederum hierher zu kommen. Ich bin nicht wenig verlegen hierüber, da Du mir insbesonders nicht schreibst, was ich hierbei zu don habe.«* Durch die veränderten Rahmenbedingungen stand ihre Beziehung zum Herzog in Frage.

Einige Tage vergingen. Franziska bekam einen weiteren Brief zugestellt, in welchem Reinhard von Leutrum erstmals auf eine mögliche Trennung von Carl Eugen anspielte. Er *»erwarte täglich«* ihre Rückkehr nach Pforzheim. Seine Frau ließ sich nicht darauf ein. Ein Wortgeplänkel folgte dem anderen, bis Franziska ihren Mann schließlich daran erinnerte, wie schlecht er sie in den vergangenen sechseinhalb Jahren behandelt habe und dass sie im Falle ihrer Heimkehr seinen Zorn fürchte. Ferner wisse sie seinen momentanen Aufenthaltsort nicht. Leutrum antwortete barsch: *»Meine Wohnung ist in Pforzheim, welches schon lang und hinlänglich bekannt ist.«* Ferner nahm er Stellung: »*Mein in unserer 6 1/2 jährigen Ehe bezeugte Behandlung betreffend, so erinnere ich mich derselben, ich weiß aber auch, dass solche aus Madame gehabter Conduite und geäußertem Betragen vollkommen gerechtfertigt sind.*«

Knappe zehn Tage später erklärte Franziska ihre Ehe für zerrüttet. Sie wolle »*nun und nimmer mehr ehelich mit ihm (Leutrum) leben*«. Offenbar konnte sie ihre Gründe dafür stichhaltig belegen. Die Vorbereitungen für ein Zusammenleben mit Carl Eugen waren bereits seit längerem in aller Diskretion vorangetrieben worden. Nun wurde Reinhard von Leutrum die Scheidung aufgedrängt, ohne dass er über irgendeine Handhabe verfügte. Franziska, tugendhaft erzogen und kokett mit diesem Pfund spielend, hatte sich entschlossen über die gesellschaftlichen Rahmenbedingungen ihrer Zeit hinweggesetzt und war ihrem Herzen gefolgt.

Liebesreigen

Carl Eugens langjährige Geliebte Caterina Bonafini, eine italienische Sängerin.

Carl Eugen von Württemberg wusste nun, was er wollte. Noch vor Weihnachten verheiratete er seine Gefährtin und Geliebte Caterina Bonafini mit einem Rittmeister von Poeltzig. Eleonore Franchi, eine weitere langjährige Mätresse, musste den Hof verlassen. Das Christfest des Jahres 1771 verbrachten die Baronin von Leutrum und der Herzog bereits gemeinsam auf Schloss Einsiedel. Sie nutzten ihre Zeit zu einem Besuch bei Franziskas Schwester in Tübingen, der Besichtigung des Gestüts Marbach und einer Treibjagd in Grafeneck.

Als das neue Jahr angebrochen war, wurde in einer gemeinsamen Konvention zwischen Franziska und der Leutrumschen Familie die »*Ehe (der Leutrums) wegen wichtiger Ehedissidien in beiderseits freiwilligem Konsensus gänzlich gelöst*«. An eine Versöhnung sei nicht zu denken. Am 16. Januar 1772 wurde Franziska schuldig geschieden, da sie »*nach den vorgelegten Briefen ihren Entschluß erklärt hatte und darauf beharrte, die Ehe nicht mehr fortzusetzen*«.

Inzwischen hatte ihr Carl Eugen bereits *»aus besonderer Hochachtung nicht nur den unentgeltlichen Genuß des Herrschaftlichen Schloß Guths zu Hohenheim und allen zugehörigen Grund- und Güter-Stücke, sondern auch die Jagd in hiernach beschriebenen Bezirk«* übergeben. Hohenheim lag auf einem fruchtbaren Höhenrücken südlich von Stuttgart. Franziska genoss ihre Aufenthalte dort, die zahlreichen Räume des frühbarocken Garbschen Schlösschens waren wohnlich eingerichtet und unter den Gemälden fanden sich neben den zahlreichen Ahnen angeblich auch Bilder der großen französischen Mätressen Madame de Montespan und Madame de Maintenon. Das Schlafzimmer war offenbar mit einem Chintz aus bunten Blumen tapeziert und mit *»1 Tombeau Bettladen von eichern Holz, grün angestrichen mit zitzenem Umhang von bunten Blumen«*, Rohrsesseln mit *»grünem Saffian«*, einer Kommode, einem Spiegel, einem Kanonenofen und Bronze- und Kristalllüstern ausgestattet. Franziska liebte die in Mode gekommenen Schokoladengetränke. Unter dem kostbaren Porzellan des Hauses befanden sich zahlreiche Becher und Untertassen, in denen ihr diese Köstlichkeit stilgerecht serviert werden konnte.

An das offizielle Leben bei Hof musste sich Franziska dagegen erst gewöhnen. Sie hatte eine völlig andere Erziehung genossen, die höfischen Regeln und Manieren waren ihr fremd. Als besonders schwierig erwies sich die Tatsache, dass sie nie Französisch gelernt hatte, die offizielle Hofsprache. Diese Sprachbarriere machte sie zur Außenseiterin und so musste Franziska andere Strategien finden, um ihre Stellung zu behaupten. Da Carl Eugen niemals Zweifel an seiner Liebe zu ihr aufkommen ließ und sie vorbehaltlos unterstützte, konnte sie sich etablieren, ohne ihre Persönlichkeit aufzugeben. Im Gegenteil. Der Stil des Herzogs änderte sich.

Carl Eugen und Franziska führten eine zunehmend auf Zweisamkeit ausgerichtete Beziehung. Im Frühjahr 1772 war das Paar einige Wochen im Land unterwegs, kurz darauf reisten sie nach Mömpelgard. Der Herzog verzichtete auf die gewohnten Feierlichkeiten zu seinem Namenstag Anfang November. Das Paar speiste gerne und häufig *»en retraite«* in seinen Privaträumen. Hoffeste wurden weniger häufig und rustikaler gefeiert, ihre Inhalte änderten sich. Die Theateraufführungen drehten sich nun um Künste und Wissenschaften oder das einfache Bauernleben. Feierlichkeiten zu Ehren Franziskas gestalteten sich manchmal gar als Wohltätigkeitsveranstaltungen. Die Höflinge reagierten irritiert. Der einst für seinen Glanz gerühmte württembergische Hof verlor allmählich an Anziehungskraft.

Franziska bemühte sich stets sehr um ihren Geliebten, denn trotz aller Zuneigung trennten sie ihre Herkunft und zwanzig Jahre von Carl Eugen. Der Herzog mochte ihre Unsicherheit spüren und zerstreute ihre Sorgen durch seinen respektvollen Umgang. Immer wieder versicherte er Franziska seiner Hochachtung. Sein Bemühen fand auch in der Korrespondenz des Paares Ausdruck: *»Ich habe mein schönstes artiges Franzele von gantzem Herzen lieb«*, ließ Carl Eugen seine Liebste wissen und an anderer Stelle versicherte er: *»Herz, Leib und Seele gehören Dir. Ja alles Ich, ganz Dein.«* Franziska drückte sich in ihren Briefen wesentlich devoter aus, nannte den Herzog *»Durchlaucht«* und signierte mit *»die aller unterthänigst gehorsamste Franzel«*. Sie nannte ihn, der so viel älter war, *»Papale«* und schrieb: *»Je mehr ich mein Papale zu verehren Ursach finde, so heißer ist die respectvolle Liebe, mit der ich Ihrer Durchlaucht ihr Eigentum bin. Jeder Ausdruck ist zu gering, mit dem ich meinen jetzigen Empfindungen die Treue beschreiben wollte, womit ich mein respektables, mein verehrungswürdiges Papale ehrfurchtsvoll liebe.«* Carl Eugen versicherte mit Nachdruck: *»Mein Wunsch, ja alle meine Wünsche wären erfüllt, wenn ich Dich an meiner Seite recht glücklich machen könnte und Dir dadurch beweisen, daß mein Herz allein für Dich brennt.«* Franziska stand für Werte, die das Hofleben ausgespart hatte: Geborgenheit, Zuverlässigkeit und eine Ruhe, die Carl Eugen bisher fremd geblieben war. In ihrer interes-

Franziska und Carl Eugen beim Scheibenschießen (18. Jh.). Das Paar unternahm kaum etwas getrennt.

sierten und überlegten Art war sie dem Herzog eine ideale Gesprächspartnerin. Das Paar wuchs zusammen.

Franziska war keineswegs naiv und verließ sich nicht allein auf die gute, zwischenmenschliche Basis ihrer Beziehung. Sie legte großen Wert darauf, ihre erotische Ausstrahlung zu bewahren und ihrem Herzog, dem keine Spielart der Liebe fremd war, zu gefallen. Franziska bemerkte hierzu gemäß dem zeitgenössischen Schriftsteller Lichtenberg: *»Es ist schwer, einen Mann treu und verliebt zu halten, und um figürlich zu reden, ihm der alle Kleider (Frauen) gesehen, durch ein anders gestecktes Band zu überraschen.«* Sie war erfolgreich. Carl Eugen umwarb sie mit aller Leidenschaft und spielte gerne auf die sinnlichen Momente ihres Zusammenseins an: *»Lange habe ich keinen so angenehmen Morgen als heute bei meiner allerliebsten Franzele gehabt, die ich mit meiner Seele liebe und immer lieben werde!«* Genussvoll ließ er sie wissen: *»Auch meine lieben Füße küsse ich in Gedanken. Herzallerliebste Franzele! Mein gantzes Ich ist voll Vergnügen, voll Zufriedenheit über den heutigen Morgen, wo ich Dich allerliebste Gefährtin so zärtlich in meinen Armen fasste.«*

Das Glück war zu Franziska gekommen. Aus *»eigner Wahl«* hatte sie sich dem Herzog hingegeben. Mit ihr ging Carl Eugen von Württemberg erstmals eine verantwortungsbewusste, feste Bindung ein, die aus persönlicher Zuneigung entstanden war und auf Dauer angelegt sein sollte.

In Adelmannsfelden hatte man den Gang der Dinge etwas hilflos verfolgen müssen. Franziskas Mutter ließ die Tochter nur wenige Wochen nach deren Scheidung wissen: *»Herzliebe Franzel, Deine Fatalitäten mit dem Leutrum waren mir und Deinem Vater, welcher Dich herzlich grüßen lässt, höchst sensible. Allein was geschehen, ist nicht mehr zu redressieren, was uns noch einiger Maßen consolirt ist, dass Ihre Durchlaucht der Herzog Dir, was Du schreibst, so viele Gnadenbezeugungen erweiset, überhebe Dich aber diesertwegen nicht ... weilen Du doch jetzo in der großen Welt bist und Gelegenheit hast, viele Leute zu sehen, wäre uns sehr lieb, wenn du könntest einen guten Käufer für den Besitz in Adelmannsfelden zuweisen ... und sei versichert, dass ich von Herzen bin und bleibe Deine treue Mutter.«*

Offenbar war der Mutter ein gutes Verhältnis zu ihrer Tochter wichtig, auch wenn Franziskas Verhalten die Grundsätze des Elternhauses verletzte. Sie appellierte an das Gewissen ihres Kindes, mahnte sie, bescheiden und tugendhaft zu bleiben. Und da die Dinge nun einmal so waren, wie sie sich darstellten, nutzte sie die neuen Beziehungen gleichzeitig für ihre eigenen Interessen. Zu Beginn des Jahres 1773 erhielt Franziska ein Schreiben ihres Vaters, in dem er sie nachdrücklich auf Frömmigkeit und einen auf das Jenseits ausgerichteten Lebenswandel hinwies. Er wolle seine Tochter *»zur wahren Glückseligkeit aufmuntern«* und betonte, dass *»alles Vergängliche, es mag noch so glänzend sein als es immer will, nicht imstand (ist) unserer unsterblichen Seele dasjenige Glück zu gewähren, wozu die sie doch von der gütigen Vorsehung gewidmet ist, je mehr man auch das Vergängliche genießt«*. Abschließend beteuerte er seine Zuneigung: *»Der ich dann von Herzen bin und bleibe. Dein treuer Vatter. Ludwig Bernerdin.«*

Reichsgräfin von Hohenheim

Franziska wurde die Frau an Carl Eugens Seite. Er schenkte ihr das Palais Grävenitz am Ludwigsburger Marktplatz, das er mit Teilen des Pretiosenkabinetts bestücken ließ. Sie kaufte und erhielt Güter und weitere Häuser; wurde zudem in der *Stuttgarter Privilegierten Zeitung* erwähnt, wenn sie mit Carl Eugen auf Reisen ging oder ihn auf die Jagd begleitete. Von Anfang an übernahm sie repräsentative Pflichten und verkörperte dadurch zunehmend den sich vollziehenden Imagewandel des Herzogs, vom selbstherrlichen, despotischen Fürst zum überlegten, aufgeklärten Landesvater. Franziskas ehrlich gelebte Religiosität machte sie glaubwürdig, auch wenn sie zu ihrem tiefen Bedauern durch ihre uneheliche Beziehung zu einem verheirateten Katholiken vom Abendmahl ausgeschlossen worden war. Das Volk goutierte Franziskas Einfluss, sie galt bald als der gute Geist an Württembergs Hof.

Carl Eugen war weiterhin nachhaltig bemüht, Franziskas Stellung am Hof zu festigen. Keiner seiner unzähligen Mätressen zuvor hatte er ein solches Interesse entgegengebracht und zeigte damit deutlich, welche Bedeutung Franziska für ihn besaß. Nach schwierigen Verhandlungen und gegen eine Summe von 7079 Gulden und 30 Kreuzern wurde Franziska kurz nach ihrem 26. Geburtstag im Januar 1774 durch Kaiser Joseph II. zur *»Hoch- und wohlgeborenen Reichsgräfin von Hohenheim«* ernannt. Sie durfte sich fortan »Exzellenz« nennen und führte ein eigenes Wappen. Die Kosten wurden in der Rentenkammer Württembergs unter der Rubrik *»Unvorhergesehene Fälle«* verbucht. Franziska war bewusst, was Carl Eugen für sie tat und ließ ihn wissen: *»Keine Worte können den tiefsten Respekt und das Gefühl der zärtlichsten reinsten Liebe ausdrücken, mit der der Herzog von der Gräfin verehrt werden.«*

Franziskas Existenz hing ganz und gar von Carl Eugens Gunst ab und er bemühte sich immer wieder, ihr Sicherheit zu vermitteln. So manches Mal drückte er sich poetisch aus und dichtete:

Hochachtung, Freundschaft und Liebe
Dies zu denken, werde ich nicht müde;
Ja ich sage es, und will es wiederholen
Daß ich in Dir mir alles auserkoren
Nichts, als einstens nicht mehr leben
Wird diese Gedanken bei mir aufheben
Mit einem Wort mein liebster Schatz
In meinem Herzen hast Du allen Platz.

Geradeheraus formulierte er an anderer Stelle:

So gewiß die Erde im Kreise gehet
so gewiß der Mittel Punkt im Circul stehet
so sicher Liebster Engel, heut und allezeit
kannst Du glauben und sicher glauben
dass meine Liebe und Hochachtung bleibt
auch darauf Dir stärkste Pfeiler bauen.

Auch im Alltäglichen wusste Carl Eugen seine Geliebte zu unterstützen und übersetzte ihre Korrespondenz, wo nötig, ins Französische. Erhielt Franziska ihre Briefe übersetzt zurück, fand sich nicht selten eine liebevolle Anmerkung: *»Da, Engele aller Engele«*. Auf diese Weise musste sie sich nicht wegen ihrer mangelnden Sprachkenntnisse kompromittiert fühlen.

Doch aller Rangerhöhung und Liebesbezeugungen zum Trotz war Franziska an den internationalen Höfen nur ungern gesehen. Man munkelte, sie schmücke sich mit viel zu protzigen Juwelen und nutze ihre Stellung, um sich persönlich zu bereichern. Tatsächlich bemühte sich Franziska um Absicherung. Neben ihrem Immobilienbesitz erhielt sie immer wieder Zuwendungen aus der herzoglichen Kasse, die Carl Eugen persönlich in einer eigens dafür vorgesehenen Schatulle verwahrte. *»Der Gräfin von Hohenheim eigentümlich zugehörig«* hatte er eigenhändig auf die eiserne Kiste geschrieben. Seine notorische Geldknappheit zwang den Herzog zwar oftmals dazu, sich selbst am Vermögen seiner Geliebten zu bedienen, doch geizte er nicht an kostbaren Präsenten. Er beschenkte Franziska mit den erwähnten Juwelen und Schmuck, ließ ihr kostbare Gewänder zukommen. Und auch ihre Familie wurde bedacht.

Am 15. Dezember 1774 brachen Franziska und Carl Eugen zu einer ersten großen Reise auf, die nicht zuletzt den Zweck hatte, die Gräfin von Hohenheim an einigen Höfen einzuführen. Das Paar reiste wie meistens inkognito und mit kleinem Gefolge, das aus drei Kavalieren, einem Friseur, einem Arzt, zwei Leibdienern und einigen Lakaien bestand. Zunächst hielten sie sich einige Wochen in Mömpelgard auf und Franziska wurde auf Carl Eugens Geheiß hin in allen Ehren empfangen. Nachdem man gemeinsam Weihnachten und Neujahr gefeiert hatte, führte ihr Weg weiter nach Rom und Neapel. Neugierig bestaunte Franziska die Sehenswürdigkeiten Italiens, besuchte gemeinsam mit dem Herzog Bildungseinrichtungen, Bibliotheken, Krankenhäuser, Schulen, Universitäten, Werkstätten und Manufakturen. Sie ließ sich sogar auf den Vesuv tragen. Ein offizieller Empfang, so wie ihn Carl Eugen gewünscht hatte, wurde Franziska verweigert. Königin Maria Karolina von Neapel-Sizilien, eine Tochter der österreichischen Kaiserin Maria Theresia, gestattete der Geliebten des württembergischen Herzogs lediglich eine Audienz in Morgentoilette.

Anfang März kehrte das Paar nach Stuttgart zurück, doch immer wieder zog es die beiden hinaus in die Welt. Dabei musste Franziska manche Demütigung hinnehmen, denn noch immer wurde sie nicht als die Frau an Carl Eugens Seite akzeptiert. So äußerte sich die Herzogin von Braunschweig gegenüber ihrem Bruder, Friedrich II. von Preußen abschätzig: *»Die Gräfin Hohenheim ist mit Juwelen bedeckt wie ein Heiligenbild von Loretto; übrigens ist sie nicht schön:*

Franziska war eine jener Italien-Reisenden, die den Vesuv und seine Lavaströme besichtigen. Gemälde aus dem 18. Jahrhundert

Man sagt, sie sei gut und das ist wohl ihr ganzes Verdienst, zumal sie auch keinerlei Esprit hat. Sie spricht wenig, wollte aber partout mit dem Herzog reisen.« Als sich Franziska an Carl Eugens Seite 1776 in Paris aufhielt, wollte Ludwig XVI. sie aufgrund ihres niedrigen Ranges nicht empfangen. Königin Marie Antoinette äußerte sich in einem Brief an ihre Mutter Maria Theresia abfällig über die Begegnung mit dem württembergischen Herzog: *»Ich war erstaunt, in welch überlegenem und vertrautem Ton er mit mir sprach.«* Kaum freundlichere Worte fand sie für Franziska: *»Überall schleppte er seine Mätresse mit sich herum, die eine Gräfin ist und ziemlich übel aussieht. Ich habe sie auf dem Opernball getroffen; ich weiß nicht, was aus ihm geworden ist, sie sind abgereist.«*

Franziska entsprach eben nicht dem gängigen Schönheitsideal und damit kaum den Vorstellungen hinsichtlich der weiblichen Reize, welche die Machtposition einer Mätresse üblicherweise begründeten. Wie Carl Eugen auf die brüske Ablehnung seiner Franziska reagiert hat, ist nicht überliefert. Offenbar hat diese Tatsache aber weder seinen Gefühlen Abbruch getan noch ihn dazu verleitet, Franziska Vorwürfe zu machen. Die Beziehung der beiden stand auf festem Grund.

Eine überlieferte Alltagssituation veranschaulicht diese Bindung: Eines Morgens brach der Herzog zu einer Reise auf. Franziska war mit ihm aufgestanden, hatte sich nach seiner Abreise nochmals hingelegt und geschlafen, als sie mit dem Gedanken erwachte, *»daß die Schokolade vergessen worden«*. Sie schickte ihm einen kleinen Vorrat nach und nutzte die Gelegenheit, ihm liebevoll zu offenbaren: *»Ich bin unendlich froh, daß die Schokolade vergessen worden sei! So kann ich doch so glücklich sein, Ihnen aller gnädigstes Liebstes Papale das schriftlich untertänigst zu sagen, was ich so gerne alle Augenblicke mündlich sagen möchte, das ich Ihnen außerordentlich liebe und verehre!«*

1777 bemühte sich der Herzog beim Kaiser darum, Franziska in den Rang einer Fürstin zu erheben. Joseph II. lehnte ab.

Dichter, Denker und Desmoiselles

Franziska war ausgesprochen belesen. Ihre Liebe zu Büchern teilte sie mit Carl Eugen, der bereits 1765 die Herzogliche Öffentliche Bibliothek gegründet hatte, zu der jedermann außer den *»Livrée Bediensteten«* Zutritt hatte. Gemeinsam gestalteten sie diese Bibliothek, die noch heute in der Württembergischen Landesbibliothek besteht, weiter aus. Nach den Vorstellungen des Herzogs sollte sie die anderen Bibliotheken Deutschlands an Umfang deutlich übertreffen. Im Jahr 1777 wurde der Bestand von Ludwigsburg nach Stuttgart verlagert und in einem Haus am Marktplatz neu eingerichtet.

Auch privat sammelte das Paar im Laufe der Zeit mit Leidenschaft viele Druckerzeugnisse. Während Carl Eugen die Wissenschaften bevorzugte und sich für kostbare alte Drucke interessierte, las Franziska gerne Zeitgenössisches. Neben religiösen Schriften fanden sich in ihrem Bestand sowohl historische und schöngeistige Literatur als auch Werke der Philosophie und der Pädagogik. In der Öffentlichkeit erwarb sie sich dadurch den Ruf einer intellektuellen und gebildeten Frau, wie die Bitte des Verlegers Christian Gottfried Cotta zeigt, ihr Veröffentlichungen von Christoph Martin Wieland widmen zu dürfen.

Der Dichter befasste sich in seinen Romanen vornehmlich mit der Tugend, einem unerschöpflichen Gesprächsthema zwischen Carl Eugen und Franziska. Cotta begründete seine Anfrage damit, dass seine Ausgabe eine *»höhere Schönheit«* erlangen würde, *»wann die von mir verlegten Werke mit Euer Hoch-Reichs Gräflichen Exzellenz Hohen Namen prangen«*. Adolph Freiherr Knigge, Georg Christoph Lichtenberg, Christian Fürchtegott Gellert gehörten neben vielen anderen zu Franziskas Lektüre, vor allem aber liebte sie Friedrich Gottlieb Klopstock, den sie später persönlich kennenlernen und mit dem sie einen intensiven Briefwechsel führen sollte.

Franziska beließ es nicht beim Lesen, sie erstellte Zusammenfassungen und Auszüge der Werke, die sie verinnerlicht hatte: *»Weisheit ist die Gesundheit der Seele. Sokrates.«* Zudem formulierte sie ihre eigenen Gedankengänge und schuf damit weiteren Gesprächsstoff mit Carl Eugen, der sich gerade neu erfand. *»Eines jeden Menschen höchste und wichtigste Pflicht ist«*, so die Gräfin von Hohenheim, *»den Begriff seiner Bestimmung so klar und deutlich zu machen, als möglich. Und Religion ist die wichtigste Angelegenheit des Menschen.«*

Zu den zahlreichen Briefpartnern, mit denen sie sich austauschte, gehörten der Theologe und Pädagoge August Hermann Niemeyer und Johann Caspar Lavater, Theologe und Autor religiöser Dichtungen. Niemeyer vertraute sie gar an, dass sie aufgrund ihres illegitimen Verhältnisses mit einem verheirateten Mann Schuldgefühle plagten und es ihr echter Wille sei, *»im Lande das wieder gut zu machen, was sie daselbst«* verschuldet habe. Carl Eugen respektierte diese Seite seiner Geliebten, praktizierte jedoch seinen katholischen Glauben. Da Franziska zu einem sehr gefühlsbetont gelebten Christentum tendierte und ihre Begeisterung für pietistische Glaubensgemeinschaften wie die Herrnhuter Brüdergemeinde nicht verbarg, fühlte er sich eines Tages bemüßigt, ihr nach-

Die Hohe Carlsschule in Stuttgart, Carl Eugens Vorzeigeprojekt.

drücklich zu befehlen, sich *»der falschen Neigung zu dem sogenannten Pietismo zu enthalten«*.

Bereits seit dem Jahr 1770 betrieb Carl Eugen ein ehrgeiziges Projekt: die Hohe Carlsschule, auf der spätere Offiziere, Ärzte, Juristen, Künstler und Verwaltungsbeamte in Loyalität ihrem Herzog gegenüber ausgebildet und erzogen werden sollten. 1773 zur Militärakademie ausgebaut wurde sie vom Kaiser später als Universität anerkannt und stand fortan in direkter Konkurrenz zur Landesuniversität Tübingen, die wiederum seitens der Landstände Unterstützung erhielt. Der ausgezeichnete Ruf der Carlsschule als Bildungsanstalt zog interessierte Besucher an, unter ihnen Lavater und Goethe. Für die Schüler bedeutete der dortige Aufenthalt dagegen militärischen Drill und klösterliche Strenge. Einer der Zöglinge des Instituts sollte später Berühmtheit erlangen: Friedrich Schiller, der als Junge in das von der Außenwelt nahezu abgeschnittene Leben hinter den Mauern der Hohen Carlsschule eintreten musste und darunter sehr litt.

Die neue Bildungseinrichtung diente dem Herzog auch dazu, sein *»Engelsfranzele«* und *»nicht wankende Säule der Tugend«* weiter zu etablieren. Sie wurde seine *»Gehülfin«*. Carl Eugen, Stifter, Schirmherr und Leiter der Hohen Carlsschule, band Franziska in sein Großprojekt mit ein. Anlässlich ihrer Namens- und Geburtstage befahl der Herzog, seine Geliebte würdig zu feiern. *»Tränen der Freude entfallen dem Auge, Tränen des Danks steigen zu dem Unendlichen auf, dass er sie schuf«*, formulierte Friedrich Schiller denn auch pathetisch zu ihren Ehren. Carl Eugen selbst wurde nicht müde, Franziskas Tugend öffentlich zu preisen. Ihren Geburtstag würdigte nicht nur die Carlsschule Jahr für Jahr. Der Herzog ließ seine Gräfin mit Hoffesten gebührend feiern; auch wenn Franziska den meist in französischer Sprache aufgeführten Darbietungen aufgrund ihrer mangelnden Sprachkenntnisse nicht folgen konnte.

Carl Eugens »Engelsfranzele«, umgeben von Carlsschülern.

1772 verwirklichte Carl Eugen ein erzieherisches Projekt für Mädchen: die *École des Demoiselles* in Ludwigsburg. Sie sollte den Töchtern von Beamten und Offizieren eine angemessene Schulbildung ermöglichen. Gleichzeitig bildete man Balletttänzerinnen und Sängerinnen aus. Es lag nahe, die Schirmherrschaft Franziska zu übertragen. Gemeinsam mit dem Herzog entschied sie fortan über Aufnahmegesuche und übte die oberste Disziplinargewalt aus, die Intendantin hatte ihr regelmäßig Bericht zu erstatten. Durchschnittlich wurden 25 bis 30 adelige und bürgerliche Schülerinnen zwischen acht und zwanzig Jahren in Schreiben, Arithmetik, Geschichte, Italienisch, Französisch, Musik, Religion, Geografie und Sittenlehre unterrichtet. Auf Lehrinhalte und Organisation hatte Franziska jedoch keinen Einfluss. Dafür erhielt sie immer wieder Besuche der Elevinnen. Unter ihnen befand sich eine der jüngeren Schwestern Franziskas.

Friedrich Schiller dichtete 1778 im Namen und Auftrag der École abermals ein Loblied auf Franziska:

Franziska wird mit gnadevollem Blick
Auf ihrer Töchter schwaches Opfer schauen,
Franziska stößt die Herzen nie zurück.
Und feuervoller wird der Vorsatz uns beleben,
Dem Musterbild der Tugend nachzustreben.

Die gut gemeinte, zur damaligen Zeit geradezu progressive Idee einer Mädchenbildungsanstalt hatte keinen Bestand. Carl Eugen beklagte die immensen Kosten, gleichzeitig blieb die Akzeptanz gering – allen aufklärerischen Tendenzen zum Trotz. 15 Jahre nach ihrer Gründung wurde die *École des Demoiselles* durch Carl Eugen *»nunmehr völlig aufgehoben«*.

Vom einfachen Leben

Im Jahr 1776 hatte Carl Eugen seinen Sommersitz von der Solitude nach Hohenheim verlegt. Inspiriert von einer Englandreise, auf der ihn Franziska begleitet hatte, begann er, dort einen Garten im englischen Stil zu gestalten. Damit folgte er dem Zeitgeist, denn ähnliche Anlagen fanden sich in Versailles, Göttingen oder Schwetzingen. Franziska, die sich von Kindesbeinen an mit der Natur verbunden gefühlt hatte, engagierte sich begeistert. Gemeinsam schufen sie eine Park-Idylle, die beide gleichermaßen liebten und in der sie ohne Hofzeremoniell sich selbst leben konnten. Carl Eugen setzte auf diese Weise bewusst einen Kontrapunkt zum urbanen Hofleben, das er ohnehin konsequent reduziert hatte. Die Rolle des Landedelmannes, befand er, stand ihm außerordentlich gut zu Gesicht.

Als Carl Eugen am 11. Februar 1778 seinen 50. Geburtstag feierte, ließ er von den Kanzeln seines Herzogtums einen eigenhändig formulierten Erlass verlesen. Darin gestand er seinem Volk ein, in der Vergangenheit viele Fehler gemacht zu haben, die er inzwischen bereue. *»Wir bekennen es freimütig, denn dies ist die Schuldigkeit eines Rechtschaffenen.«* Er versprach: *»Wir sehen den heutigen Tag als eine zweite Periode unseres Lebens an, wir sehen den heutigen Tag als einen erneuerten Geburtstag der Liebe, des Gehorsams, der Treue, des Vertrauens unserer lieben und getreuen Untertanen an.«*

Die Württemberger waren ob der neuen Lauterkeit ihres Serenissimus mehr als erstaunt. Bis heute wird über Carl Eugens Motive gerätselt. War es die Ankündigung einer echten Umkehr, nutzte er lediglich Franziskas zunehmende Popularität für eigene Zwecke oder war alles nur geheuchelt, um die Sympathie seiner Untertanen zurückzugewinnen? Wenngleich er an Franziskas Seite und unter ihrem Einfluss ein beschaulicheres Leben führte, trug seine politische Arbeit nach wie vor absolutistische Züge. Er machte noch immer Schulden, obwohl er deren Rückzahlung versprochen hatte. Und er scheute sich nicht, seine eigenen Interessen rücksichtslos zu verfolgen.

Besonders deutlich wird dies am Fall des Dichters Christian Daniel Schubart, der sich bereits im Jahr vor dem Kanzelmanifest zugetragen hatte. Schubart war ein exzessiver Lebemann mit außergewöhnlichen musikalischen und rhetorischen Fähigkeiten. Diese brachten ihn an den Ludwigsburger Hof. Obwohl verheiratet, hatte er zahllose Affären, hielt sich gar eine Mätresse. Damit geriet er in Konflikt mit

Herzogliche Willkür: die Inhaftierung des Dichters Schubart auf dem Hohenasperg.

den Kirchenbehörden, die ihm Konkubinat vorwarfen. Nachdem Gerüchte in Umlauf kamen, er habe sogar mit Franziska ein Verhältnis gehabt, wurde er exkommuniziert und 1773 aus Württemberg ausgewiesen. Mit spitzer Feder wetterte der Dichter fortan gegen den Herzog. In einem Gedicht, das Schubart zugesprochen wird, bezeichnete er ihn als *»Tyrannen«* und verhöhnte ihn mit einem Seitenhieb auf die Carlsschule als *»Schulmeisterlein«*.

In der *»Teutschen Chronik«*, die Schubart regelmäßig herausgab, prangerte er den Soldatenhandel Carl Eugens an und verstieg sich gar so weit, die Gräfin von Hohenheim in einem Brief als *»Donna Schmergalina«* zu verunglimpfen. »Schmergeln« ist das schwäbische Umgangswort für »schlecht riechen«. Als Schubart zudem mit einem habsburgischen Gesandten in Konflikt geriet und in seiner Chronik fälschlicherweise über den angeblichen Tod Maria Theresias berichtet hatte, ließ ihn Carl Eugen im Januar 1777 in Blaubeuren verhaften und auf den Hohenasperg bringen.

Als Schubart dort ankam, war neben dem Herzog vermutlich auch Franziska zugegen. Der Dichter berichtete später jedenfalls, er sei an einem Fenster vorbeigeführt worden, hinter dem die Gräfin von Hohenheim gestanden habe. Trotz aller angeblichen Verfehlungen Schubarts stellte diese Verhaftung einen reinen Akt herzoglicher Willkür dar. Zehn Jahre wurde

Die Säulen vom Tempel des Donnernden Jupiter im »Dörfle«, dem künstlichen Landleben von Carl Eugen und Franziska.

der Dichter ohne Anklage und ohne Urteil gefangengehalten. Er erfuhr nicht einmal den Grund seiner Inhaftierung, die ihn als gebrochenen Mann zurückließ.

Unterdessen hatte der Garten in Hohenheim Gestalt angenommen. Die Architektur zeichnete eine Landschaft in aller Beschaulichkeit und Einfachheit; Baumgruppen, Wege, Seen und Bachläufe gestalteten einen natürlichen Rahmen. Einheimische Bäume und Sträucher fanden ihren Platz darin, Weinberge, Blumenbeete und ein Gemüsegarten wurden angelegt. Carl Eugen importierte exotische Gehölze und machte den Garten in Hohenheim zu einer der *»reichsten und vollständigsten Sammlungen von ausländischen Bäumen und Sträuchern, die wir in Deutschland besitzen«*, so die vielfach beachtete »Theorie der Gartenkunst« eines Christian Cay Lorenz Hirschfeld.

Im Südwesten des Parks lag der *»amerikanische Garten«*. Ein Gewächshaus aus Glas und Eisen beherbergte wertvolle exotische Pflanzen. Zahlreiche Gebäude, teilweise als Ruinen einer alten Römerstadt aufgeführt, fügten sich in die Gartenlandschaft ein. Darunter befanden sich ein *Römisches Wirtshaus*, ein *Römisches Gefängnis*, die *Ruinen eines Römischen Bades* und der *Sibyllentempel*. Eine fromme Thematik stand hinter dem zirkelförmigen *Cartäuser-Kloster mit gothischer Kapelle* oder dem Moscheebau. Auf einem langgezogenen See lag ein Schiff vor Anker, es gab schwäbische Bauernhäuser und eine Meierei, einen englischen Kaufladen, ein französisches Boudoir und ein toskanisches Spielhaus. Im Laufe der Jahre bis 1790 entstanden sechzig solcher Gebäude, meist im verkleinerten Maßstab 1 : 4 errichtet. Da sie größtenteils bewohnbar waren, verbrachten Franziska und Carl Eugen gerne ihre Zeit darin, frühstückten miteinander oder fanden mittägliche Ruhe. Franziska nannte das Arrangement liebevoll-pragmatisch ihr *Dörfle*, während der Herzog mit einem Motto aufwartete: *»Triumph tugendhaften Landlebens über die Sittenverderbnis des untergegangenen Roms«*.

Wann immer möglich, hielt sich das Paar in Hohenheim auf. Damit nutzten sie ihre Miniaturlandschaft nicht nur zur zeitweiligen Zerstreuung, sondern machten sie zum Lebensmittelpunkt. Der ewige Rhythmus von Aussaat und Ernte, der Wechsel der Jahreszeiten, das Arbeiten im Freien bestimmte nun ihre Tage und gab den Takt vor. Der Herzog pendelte zwischen Hohenheim und Stuttgart, wo er seinen Regierungsgeschäften und anderen Aufgaben nachkommen musste. Zudem beschäftigte sich Carl Eugen intensiv mit dem Thema Landwirtschaft, sann unter anderem auf fortschrittlichere Methoden im Anbau und der Viehhaltung. Im *Dörfle* konnte das Paar ungestört seine Liebe leben, die Privatsphäre genießen. Carl Eugen pflückte seiner Geliebten Beeren und bedachte sie mit selbstgebundenen Blumensträußen.

Franziska fühlte sich wohl. In der schlichten Kleidung einer Landfrau empfing sie in Hohenheim Staatsgäste und Diplomaten, Mitglieder ihrer Familie oder anderen Besuch.

Carl Eugen liebte es, seine Gäste durchs *Dörfle* zu führen, das sich zu diesem Zwecke belebte; Bäuerinnen arbeiteten in der Meierei, Gefangene in Ketten litten in den *Römischen Gefängnissen*, Mönche wandelten inmitten der Klosteranlage. Unweit des *Römischen Wirtshauses* fanden ländliche Feste oder Jahrmärkte statt. Als Darsteller fungierten Schüler der Carlsschule. So mancher Besucher war eigenartig berührt von dem Schauspiel, das sich ihm bot – ein künstliches Landleben inmitten eines prächtigen Parks.

Franziska ging völlig auf in ihrer Landfrauenrolle. Der Hof war fern; in Hohenheim fühlte sie sich sicher und ihren Aufgaben gewachsen. Sie packte an, half bei der Heu- und Getreideernte, kümmerte sich um ihren Haushalt, kochte Marmelade, verkaufte Vieh und pflanzte an. Sie widmete sich botanischen Studien, versorgte ihren Garten und gestaltete ihn weiter aus. Ihr Engagement wurde mit einem Ehrendiplom der *»Königlich Churfürstlichen Landwirtschaftlichen Gesellschaft«* zu Celle belohnt.

In Hohenheim gab es zudem einen ganz besonderen Ort, an den sich Franziska gerne zurückzog, um ihrer Leseleidenschaft zu frönen oder ihre umfangreiche Korrespondenz zu führen: das *Kolhitl*, eine nachgebildete Köhlerhütte aus Brettern mit einem bis zum Boden gezogenen Dach. Vor dem Häuschen war ein Kohlehaufen aufgeschichtet, doch im Innern verbarg sich die Bibliothek der Gräfin von Hohenheim. Als Kamin wurde ein ausgehöhlter Baumstamm genutzt, die Möblierung war einfach. Mittelpunkt war ein grau gestrichener Schreibtisch mit vergoldeten Leisten, die Bücherschränke besaßen Türen aus Drahtgeflecht. Gemütlich wurde es durch die grauseidenen Vorhänge, einen ebenfalls grauen Teppich, einen Ofen und Gemälden an den Wänden.

Ihren Glauben praktizierte Franziska ohne Einschränkungen. In Birkach, unweit von Hohenheim, ließ der Herzog eine Kirche für sie bauen, die aus der persönlichen Schatulle des Paares finanziert wurde. In einer eigenen Loge konnte Franziska dort dem Gottesdienst folgen.

Der Herzenswunsch

Im 18. Jahrhundert galt es als modern, ein Tagebuch zu führen und Herzog Carl Eugen ermunterte Franziska, ein solches zu beginnen. Er beschriftete es selbst: *»Der Gräfin von Hohenheim Eigenhändiges Tag Buch«*. Am 1. Januar 1780, einem Samstag, begann Franziska mit ihren Aufzeichnungen. *»Mit Gottes Hilfe haben wir heute dieses Jahr gesund angetreten. Gott segne uns darinnen nach seinem gnädigen Wohlgefallen u. gebe, daß wir wohl wachsen u. zunehmen in allem Guten, wodurch wir Ihm wohl gefallen können, dass sein Name recht durch uns verherrlicht werde, u. wir Ihm in Allem gehorsam werden, u. nur Ihme leben.«* Sie fuhr fort mit dem Ablauf dieses Neujahrstages: *»Der Vormittag wurde in Hohenheim zugebracht; der Baumann (der katholische Hofkaplan) hielt eine schene Predigt; zuvor haben der Herzog geschrieben u. ich gelesen. Nach Tisch ging es dann bald hier her, wo ich noch Zeit hatte, zu lesen. Meine Inbronst war aber nicht so, wie ich wünschte. Abends war Concert u. Tafel in der Akademie, der Prinz von Hessen war auch da u. es wurde in dem Rangiersaal (der Akademie) gespeist. Das Wetter war sehr hibsch.«*

Das Kolhitl im »Dörfle«. Hierhin zog sich Franziska gerne zum Lesen und Schreiben zurück.

Nur zehn Tage später feierte die Gräfin ihren 32. Geburtstag. Carl Eugen betrieb einen großen Aufwand, um sein Franzele gebührend zu ehren. An diesem Tag war Franziska früh erwacht, das *»Frühstück war auch in andern Gefässen gebracht«*. Gegen sieben Uhr, Carl Eugen war bereits aus dem Bett, stand die Gräfin *»mit zit-*

ternden Füßen u. mit Angst auf den heutigen Tag auf«. In ihrem Ankleidezimmer erwartete sie eine kostbare Robe und ein Geburtstagsbrief des Herzogs, der sie *»innigst freute«.* In einem weiteren Raum, *»wo alles schimmerte«,* hatte man ein silbernes Service aufgebaut, zudem erwartete sie darin eine *»sehr schene Uhr«,* angefertigt von Pfarrer Matthäus Hahn. 15 junge Eleven der Carlsschule hielten Girlanden in die Höhe, *»wodurch ich gehen musste«.* Franziska war *»ganz betäubt von aller der Gnad Ihro Durchlaucht u. konnte kein Wort von den Rührungen«* ihres Herzens über die Lippen bringen.

Gegen neun Uhr hatte sich der gesamte Hofstaat versammelt, Schüler der Carlsschule und der École trugen Reden und Verse vor, um Franziska zu würdigen. Anschließend fuhr man in die Kirche; zur Feier des Tages heirateten 15 Paare aus ärmlichen Verhältnissen auf Kosten der herzoglichen Kasse, zudem hatte Carl Eugen die Aussteuer bezahlt. Vier goldene Jubelpaare fanden sich ebenfalls ein, um ihren 50. Hochzeitstag in ungewohnter Pracht zu feiern. Auch sie wurden vom Herzog großzügig bedacht. Franziska war immer noch nicht fähig, etwas zu sagen. Ihrem Tagebuch vertraute sie an, wie sehr sie von Carl Eugens Großzügigkeit berührt gewesen war, über seinen *»Edelmut«* und seine *»Denkungsart«.*

Zum Frühstück ging es in die Akademie. Dort wurden neben den fürstlichen Gästen und den Hochzeitspaaren weitere 200 arme Menschen verköstigt. Friedrich Schiller hielt die Geburtstagsrede, gespeist wurde anschließend im Neuen Schloss. Man hörte die Oper *Dido und Aeneas* von Purcell. Nach einer Ruhepause bat man erneut *»zur Tafel, die 90 Couverts war«.* Schließlich zog sich die Festtagsgesellschaft zurück. *»Der ganze Tag ging also von einer Gnad zu der anderen«,* fasste Franziska ihre Eindrücke zusammen, *»war auch noch durch den Schnuppen so geplagt, dass ich fast nicht schnaufen konnte, und damit trete ich nun mein 33. Jahr an. Gott verleihe, dass ich darinnen umkehre u. mich ganz bessere u. er leite mich nach seinem Rat und Wohlgefallen auf dem Weg des Glaubens und der Tugend«.*

Franziska verwendete das Tagebuch eigentlich nicht dazu, ihre Seelenwelt niederzuschreiben. Im Grunde richtete sie ihre Worte an den Herzog, der sich gerne in die Eintragungen vertiefte. Sie zeichnete überwiegend ihren Tagesablauf, den Kirchgang und das Wetter auf, teilweise verkürzt, in zwei oder drei Sätzen. Einigen wichtigen Ereignissen jedoch widmete sie sich ausführlicher.

Dieses Jahr 1780 brachte zudem eine entscheidende Veränderung im Leben der Gräfin von Hohenheim. Am 3. April erreichte den württembergischen Hof die Nachricht, dass Carl Eugens Ehefrau, Friederike von Brandenburg-Bayreuth, ernsthaft erkrankt sei. Franziska war bewegt, *»es war mir empfindlich und ging mir den ganzen Tag nach«*. Fünf Tage später überbrachte ein Kurier den Wunsch der Herzogin, *»jemanden von hier (aus Württemberg) zu sehen u. zu sprechen«*. Doch es war zu spät, bereits zwei Tage zuvor, am 6. April, war Friederike an den Folgen einer Lungenentzündung gestorben. Erst am 9. April *»gleich beim Aufwecken wurde gemeldet«*, so Franziska, *»daß eine Stafette da wäre und diese brachte die Nachricht, dass Ihro Durchlaucht, die Herzogin den 6. dieses Monats Abends zwischen 6 u. 7 Uhr das Ewige mit dem Zeitlichen gewechselt hätten; ich war gewiß gerührt über die Nachricht«*. Die legitime Gattin des Herzogs war tot und der Hof rüstete zum dreimonatigen Trauerzeremoniell. Carl Eugens Lebenssituation hatte sich grundlegend verändert. Er war frei.

Franziska lebte weiter ihren Alltag, bevorzugt in Hohenheim. Morgens wurde *»im Dörfle wie gewöhnlich gefrühstückt«*. Sie werkelte draußen und *»pflanzte allerhand in (ihrem) Garten, Früh Kraut, rote Rüben und allerhand Hirse«*. Im Juni notierte Franziska zur Heuernte: *»Nach Mittag brachte man ganz in der Stille u. gutem Frieden 60 Wägen Heu herein.«* Zwischen der Gartenarbeit, den wechselnden Besuchern, den Ausritten des Herzogs und den gemeinsamen abendlichen Spazierfahrten erfüllte sie ihre repräsentativen Pflichten. Anlässlich eines Besuchs des Prinzen von Holstein-Gottorp schrieb Franziska: *»Nachdem man hier etwas weniges zu*

Mittag gegessen hatte, ging es nach Stuttgart, den Prinzen abholen u. es ging als dann nach Louisburg (Ludwigsburg); man besahe alles das Merkwürdige, das Schloß, das Arsenal, die Porzellan Fabrik, die Uhren Fabrik, das Waisenhaus, das Opernhaus und mein Haus, alsdann brachte man den Prinzen wieder nach Stuttgart u. der Herzog und ich fuhren wieder hier her (nach Hohenheim).«

Und dennoch war alles anders. Nachdem sie viele Jahre an Carl Eugens Seite gelebt, unzählige Liebesbezeugungen entgegengenommen und sein Versprechen erhalten hatte, ihr jeden Tag seines Lebens zu weihen, hoffte Franziska angesichts der veränderten Rahmenbedingungen auf mehr. Sie wünschte nichts sehnlicher, als die belastende, in ihren Augen sündhafte Stellung einer herzoglichen Geliebten gegen jene der ehrbaren Ehefrau einzutauschen.

Für immer Dein

Carl Eugen war wieder zu haben und ein begehrter Heiratskandidat. *»Von verschiedenen sowohl katholischen als protestantischen Höfen«* seien ihm entsprechende Angebote unterbreitet worden, ließ der Herzog die württembergischen Landstände wissen. Seine Entscheidung stand zu diesem Zeitpunkt allerdings schon fest. Bereits eine gute Woche zuvor und kurz nach Ablauf der offiziellen Trauerfrist hatte er Franziska einen Brief zukommen lassen: *»Es ist Zeit, liebste Freundin, Dir mein Herz ganz zu öffnen, und Deine Erklärung im Wechsel erwarten. Hier zum Pfand meiner bisherigen Rechtschaffenheit und redlichen Denkungsart gegen dir, hier sage Ich, ist meine Hand. Bande des Christentums, der Religion, sollen sie vereinigen und Du, an meiner Seite leben.«*

Franziska war überwältigt und wollte ihm umgehend antworten. Noch während die Buchstaben auf das Papier flatterten, betrat Carl Eugen überraschend persönlich ihre Räumlichkeiten und wiederholte seinen Antrag von Angesicht zu

Ein Straßenzug in Wien. Bei Hof war Franziska kein allzu gern gesehener Gast.

Angesicht. Ihrem Tagebuch vertraute sie an diesem 10. Juli folgende Zeilen an: *»Der Herzog kamen dazu und ich wurde immer mehr bewegt von Ihrer schönen Denkungsart; Sie drückten sich noch viel größer aus, mündlich als wie schriftlich; ich war den ganzen Tag sehr sehr empfindlich gerührt; man fuhr abends spazieren.«*

Den Landständen teilte der Herzog großzügig mit, dass er zum Wohl des Landes bereit sei, auf eine dynastische Heirat und die damit verbundenen Aufwendungen für seine Untertanen zu verzichten. Stattdessen werde er sich *»zur vollkommensten huldreichsten Bewährung dies Unseres unabänderlichsten höchstens Beschlusses (mit der) Frau Reichsgräfin von Hohenheim zur linken Hand trauen lassen«*. Die Landschaft bewilligte Carl Eugen daraufhin einen jährlichen Betrag von 5000 Gulden sowie eine Einmalzahlung in Höhe von 150 000 Gulden.

Beide ahnten nicht, wie weit der Weg ins gemeinsame Glück noch sein sollte. Denn bald stellte sich heraus, dass Carl Eugen nach dem kanonischen Recht der katholischen Kirche keine geschiedene Protestantin heiraten konnte, zumal der verlassene Ehemann noch am Leben war. Der Herzog ließ nichts unversucht, einen kirchlichen Dispens zu erlangen. Schließlich wandte er sich in einer direkten Petition an Papst Pius VI. Im Mai 1781, zehn Monate nach des Herzogs Heiratsantrag, ließ der Papst mitteilen, dass er die gewünschte Eheschließung verweigere. Zunächst schien alle Hoffnung vergebens.

Das Paar wurde des Reisens nicht müde, auch wenn sich die Fahrten vielfach strapaziös gestalteten. Die Straßenverhältnisse waren schlecht, die hygienischen Voraussetzungen in den Nachtquartieren katastrophal und das Essen in den Gasthöfen unterwegs teilweise ungenießbar. So manches Mal verhinderten ein Radbruch oder durchgegangene Pferde die Weiterfahrt. Ab und zu kam es zu Unfällen, so wie Carl Eugen einmal in seinem Reisetagebuch erwähnte: *»Bis Dinkelsbühl ging es gut, zwischen diesem Ort und der Post Feuchtwangen wurden wir kurz hintereinander zwei mal umgeworfen, das ich eine ganz leichte Wunde am Kopf bekam.«*

Doch mögliche Gefahren hinderten die beiden keineswegs daran, immer wieder aufs Neue aufzubrechen. Franziska lernte an Carl Eugens Seite eine Vielzahl an Höfen und Ländern kennen. Man nutzte die Aufenthalte zur Repräsentation, empfing Personen von Rang und speiste gemeinsam. Manchmal waren Franziska und Carl Eugen nur kurze Zeit unterwegs, manchmal über mehrere Wochen oder Monate. Ende April 1782 machten sie sich wieder einmal auf den Weg. Über Augsburg, Braunau und Linz führte die Route nach Wien an den Kaiserhof. Carl Eugen hoffte, dort Unterstützung für die Anerkennung seiner Heiratspläne zu finden. Die Tage waren ausgefüllt mit Besuchen und Besichtigungen.

Am 17. Mai lud Kaiser Joseph II. seinen württembergischen Gast samt Begleitung zur Mittagstafel. Franziska schien bei dieser Gelegenheit keinen besonders guten Eindruck auf den Kaiser gemacht zu haben. Offenbar äußerte sich Joseph II. später abfällig über den aufwändigen Schmuck der Gräfin von Hohenheim sowie über ihre Angewohnheit, immer an der Seite ihres Geliebten einen Raum zu betreten. Dennoch erwies er Franziska die Ehre, ihr nach dem Mittagsmahl *»selbst das Schloß und den Garten«* zu zeigen. Die anschließende Falkenjagd musste der leidenschaftliche Jäger Carl Eugen vom Wagen aus beobachten, da ihm die Gicht im rechten Fuß zu schaffen machte. Mit seiner Gesundheit stand es ohnehin nicht zum Besten, neben Gichtanfällen plagten ihn rheumatische Beschwerden. Am 30. Mai kehrten Carl Eugen und Franziska wohlbehalten nach Hohenheim zurück – allerdings ohne in ihrer eigenen Sache weitergekommen zu sein.

Längst verloren geglaubten barocken Glanz erlebte die Solitude im September des gleichen Jahres. Anlässlich eines Besuchs der Mömpelgarder Herrschaften sowie des russischen Großfürsten Paul und seiner Frau Maria Feodorowna richtete Carl Eugen ein letztes Mal ein Fest im großen Stil aus, dessen Kosten sich auf 345 000 Gulden beliefen. Hinter Maria Feodorowna verbarg sich niemand anderes als Carl Eugens Nichte Sophie Dorothee aus Mömpelgard, die nach ihrer Hochzeit mit Paul einen russischen Namen angenommen hatte. Der württembergische Herzog hatte den Ablauf der Veranstaltungen und Attraktionen genauestens geplant – sollte der prächtige Rahmen nicht nur die hohen Gäste ehren, sondern gleichermaßen Franziskas Rolle im Leben am württembergischen Hof unterstreichen. Die Gräfin von Hohenheim trat gemeinsam mit Carl Eugen auf und übernahm wie selbstverständlich die Pflichten einer Herzogin.

Mit Empfängen, Fürstentafel, Redouten, Opernaufführungen, Jagden, einem ritterlichen Turnier und einem Karussell bot das Programm bewährte Zerstreuung nach altem Muster. Doch trotz aller Mühen und intensiv betriebener Vorbereitungen war den Feierlichkeiten nur mäßiger Erfolg beschieden.

Das Wetter zeigte sich unbeständig und wechselhaft und so manches Vorhaben fiel buchstäblich ins Wasser. *»Das Wetter war sehr stürmisch«*, dokumentierte Franziska am 19. September, so dass sich die geplante Besichtigung des *Dörfles* aufgrund des starken Regens zunächst verzögerte. Als sich gegen Nachmittag endlich die Sonne zeigte, wurden die Gäste in das ländliche Refugium geführt, um in der verbliebenen Zeit einen raschen Blick auf des Herzogs Landleben zu werfen. Man zeigte sich allerdings wenig beeindruckt.

Zwei Tage später fuhr die Gesellschaft bei strömendem Regen nach Ludwigsburg und wiederum *»gab es tausend Konfusionen«*. Zu den Wetterkapriolen gesellte sich die ausnehmend schlechte Laune des russischen Großfürsten, der sich wenig Mühe machte, diese zu verbergen. Er zeigte kaum Interesse an den dargebotenen Abwechslungen, zog sich häufig zurück, ging nicht in die Oper und nicht ins Theater und übersah geflissentlich die aufwändige Schlossillumination mit ihren 90 000 Lichtern. Die Jagd am Bärensee musste aufgrund des Dauerregens um einen Tag verschoben werden; als sie schließlich stattfand, verlangte Großfürst Paul, dass die 5000 Tiere, welche zum Abschuss ins Wasser getrieben worden waren, nicht geschossen, sondern freigelassen werden sollten.

Die russische Großfürstin war untröstlich ob des bevorstehenden Abschieds von ihrer Mömpelgarder Familie und *»weinde sehr«*. Endlich, am 28. September 1782, war alles vorüber. Erleichtert notierte Franziska in ihr Tagebuch: *»Der Herzog und ich gingen gleich hierher (Hohenheim), man fuhr noch in das Dörfle es war aber bald Abend und damit fuhr man bald wieder herein und aß in Ruh und Frieden Ihro Durchlaucht und ich allein und ging gleich danach zu Bett.«*

Die festlichen Tage waren nicht nur anstrengend gewesen, sondern einem ehemaligen Carlsschüler gerade recht gekommen: Denn zwischen Friedrich Schiller und seinem Gönner Carl Eugen hatte es bereits seit Längerem spürbare Dissonanzen gegeben. Der Dichter fühlte sich fremdbe-

Die große Jagd am Bärensee anlässlich des Besuches von Großfürst Paul und Maria Feodorowna im Jahr 1782.

stimmt und schließlich regelrecht schikaniert. Um an der Uraufführung seines Werkes »Die Räuber« in Mannheim dabei sein zu können, hatte er Württemberg ohne die Erlaubnis des Herzogs verlassen. Nach seiner Rückkehr hatte sich der hoffnungsvolle Dichter prompt für zwei Wochen im Gefängnis wiedergefunden. Der Herzog hatte ihm außerdem bis auf Weiteres untersagt, *»Komödien«* und *»desgleichen Zeugs«* zu schreiben. Damit war das Maß voll gewesen. Als die Wachen anlässlich des russischen Besuches mit der Sicherung des Geschehens am Hof beschäftigt waren, nutzte Schiller gemeinsam mit einem Freund die Gelegenheit, aus Stuttgart zu fliehen.

Herzogliche Willkür gab es also nach wie vor. Obwohl sich Carl Eugen geläutert gab, blieb seine Persönlichkeit gespalten. Noch immer kam es in seinem Auftrag zu Gewalttaten; so am 24. Mai 1783, als ein älterer Herr versehentlich versäumte, der herzoglichen Fahne die Reverenz zu erweisen und den Hut zu ziehen. Der diensthabende Leutnant von

Friedrich Schiller und seine Begleiter passieren auf ihrer Flucht das hell erleuchtete Schloss Solitude.

Böhnen ahndete dieses Vergehen mit 25 Stockhieben und wurde anschließend von Carl Eugen mit einer Rangerhöhung ausgezeichnet. Unbeabsichtigt geriet Franziska dabei zwischen die Fronten. Sie soll den jungen Leutnant protegiert haben, hieß es, Gerüchte um sie und von Böhnen machten die Runde.

Die Gräfin von Hohenheim durchlebte ohnehin eine schwierige Zeit. Ihre sehnlichst erwünschte Heirat ließ nach wie vor auf sich warten und möglicherweise musste sie an der Treue des Herzogs zweifeln. Der badische Minister Wilhelm von Edelsheim bemerkte jedenfalls im Bezug auf Carl Eugens Verhalten: *»Er will jetzo für einen Philosophen, einen Christen, der Reue über seine Sünden trägt und für einen guten Landesvater passieren. Darum hält er sich sein Serail heimlich und lügt einem die Haut voll, dass ich nicht eine Sache, so wie ich sie von seiner Hochfürstlichen Durchlaucht hatte, habe verfizieren können.«* Auch Justinus Kerner äußerte sich Jahre später in seinem »Bilderbuch aus meiner Knabenzeit«: *»Seine ehelichen Verhältnisse betreffend, so lebte er mit seiner zweiten Gemahlin Franziska, wenigstens dem äußeren Anscheine nach, friedlich, und obgleich die ehelich Treue nicht groß war, erfuhr man von Zerwürfnissen beider nie etwas.«*

Zumindest in die Heiratsangelegenheit kam im Herbst 1784 Bewegung, nachdem Carl Eugen gemäß den Empfehlungen seiner Berater urkundlich verlauten ließ, sich mit Franziska *»zur linken trauen zu lassen, mithin sie für die Zukunft als seine Gemahlin anzusehen und zu behandeln«*. Er setzte sich damit schlicht über sämtliche Verbote hinweg und schuf vollendete Tatsachen. Franziska musste sich im Gegenzug verpflichten, ihrem Herzog treu zu sein, seine kostbaren Tage *»immer ruhiger und wahrhaft vergnügter zu machen«* und sich keinesfalls *»weder mittelbar noch unmittelbar in die herzoglichen Geschäfte zu mischen«*. Noch wusste die Gräfin von Hohenheim allerdings nichts von den Aktivitäten, die Carl Eugen bezüglich ihrer Eheschließung betrieb.

Ende September setzten der Herzog und sein Bruder Friedrich Eugen aus Mömpelgard einen Vertrag auf. Um dessen Unterstützung für seine Plänen zu erhalten, hatte ihm Carl Eugen garantiert, dass die Herzogswürde nach seinem Tod auf die Mömpelgarder Linie übergehen würde. Franziska sorgte sich unterdessen um die Gesundheit des Herzogs. Er habe *»Schmerzen in (seinem) Fuß und klagen über Abnahme der Kräfte«* ließ Franziska ihr Tagebuch am 10. Oktober 1784 wissen. Ähnlich äußerte sie sich zum Jahresende: *»Der Herzog seind dieses Jahr viel kränklich gewest.«* Carl Eugens unbändige Energie hatte zwar nachgelassen, doch er bemühte sich, seine Leiden zu verbergen.

Am 11. Januar 1785, ihrem 37. Geburtstag, erwartete Franziska ein ungewöhnliches Hochzeitsgeschenk. *»Wie ich in mein Zimmer kam, sprach mich der Herzog allein von Sachen, die mich erstaunten und die meine ganze Seele erschütterten.«* Carl Eugen eröffnete seiner Gefährtin, dass ihre Eheschließung unmittelbar bevorstünde. Franziska, bisher ahnungslos, wurde von dieser Botschaft völlig überrascht. Ihr Bräutigam führte sie in ein abgelegenes Zimmer des Neuen Schlosses. Dort vollzog der Hofkaplan in Anwesenheit der Mömpelgarder Herrschaften, des Staatsministers und eines Paters als Trauzeugen die Trauung des württembergischen Herzogs und seiner langjährigen Geliebten. Franziskas uneingeschränkte Freude währte nur kurz. Die Eheschließung musste geheim bleiben, in der Öffentlichkeit änderte sich an ihrer Stellung nichts. Lediglich der Birkacher Pfarrer wurde über die Vorgänge informiert und das erlaubte Franziska, zwei Monate später erstmals nach dreizehn Jahren wieder am Abendmahl teilzuhaben. Ein Hoffnungsschimmer.

In Freude und Leid

Im Jahr ihrer heimlichen Hochzeit begann der Herzog mit dem Bau des Hohenheimer Schlosses anstelle des alten *Garbschen Schlösschens*, dem bereits ein Wohngebäude (die heutige Speisemeisterei) angeschlossen worden war. Eifrig trieb er die Arbeiten voran, gemeinsam mit seiner Frau besuchte er nahezu täglich die Baustelle. Für Franziska waren die Umstände ihrer Ehe nach wie vor sehr belastend. Eine gewisse Traurigkeit lag über diesem Jahr 1785 und ihrem Tagebuch vertraute sie am Silvestertag abschließend an: *»Ein volles Jahr, ein Jahr das mir reich an Erfahrung war, wo es nicht viel fehlte, daß mich alle Menschen verließen, nur Gott nicht, wenig Sonne hat mir geschienen, wenig frohe Tage hatte ich.«* Versöhnlich schrieb sie immerhin, dass jenes *»was auf der Welt befestigt werden kann«* befestigt wurde und spielte damit auf ihre Heirat an.

Anfang Januar 1786 begab sich das herzogliche Paar auf eine Reise nach Nürnberg. Als sie unterwegs Carl Eugens zweiten Bruder Ludwig Eugen auf Schloss Weiltingen bei Dinkelsbühl besuchen wollten, weigerte sich dieser, Franziska zu empfangen. Den Herzog erzürnte dieser offensichtliche Affront derart, dass er aller Heimlichkeit um seine Ehe ein Ende machte. Ohne Franziskas Wissen ließ er sie am 2. Februar 1786 nach der Predigt erstmals als seine Gemahlin ins Kirchengebet einschließen. Am gleichen Tag machte er seine Heirat in Stuttgart und der Carlsschule bekannt; Gesandte, Minister, Generale und der Hof überbrachten ihre Gratulationen. Seine Frau war überglücklich. *»Mir schien heute die Sonne in vollem Glanz, indem es der großmütige Herzog Ihrem Land bekannt machten, daß Sie sich schon über ein Jahr mit mir geheirat haben«*, so Franziskas Worte, *»meine Empfindungen zu beschreiben vermag ich nicht und die große Handlung wird dem Herzog im Himmel angeschrieben sein.«*

Schnell verbreitete sich die Neuigkeit im Land. Das Volk dürfte die Wahl des Herzogs goutiert haben und Franziska vergrößerte ihre Beliebtheit durch finanzielle Zuwendungen an die Geistlichkeit. Auch sämtlichen Höfen wurde die Hochzeit nun angezeigt. Während die meisten protestantischen Fürsten die Eheschließung anerkannten, verweigerten sich die katholischen Höfe und der Vatikan. Kritische Stimmen kamen zudem von beiden Brüdern Carl Eugens. Der Herzog fasste einen Entschluss: Seine Ehe sollte von höchster Instanz anerkannt und damit unanfechtbar werden. Und das ging nur über Rom.

Carl Eugen besichtigt den Bau der Schlossanlage in Hohenheim. Meistens begleitete ihn seine Frau.

Die Jahre vergingen. Wie bei vielen Paaren blieb auch die herzogliche Beziehung nicht frei von schwierigen Phasen. Das Gerede um ihr Verhältnis zu jenem Leutnant von Böhnen, der einst den alten Mann mit Peitschenhieben traktiert hatte, flammte wieder auf. Carl Eugens Misstrauen war geweckt, von einem Treffen zwischen seiner Frau und von Böhnen war die Rede. Der Leutnant sollte sich deshalb vom Hof entfernen und Franziska fühlte sich in die Enge getrieben. Sie erklärte sich ihrem Ehemann am 11. Juli 1787 in einem 18-seitigen Brief. *»Ich fange also ganz von vorne an und mit einem Herzen, das sich weder entschuldigen will noch braucht«*, machte sie ihren Standpunkt klar. Der Gedanke, von Böhnen könne Württemberg verlassen, *»erschreckte mich natürlich, denn wäre er weg, in was für einem Licht wäre ich der Welt erschienen, alles wäre man berechtigt gewesen von mir zu glauben, was schlechte Menschen über mich ausgestreut haben. Die ganze Welt würde Ihro Durchlaucht so sehr wie mich verachtet haben, wenn Sie eine Frau zu Ihrer Gemah-*

Franziska und Carl Eugen gingen gemeinsam durch gute und schlechte Zeiten.

lin erhoben hätten, die im Stand ist, einen andern neben Ihnen zu lieben.«

Die unglückliche Angelegenheit sei eine Intrige gewesen, aber sie habe beschlossen, *»niemand unglücklich zu machen, der mich zu stürzen bedacht war«*. Nicht nur ihr Ruf, auch der Carl Eugens stünde auf dem Spiel und sie habe von Böhnen lediglich getroffen, um ihn zum Bleiben zu bewegen. Eine Abreise wäre Franziskas Ansicht nach einem Schuldeingeständnis gleichgekommen.

Was auch immer wirklich gewesen war – es kam zu einer Aussöhnung der Ehegatten. Zu Franziskas 40. Geburtstag schrieb Carl Eugen charmant und liebenswürdig wie immer: *»Allerliebste! Siebzehnjährige Erfahrung, ununterbrochene Erfahrung trüget nicht. Der sicherste Beweis davon bist Du mir, über alles geschätzte Gefährtin. Mein Herz redet heute zum achtzehnten Male an dem schönsten meiner Tage. Lebe glücklich, so wird glücklich Carl.«* Von Böhnen blieb in herzoglichen Diensten.

Eine ausgedehnte Reise führte Carl Eugen und Franziska im Frühjahr 1789 nach Paris und England. Frankreich stand am Vorabend einer großen Revolution, doch das Programm ihres Aufenthaltes wurde davon nicht beeinträchtigt. Man vergnügte sich bei Oper und Komödie, besichtigte Paläste und repräsentative Privathäuser. Interessiert studierte man deren Architektur und Inneneinrichtung, um einen Eindruck davon zu bekommen, was in Paris gerade en vogue war. Franziska besuchte die Kaufhäuser der Stadt. Inzwischen hatte sie ihren eigenen Modestil weiterentwickelt, schneiderte zuweilen sogar selbst oder änderte ihre Garderobe, bis sie ihrem persönlichen Geschmack entsprach. Justinus Kerner dokumentierte später einen ihrer öffentlichen Auftritte, auf welchem er sie mit *»hoher gepuderten Frisur, auf der hoch oben eine gelbe Bandschleife, wie ein Kanarienvogel saß«*, erblickt hätte.

Von Paris aus ging es weiter nach England. Sie schifften sich bei gutem Wetter ein, Franziska wurde dennoch kurz nach dem Auslaufen seekrank. Zwei Stunden später war es mit der Ruhe ohnehin vorbei. *»Hernach erhob sich ein sturmartiger Wind«*, schrieb Carl Eugen in sein Reisetagebuch, wodurch *»auch ich und der größte Teil des Gefolges sehr krank«* wurden. Es kam noch schlimmer. *»Der starke Sturm jagte unser Schiff sehr schnell. Der Schiffskapitän beging den Fehler und urteilte das Wasser im Hafen tiefer als es wirklich war, führte das Schiff mit Gewalt auf eine Sandbank und beschädigte es.«* Mit *Nachen* wurden die Passagiere aus dem sinkenden Schiff gerettet, Franziska vergaß in all der Aufregung gar, sich richtig anzuziehen. Doch die herzogliche Reisegesellschaft hatte Glück im Unglück. Es gab keine Verletzten.

Der Aufenthalt in England gestaltete sich im Großen und Ganzen zwar angenehm, wurde aber von einer ernsthaften Erkrankung Carl Eugens überschattet, die ihn eine Woche ins Bett zwang. Das Paar besichtigte die Gärten in Kew, war zu zahlreichen Visiten der Londoner Oberschicht geladen und unterhielt sich mit Theaterbesuchen und anderen üblichen Zerstreuungen. Den englischen Zeitungen war Franziska mehr als eine Bemerkung wert. Sie sei durch die *»Kostbarkeit und Mannigfaltigkeit ihres Schmuckes«* aufgefallen. *»Die Diamanten, Perlen und andere Kleinodien, womit sie an öffentlichen Örtern geschmückt erschien, erregten durch ihre Größe und Menge außerordentliches Aufsehen.«* Viele englische Herzoginnen, die *»es dieser deutschen Herzogin hierin nicht gleichtun konnten«*, zeigten ihren Neid, *»die Zeitungsschreiber ihre Bewunderung«*. Allerdings wurden boshafte Zweifel an der Echtheit von Franziskas reichhaltigem Schmuck laut,

Mit dem Sturm auf die Bastille im Juli 1789 begann die Französische Revolution.

denn die Taschendiebe hätten sie ungewöhnlicherweise *»ganz in Ruhe«* gelassen. Eines zeigt sich jedoch deutlich: Franziska genoss trotz aller Tugendhaftigkeit und ihrem ehrlichen Engagement für die Armen die Privilegien ihrer Stellung in vollen Zügen.

Die Rückreise führte wieder über Paris. Carl Eugen blieben die Vorgänge im Nachbarland keineswegs verborgen. Das abschließende Resümee seiner Eindrücke enthielt demzufolge die Erkenntnis, dass Frankreich in den letzten Zügen liege. *»Ein mehr als schwacher König (Ludwig XVI.), eine allen Ausschweifungen ergebene und mit Recht von der Nation gehasste Königin (Marie Antoinette), Ministres, deren Kenntnisse und Eifer in keinem Gleichgewicht mit ihren Ämtern stehen, das sind die Stützen dieses sinkenden Reichs. Die Zeit, oh Lehrerin: was wirst du entwickeln?«* Tatsächlich hatte sich Ludwig XVI. in aller Redlichkeit zwar bemüht, Veränderungen herbeizuführen, doch die Umstände ließen ihm keine Chance. Wie eine riesige Flutwelle brachen die Ereignisse über Frankreich herein und Carl Eugens Gedanken erscheinen in diesem Zusammenhang geradezu prophetisch: Zwei Monate nach seiner Abreise stürmte das Volk von Paris die Bastille. An diesem 4. Juli des Jahres 1789 nahm eine Revolution ungeahnten Ausmaßes ihren Lauf.

Am Scheideweg

Carl Eugen und Franziska waren keineswegs Revolutionäre, betrachteten die Vorgänge in Frankreich jedoch als eine logische Konsequenz von Herrscherwillkür und Machtmissbrauch. Die grundsätzlichen Pfeiler eines legitimierten Fürstentums stellten sie allerdings zu keiner Zeit in Frage; Carl Eugen war selbstverständlich Herrscher von Gottes Gnaden.

Derweil erfassten die Ausläufer der Französischen Revolution auch Württemberg. Als der neue französische Staat die Menschen- und Bürgerrechte proklamierte, initiierten Tübinger Studenten die Errichtung eines Freiheitsbaumes vor den Toren der Universitätsstadt. Die Schülerschaft der Carlsschule organisierte einen geheimen politischen Zirkel. Die Fürsten des Reiches dagegen rüsteten, um dem revolutionären Frankreich entgegentreten zu können; Gefahr war im Verzug, denn die alte Ordnung begann zu wanken.

Carl Eugen bemühte sich um Neutralität. Mehr noch. Im dritten Jahr der Revolution machte er sich gemeinsam mit Franziska abermals auf den Weg nach Paris, um sich ein eigenes Bild der dortigen Vorgänge zu verschaffen. Am 12. März 1791 erreichten sie die französische Hauptstadt. Zunächst war nichts Ungewöhnliches festzustellen, äußerlich schien alles ruhig zu sein. Tags darauf erstand Franziska *»damastene meubles«* für Hohenheim, während Carl Eugen eine öffentliche Sitzung der Nationalversammlung besuchte und geschockt registrierte: *»Es ist fast unglaublich, in welcher Unordnung die Sitzungen gehalten werden«;* unfassbar, *»eine Nation auf diese Art despectirt zu sehen«.*

Am 18. April wurde der württembergische Herzog schließlich Augenzeuge eines Vorfalls, dessen Dramatik sich erst viel später erschließen sollte. Er hatte sich gegen acht Uhr morgens zum Exerzieren der Nationalgarde begeben. Gegen zehn Uhr ließ Ludwig XVI. einspannen, um gemeinsam mit Marie Antoinette nach St. Cloud abzureisen. Gleichzeitig zog sich um die Tuilerien eine größere Menschenmenge zusammen. Es kam zu Ausschreitungen, in deren Verlauf das königliche Paar beschimpft und beleidigt wurde. *»Nach einem zweistündigen Aufenthalt im Wagen mussten sie wieder absteigen und in ihre Zimmer zurückkehren«*, beobachtete Carl Eugen. Der französische König war fortan ein Gefangener des eigenen Volkes. Der Untergang des Ancien régime war jetzt deutlich spürbar. Bei einem letzten Spaziergang durch den Park von Versailles ahnten Carl Eugen und Franziska, dass hier *»alles dem Abgang unterworfen«* sei und eine Epoche unwiederbringlich zu Ende ging.

Eine erfreuliche Wendung zeichnete sich hingegen in eigener Sache ab. Mit diplomatischem Geschick hatte der herzogliche Obristleutnant von Mylius in Rom die Annullierung der Leutrum'schen Ehe erwirkt. Die Verbindung sei von Franziskas Vater erzwungen gewesen und lediglich vor einem evangelischen Pfarrer geschlossen worden, hieß es in der Begründung. Im gleichen Zug wurde ihre Ehe mit dem Herzog endlich anerkannt. Am 6. April 1791 war Franziska am Ziel. Nach zähem Ringen galt die 43-Jährige von nun an als rechtmäßige Gattin Carl Eugens und somit als Herzogin von Württemberg.

Vier Monate später brach das württembergische Herzogspaar nach Wien auf. Ihr Antrittsbesuch beim Kaiser war ein voller Erfolg. *»Dem Herzog zu Württemberg wird von unserm Hof mit der größten Achtung begegnet«*, so die Wiener Zeitungen. *»Der Schmuck, welchen er und seine Gemahlin trugen, wird auf Millionen geschätzt.«*

Doch immer wieder richtete sich der Blick sorgenvoll nach Frankreich. Am 22. März 1792 erklärte das Heilige Römische Reich deutscher Nation Frankreich den Krieg, einige Monate später besetzte die Französische Revolutionsarmee Mömpelgard und drängte über den Rhein gen Osten. Ludwig XVI. wurde am 21. Januar 1793 enthauptet. Franziska war erschüttert, als die traurige Nachricht in Hohenheim eintraf. An die Herzogin von Mecklenburg schrieb sie: *»Seit ein so unschuldiger König hat können gemordet werden, ist mein Glaube an die Welt ganz gefallen.«* Hinsichtlich des bevorstehenden Prozesses gegen Marie Antoinette fügte sie hinzu: *»Wenn ich das Unglück einer Königin überdenke, die auf ihrem Thron so hoch stand, so viel mit einem einzigen Wort zu tun vermochte und jetzt von allen verlassen und der Willkür der Barbaren sich überlassen siehet, so finde ich mich ganz stumpf gegen alles, was die Welt geben und nehmen kann.«* Die französische Königin folgte ihrem Mann aufs Schafott.

Herzogin Franziska mit einem Bildnis Carl Eugens. Es entstand drei Jahre vor dem Tod des Herzogs.

Das Jahr 1793 wurde auch für Franziska zum Schicksalsjahr. Hatte Carl Eugen seine körperlichen Leiden bisher möglichst ignoriert, war der kränkliche Zustand des 65-Jährigen seit dem Frühjahr zunehmend besorgniserregend. Die Gicht quälte ihn und die ärztlich angeratenen Diätmaßnahmen halfen nicht viel. Als der Sommer kam, fielen ihm selbst der geliebte Spaziergang und die Gartenarbeit im *Dörfle* schwer, stechende Schmerzen im Rücken stellten sich ein; vermutlich ein Nieren- oder Prostataleiden. Noch immer weigerte sich der Herzog, sein Leben den Umständen anzupassen, trat gar eine Reise an, obwohl die Ärzte und Franziska dringend davon abrieten.

Am 8. Oktober bestand Carl Eugen darauf, an der Herbstjagd teilzunehmen. Bereits nach wenigen Meilen zwangen ihn heftige Unterleibsschmerzen zur Rückkehr. Sein Zustand war ernst. Er blieb fortan ans Bett gefesselt und wurde zusehends schwächer. Franziska pflegte ihn mit Hingabe und voller Hoffnung. Sie konnte sich nicht eingestehen, wie schlecht es um ihren Gatten stand. Carl Eugen war sterbenskrank. Die Spitzen der Regierung versammelten sich in Hohenheim, um gemeinsam mit dem Herzog die notwendigen Anordnungen für den Fall seines Todes zu treffen. Der Hofprediger nahm dem Sterbenden die Beichte ab, reichte ihm die Kommunion und versah ihn mit den Sterbesakramenten. Auf Knien verbrachte eine verzweifelte Franziska die letzten Stunden an seiner Seite, ihm verbunden im innigen Gebet. Am frühen Morgen des 24. Oktober 1793 trat Carl Eugen von Württemberg seine letzte Reise an.

Dämmerlicht

Franziska trauerte. An ihren Briefpartner Lavater schrieb sie: *»Das Teuerste, das Liebste in der Welt habe ich auf Zeitlebens verloren.«* Hinzu kam die berechtigte Angst, wie es für sie weitergehen sollte. Carl Eugen hatte sich zwar redlich bemüht, Franziska für den Fall seines Todes abzusichern. Doch seine Erben, allen voran Erbprinz Friedrich aus der Mömpelgarder Linie, setzten ihr zu. Nicht nur, dass sie Franziska die Einsicht in Carl Eugens Testament verweigerten. Der Erbprinz argwöhnte, sie wolle herzogliches Gut veruntreuen. Für ihn war Franziska nicht die ehrbare Herzoginwitwe, sondern lediglich die einstige Mätresse seines verstorbenen Onkels, die sich unberechtigt in eine weit über ihrem ursprünglichen Stand befindliche Position gebracht und diese schamlos ausgenutzt hatte. Er war fest entschlossen, sie auf ihren Platz zu verweisen. Entsprechend schwierig gestaltete sich deshalb die Diskussion um den Nachlass Carl Eugens.

Aus Sicht der Familie hatte Franziska keinerlei Ansprüche anzumelden, man drängte sie, auf ihr Erbe zu verzichten. Der Hausstand in Hohenheim wurde aufgelöst. Es kam zu

Franziska bezog 1795 ihren Witwensitz, Schloss Kirchheim unter Teck.

Streitigkeiten und Beschimpfungen. Erbprinz Friedrich wurde beleidigend, warf ihr *»Mangel an Erziehung«* vor und bezichtigte sie der Lüge. Alles mündete in einen Rechtsstreit, der Anfang Januar 1794 mit einem Vergleich endete. Franziska erhielt lediglich ihre eigenen Güter Sindlingen und Ensingen zugesprochen, da diese einst elterlicher Besitz gewesen waren. Sie erhielt eine Zahlung in Höhe von 60 000 Gulden sowie die Einkünfte ihres Witwensitzes Kirchheim zugesprochen. Auf den ihr aus Liebe geschenkten kostbaren Schmuck und vieles andere aus Carl Eugens Besitz musste sie verzichten. Nur diejenigen Schmuckstücke, die keine Zuwendungen des Herzogs gewesen waren, durfte sie behalten.

Tief gedemütigt zog sie sich auf ihr Gut in Sindlingen bei Herrenberg zurück, während der künftige Witwensitz in Kirchheim umgebaut wurde. Sie vermisste ihr *Dörfle* und sie vermisste vor allem Carl Eugen. In Sindlingen widmete sie sich verstärkt ihren pietistischen Neigungen. Dem von der Landeskirche verfolgten religiösen Extremisten Michael Hahn und seinen Glaubensbrüdern gewährte sie Zuflucht auf dem reichsfreien Gebiet ihres Gutes. Sie ließ die kleine Kirche des Ortes renovieren und stiftete die Abendmahlsgeräte. Bei den Einwohnern Sindlingens war sie sehr beliebt und als sie zu Beginn des Jahres 1795 nach Kirchheim übersiedelte, notier-

Württembergs König Friedrich I. war auf Franziska nicht gut zu sprechen.

te sie in ihr Tagebuch: *»Um 6 Uhr reiste ich von meinem geliebten Sindlingen ab, mein Herz war durch den Abschied der Einwohner da äußerst betrübt.«*

Nur langsam gewöhnte sie sich in Kirchheim ein, obwohl eine ihrer Schwestern in der Stadt lebte. Die Tage herzoglicher Pracht waren vorbei, ihr Auskommen dennoch angemessen. Das Schloss hatte eine umfassende Modernisierung erhalten. Neue Portale und ein Treppenhaus waren errichtet und alle Räume des auf einem massiven Sockel stehenden Fachwerkbaus im Empirestil ausgestattet worden. Franziskas Hofstaat in Kirchheim umfasste etwa 50 Personen. Kein anderer als von Böhnen, inzwischen mit einer Nichte Franziskas verheiratet, bekleidete das Amt eines Chavaliers. Die Tage verstrichen, viel zu berichten gab es nicht. Besucher fanden sich ein, man speiste gemeinsam, widmete sich Handarbeiten, Gesellschaftsspielen oder fuhr aus. Nach wie vor arbeitete Franziska gerne im Garten. *»Der heutige Tag glich wieder dem gestrigen«*, vermerkte sie am 7. Februar 1795 in ihrem Tagebuch. Vier Tage später, am Geburtstag ihres verstorbenen Mannes, beendete Franziska ihre Tagebuchaufzeichnungen mit einer letzten Eintragung: *»Es ging heute nichts besonderes vor, meine Dames fuhren wieder spazieren und ich verkaufte was an einen Juden. Abends wurde wie schon 8. Tage her in Gesellschaft mit dem Herrn von Rieben gespielt.«*

Es war ein zurückgezogenes Leben, das die 47-Jährige nun führte. Ihre schwarze Witwenkleidung legte sie nicht mehr ab. Obwohl sie selbst nie Kinder gehabt hatte, erfreute sie sich an den Kirchheimer Buben und Mädchen, die sie in ihrem Garten spielen ließ und mit kleinen Geschenken bedachte. Schließlich nahm sie den Musiker Samuel Gottlob Auberlen in ihre Dienste. Die Sommermonate verbrachte sie regelmäßig in Sindlingen.

In den folgenden Jahren wurde es unruhig in Württemberg. 1796 zogen französische Revolutionsheere plündernd durch das Land. Franziska ergriff die Flucht an den Wiener Hof. Sie wurde mit allen Ehren empfangen und kehrte erst im Februar 1797 nach Kirchheim zurück. Im selben Jahr übernahm Erbprinz Friedrich den württembergischen Thron, nachdem sein Onkel und sein Vater nach jeweils kurzer Regierungszeit gestorben waren. Es schmerzte Franziska, als Friedrich begann, ihr geliebtes *Dörfle* abreißen zu lassen und damit 20 Jahre ihres Lebens beinahe zunichte machte. Die Arbeiten an Schloss Hohenheim waren bereits mit dem Tod Carl Eugens eingestellt worden.

Im Frühjahr 1800 fielen erneut französische Truppen in Württemberg ein; Friedrich floh, Franziska zog sich vorübergehend nach Karlsbad zurück. In den Folgejahren veränderte sich unter Napoleon Bonaparte die Ordnung Europas. Württemberg verlor mit seinen linksrheinischen Gebieten auch Mömpelgard, erhielt aber einen territorialen Ausgleich. Dadurch fiel Sindlingen an Württemberg, sehr zu Franziskas Leidwesen. Der ihr inzwischen verhasste Friedrich verdankte dem französischen Kaiser eine beispiellose Karriere, die mit der Verleihung der Königswürde im Dezember 1805 ihren Höhepunkt fand. Das Herzogtum Württemberg war fortan ein Königreich. Den Kontakt zu Franziska brach Friedrich ab.

Auf ihrem Witwensitz ging Franziskas ruhiges Leben seinen Gang. Nach wie vor widmete sie sich gerne einer guten Lektüre und unternahm die eine oder andere Reise. Wann immer möglich besuchte sie Herrnhut und dessen pietistische Gemeinschaft. Im Herbst 1809 kränkelte Franziska. Schon lange plagten sie asthmatische Beschwerden, ein Unterleibsleiden war dazugekommen. Sie begab sich zur Kur nach

Karlsbad. Doch eine wirkliche Besserung stellte sich nicht ein. In den Monaten nach ihrer Rückkehr verschlechterte sich ihr Gesundheitszustand kontinuierlich.

1810 unternahm sie eine letzte Reise, doch während ihres Aufenthaltes in Leipzig fühlte sie sich bereits so elend, dass sie vor Ort ihr Testament verfasste. Sie raffte sich noch einmal auf und schloss einen mehrwöchigen Aufenthalt in Herrnhut an. Auf der Heimreise machte sie in Nürnberg Station, um den Arzt Friedrich Wilhelm von Hoven zu konsultieren. In seinen Lebenserinnerungen beschreibt der Mediziner Franziskas Zustand: *»Sie litt an einem unheilbaren organischen Übel, gegen welches ich bloß Palliativmittel verordnen konnte.«* Den ganzen November hielt sich Franziska in Nürnberg auf, logierte in einem Gasthof und aß täglich mit von Hoven zu Mittag. Die Gespräche mit ihr schildert der Mediziner als heiter und interessant. König Friedrich befahl die 63-Jährige schließlich nach Kirchheim zurück.

Das Jahr ging zu Ende. Am Silvesterabend ließ eine vom Tode gezeichnete Franziska den gesamten Hofstaat, Verwandte und Freunde zu sich kommen. In ihrer Gemeinschaft nahm sie Abschied, erinnerte an ein Wiedersehen im Jenseits und bat um das gemeinsame Gebet. Der Sterbenden blieben nur noch wenige Stunden. Am Neujahrsmorgen des Jahres 1811 gab Franziska von Württemberg ihr Leben in die Hand ihres Schöpfers zurück.

Epilog

Franziska wurde zwei Tage lang auf einem Paradebett im Kirchheimer Schloss aufgebahrt, damit *»jedermann, der anständig gekleidet ist«* Abschied nehmen konnte. Auf Geheiß des Königs fand die anschließende Beisetzung am 6. Januar mit allen herzoglichen Ehren statt. Eine Militäreskorte, die Angehörigen und einige Abgesandte des Königs begleiteten die tote Witwe Carl Eugens auf ihrem Weg. Dem Sarg voran trug man das ihr 1793 verliehene Malteserkreuz und den Herzogshut. In einer Gruft unter dem Chor der Kirchheimer Martinskirche bettete man Franziska zur letzten Ruhe. Ihre Grabstätte blieb unbeschriftet – dem Gedenken sollte möglichst wenig Raum geschaffen werden. Erst 1906 wurde eine Tafel an der Südwand des Chors angebracht, 2003 eine bronzene Grabplatte in den Boden der Martinskirche eingelassen. 2010 errichtete man in Kirchheim eine Stele zur Erinnerung an Franziska.

Die Gräfin von Hohenheim war zweifellos eine Persönlichkeit mit mehreren Facetten gewesen. Tief religiös und im Sinne der Zeit tugendhaft auf der einen, unaufdringlich selbstbewusst, scharf kalkulierend und den Vorzügen ihrer Stellung zugeneigt auf der anderen Seite. Ihr Aufstieg vom verarmten Adelsfräulein über den Rang einer Mätresse bis hin zur Herzogin ist nahezu einzigartig. Sie hatte es verstanden, den rastlosen Herzog zu binden. Ihre Beziehung zu Carl Eugen war von Leidenschaft und Zuneigung geprägt gewesen, hatte darüber hinaus jedoch auf gegenseitigem Respekt und Verständnis fundiert. Sie war Carl Eugen nicht nur Geliebte, sondern einfühlsame Vertraute gewesen, die ihm in fast allem vorbehaltlos zur Seite gestanden hatte.

Gewiss war Carl Eugens Persönlichkeit im Zusammenspiel mit Franziska einem Wandel unterworfen gewesen. Die Grundzüge seines Wesens hatten sich dennoch nicht völlig verdrängen lassen. Während ihrer gut zwanzig gemeinsamen Jahre hatte sich zudem viel verändert. Die alte Welt war aus den Fugen geraten und nach Carl Eugens Tod nicht nur für Württemberg ein neues Zeitalter angebrochen. Ihr nicht anerkannter Status als Witwe des Herzogs hatte eine schmerzhafte Zäsur in Franziskas Leben bedeutet; die Verachtung seiner Nachfolger eine tiefe Enttäuschung. Das Volk dagegen hatte sie sehr geschätzt und hielt die Erinnerung an sie lebendig, ganz so, wie auf der ihr gewidmeten Büste in der Sindlinger Kirche geschrieben steht: *»Ihr Herz schlug warm für Gott und Menschen.«*

Dank

Mein erster und inniger Dank gilt meinem Mann Michael, meinen Eltern Marianne und Franz Diwischek und meiner Schwester Ursula, die mir alle während des gesamten Entstehungsprozesses dieses Buches vorbehaltlos zur Seite standen. Zudem möchte ich mich bei den Mitarbeitern des Hauptstaatsarchivs Stuttgart bedanken, die mich bei der Suche nach den Originalquellen bestens unterstützt haben. Ein ganz besonderer Dank geht an Ina Dielmann vom Stadtarchiv Leonberg, die mir ihre gesamte Recherche zu Sibylla von Anhalt zur Verfügung gestellt hat und damit deren lebendiges Porträt erst ermöglichte. Für ihre Führungen im Leonberger Pomeranzengarten schlüpft sie von Zeit zu Zeit selbst in die Rolle der Herzogin. Im Stadtarchiv Leonberg war zudem Bernadette Gramm jederzeit für Auskünfte, Fragen und Informationen erreichbar – und damit eine sehr wertvolle Unterstützung. Merci beaucoup aux Archives Municipales, Montbéliard. Auch die Mitarbeiter der Universitätsbibliothek Tübingen waren für alle meine Anliegen offen und äußerst kooperativ. Magdalene Popp-Grilli von der Handschriftenabteilung der Württembergischen Landesbibliothek in Stuttgart gab mir nicht nur jederzeit das Gefühl, willkommen zu sein, sondern scheute keine Mühe, mir die teilweise gut behüteten Originalquellen zu erschließen.

Bemerkungen

Die genaue Schreibweise der Namen der Herzoginnen sowie anderer Personen dieses Buches variieren teilweise, meist minimal, je nach Quelle. Ich habe mich jeweils für eine Schreibweise entschieden. Bei den Herzoginnen betrifft dies:

Sibylla von Anhalt: In den Quellen taucht des Öfteren die Schreibweise »Sibilla« auf, mit der sie auch ihre Briefe und Dokumente signiert hat.

Johanna Elisabetha von Baden-Durlach: Sehr häufig wird in der einschlägigen Literatur die Form »Johanna Elisabeth« verwendet.

Franzika von Hohenheim wird unter ihrem gängigen Titel aufgeführt, nicht unter ihrem Mädchennamen.

Zitierweise

Sämtliche Original-Zitate in diesem Buch wurden von mir bearbeitet, um einen guten Lesefluss zu ermöglichen. Dies betrifft vor allem die Anpassung von Rechtschreibung und Grammatik sowie Kürzungen. Dabei habe ich großen Wert darauf gelegt, die damals verwendeten Ausdrucksweisen so weit wie möglich zu erhalten. Bei Barbara Gonzaga wurden die mittelalterlichen Schreibweisen deshalb teilweise in angefügten Klammern übersetzt. Bei Franziska von Hohenheim habe ich mir erlaubt, die von ihr verwendete, am schwäbischen Sprachgebrauch orientierte und deshalb relativ »freie« Rechtschreibung zu glätten. Das Zitat zu Herzogin Sibyllas Pomeranzengarten ist dem aktuellen Flyer der Stadt Leonberg entnommen worden.

Literatur und Quellen

Literatur

Peter Amelung: Herzogin Barbaras Böblinger Briefe nach Italien. In: Günter Scholz, Sabine Ferlein (Hg.): Fürstliche Witwen auf Schloß Böblingen. Ausstellung. Stadt Böblingen. Stadtarchiv und Museen, 1987

Christina Antenhofer: Briefe zwischen Nord und Süd. Die Hochzeit und Ehe von Paula de Gonzaga und Leonard von Görz im Spiegel der fürstlichen Kommunikation (1473–1500). Schlern-Schriften 336. Universitätsverlag Wagner, Innsbruck 2007

Ruth Blank: Magdalena Möringer. Eine Gefangene auf der Festung Hohenurach

Franz Brendle: Dynastie, Reich und Reformation. Die württembergischen Herzöge Ulrich und Christoph, die Habsburger und Frankreich

Jacob Burckhardt: Kultur und Kunst der Renaissance in Italien. Bernina Verlags-Ges. m. b. H., Wien-Leipzig 1939

Isolde Dautel: »Kain Stain oder Tafel« – Auf den Spuren der ersten Herzogin von Württemberg Barbara Gonzaga (1455 bis 1503). In: Schriftenreihe des Stadtarchivs Kirchheim unter Teck, Band 30, 2003

Ina Dielmann: Herzogin Sibilla – die Gartenherrin und ihre Zeit, Stadtarchiv Leonberg

Albrecht Ernst: Württembergische Politik aus dem Straßburger Exil. In: 20 Jahre Geschichtsverein Leinfelden-Echterdingen e.V., Band 2: Beiträge 1996 bis 2005. Stuttgart, 2005

Gerhard Faix: Eberhard im Bart. Der erste Herzog von Württemberg. Herausgegeben vom Württembergischen Landesmuseum Stuttgart, Stuttgart 1990

Joachim Fischer, Peter Amelung, Wolfgang Irtenkauf (Bearbeitung): Württemberg im Spätmittelalter. Ausstellung des Hauptstaatsarchivs und der Württembergischen Landesbibliothek. Stuttgart, Hauptstaatsarchiv 1985

Werner Frasch: Ein Mann namens Ulrich. Württembergs verehrter und gehasster Herzog in seiner Zeit. DRW-Verlag, Leinfelden-Echterdingen 1991

Franz Fuchs: Barbara Gonzaga und Eberhard im Bart – der württembergische Hof im Spiegel mantuanischer Gesandtschaftsberichte. In: Helmut Beilner (Hg.): Europäische Perspektiven im Geschichtsunterricht (Regensburger Beiträge zur Geschichtslehrerfortbildung 2), Neuried 2003, S. 44–57

Gabriele Greindl: Untersuchungen zur bayerischen Ständeversammlung im 16. Jahrhundert. Neue Schriftenreihe des Stadtarchivs München 1983

Caroline Hanken: Vom König geküsst. Das Leben der großen Mätressen. Berlin Verlag, Berlin 1997

Wilhelm Horning: Ein Kleeblatt Rappoltsteiner Gräfinnen aus dem 17. Jahrhundert. Straßburg 1886

Frank Huss: Eberhard Ludwig. Der schwäbische Sonnenkönig. Casimir Katz Verlag, Gernsbach 2008

Gabriele Katz: Franziska von Hohenheim. Herzogin von Württemberg. Belser Verlag, Stuttgart 2010

Dorothea Keuler: Verlorene Töchter. Historische Skandale aus Baden und Württemberg. Silberburg-Verlag, Tübingen 2009

Landesarchiv Baden-Württemberg. Hauptstaatsarchiv Stuttgart: Von Mantua nach Württemberg: Barbara Gonzaga und ihr Hof, Begleitbuch zur Ausstellung. Bearbeitet von Peter Rückert in Verbindung mit Daniela Ferrari, Christina Antenhofer, Annekathrin Miegel. W. Kohlhammer Verlag, Stuttgart 2011

Sönke Lorenz, Dieter Mertens, Volker Press (Hg.): Das Haus Württemberg. Ein biographisches Lexikon. W. Kohlhammer Verlag, Stuttgart 1997

Sönke Lorenz, Peter Rückert (Hg.): Württemberg und Mömpelgard. 600 Jahre Begegnung. DRW-Verlag, Leinfelden-Echterdingen 1999

Herbert Meyer: Eberhards Stellung innerhalb des deutschen Früh-Humanismus. In: Graf Eberhard im Bart von Württemberg im geistigen und kulturellen Geschehen seiner Zeit. Zur Stuttgarter Bibliophilentagung verfaßt von Bibliothekaren der Württembergischen Landesbibliothek. Felix Krais Verlag, Stuttgart 1938

Musées de Montbéliard: Le château de Montbéliard

Sybille Oßwald-Bargende: Die Mätresse, der Fürst und die Macht. Christina Wilhelmina von Grävenitz und die höfische Gesellschaft. Campus Verlag, Frankfurt/New York 2000

Sybille Oßwald-Bargende: Amme gesucht. In: Hofgeschichten (Zeitschrift), Staatsanzeiger-Verlag, Stuttgart, S. 28–29

Promemoria der Gemahlinn Herzog Eberh. Ludwigs von Wirtemberg in Ehe-Sachen. Uebergeben zu Wien in den letzten Mon. des Jahrs 1723 (1722), Universitätsbibliothek Bielefeld

Gerhard Raff: Hie gut Wirtemberg allewege I. Das Haus Württemberg von Graf Ulrich dem Stifter bis Herzog Ludwig, Hohenheim Verlag, Stuttgart-Leipzig 1988 (2003)

Gerhard Raff: Hie gut Wirtemberg allewege II. Das Haus Württemberg von Herzog Friedrich I. bis Herzog Eberhard III., Hohenheim Verlag, Stuttgart-Leipzig 1988 (2003)

Gerhard Raff: Hie gut Wirtemberg allewege III. Das Haus Württemberg von Herzog Wilhelm Ludwig bis Herzog Friedrich Carl, Hohenheim Verlag, Stuttgart-Leipzig 2002

Peter Rückert (Hg.): Der württembergische Hof im 15. Jahrhundert. Beiträge einer Vortragsreihe des Arbeitskreises für Landes- und Ortsgeschichte Stuttgart, W. Kohlhammer Verlag, Stuttgart 2006

Paul Sauer: Herzog Friedrich I. von Württemberg. 1557–1608. Ungestümer Reformer und weltgewandter Autokrat. Deutsche Verlags-Anstalt GmbH, München 2003

Paul Sauer: Musen, Machtspiel und Mätressen. Eberhard Ludwig – württembergischer Herzog und Gründer Ludwigsburgs. Silberburg-Verlag, Tübingen 2008

Frida Sauter: Herzogin Sabina von Württemberg. In: Zeitschrift für Württembergische Landeskunde VIII. 1944–1948, S. 298–355

Frida Sauter: Herzogin Sabina von Württemberg. Diss., Universität Tübingen 1943

Udo Sautter: Biographisches Lexikon zur deutschen Geschichte. Verlag C. H. Beck, München 2002

Volker Schäfer: Geburt einer Universität. Zur Gründungsgeschichte der Alma Mater Tubingensis. In: Günter Scholz, Sabine Ferlein (Hg.): Fürstliche

Witwen auf Schloß Böblingen. Ausstellung. Stadt Böblingen. Stadtarchiv und Museen, 1987

Günter Scholz: Barbara von Mantua (1455–1503). In: Günter Scholz, Sabine Ferlein (Hg.): Fürstliche Witwen auf Schloß Böblingen. Ausstellung. Stadt Böblingen. Stadtarchiv und Museen, 1987

Harald Schukraft: Wie Stuttgart wurde, was es ist. Ein kleiner Gang durch die Stadtgeschichte. Silberburg-Verlag, Tübingen 1999/2007

Siegfried Schulz: Barbara von Mantua und Waldenbuch. In: Günter Scholz, Sabine Ferlein (Hg.): Fürstliche Witwen auf Schloß Böblingen. Ausstellung Stadt Böblingen. Stadtarchiv und Museen, 1987

Ebba Severidt: Familie, Verwandtschaft und Karriere bei den Gonzaga. Struktur und Funktion von Familie und Verwandtschaft bei den Gonzaga und ihren deutschen Verwandten (1444–1519). DRW-Verlag, Leinfelden-Echterdingen 2002

Kate Simon: Die Gonzaga. Eine Herrscherfamilie der Renaissance. Kiepenheuer & Witsch, Köln 1991

Karl-Heinz Spieß: Unterwegs zu einem fremden Ehemann. Brautfahrt und Ehe in europäischen Fürstenhäusern des Spätmittelalters. In: Karl-Heinz Spieß, Irene Erfen (Hg.): Fremdheit und Reisen im Mittelalter. Franz Steiner Verlag, Stuttgart 1997

Staatliche Schlösser und Gärten: Schloss Kirchheim. Landesfestung, Witwensitz, Schlossmuseum. Staatsanzeiger Verlag, Stuttgart 2007

Paul Friedrich Stälin: Die Heirath des württembergischen Grafen, nachherigen Herzogs Eberhard im Bart mit der Markgräfin Barbara Gonzaga von Mantua im Jahre 1474. In: Württembergische Jahrbücher für Statistik und Landeskunde 2, 1872. S. 3–17

Albert Sting: Die Geschichte der Stadt Ludwigsburg. Band I. Von der Vorgeschichte bis zum Jahr 1816. Ungeheuer + Ulmer, Ludwigsburg 2000

Tagbuch der Gräfin Franziska von Hohenheim, späteren Herzogin von Württemberg. Im Auftrag des Württemberg. Geschichts- und Altertumsvereins. Herausgegeben von A. Osterberg. Stuttgart 1913

Robert Uhland: 900 Jahre Haus Württemberg. Leben und Leistung für Land und Volk. W.

Kohlhammer Verlag, Stuttgart 1984

Emma Vely: Herzog Karl von Württemberg und Franziska von Hohenheim. Verlag von C. F. Simon, Stuttgart 1876

Jürgen Walter: Franziska von Hohenheim. Biographie. Stieglitz Verlag, Mühlacker 2010

Jürgen Walter: Carl Eugen von Württemberg. Biographie. Stieglitz Verlag, Mühlacker 2010

Bernd Wunder: Kleine Geschichte des Herzogtums Württemberg. DRW-Verlag, Leinfelden-Echterdingen 2009

Gabriel Zeilinger: Die Uracher Hochzeit 1474. Form und Funktion eines höfischen Festes im 15. Jahrhundert. Kieler Werkstücke. Reihe E: Beiträge zur Sozial- und Wirtschaftsgeschichte. Herausgegeben von Gerhard Fouquet. Band 2. Peter Lang Europäischer Verlag der Wissenschaften, Frankfurt am Main 2003

Quellen

Landesbibliothek Stuttgart, Fam. Pr. Oct. 26. »Neun christliche Predigten/über der Leich/weylund der Durchleichtigen Hochgebornen Fürstin und Frawen/Frawen Sibyllen/Herzogin zu Württemberg (...), Stuttgart 1615 (zur Verfügung gestellt von Bernadette Gramm)

Stadtarchiv Leonberg (Bernadette Gramm, Ina Dielmann): Diverse Schriftstücke; »Familien- und Hausacten«

Hauptstaatsarchiv Stuttgart. Bestände: A 602 (Barbara Gonzaga), G 88 (Anna Catharina von Württemberg), G 185 (Johanna Elisabetha von Württemberg). Die Bestände zu Sibylla von Anhalt wurden von Ina Dielmann recherchiert und ausgewertet.

Handschriftensammlung der Württembergischen Landesbibliothek, Stuttgart

Bildnachweis

Hauptstaatsarchiv Stuttgart: S. 45.
Landesmedienzentrum Baden-Württemberg: S. 29, 219.
A. Reichle: S. 46.
Staatliche Schlösser und Gärten Baden-Württemberg: S. 205.
Stadtarchiv Stuttgart: S. 174.
Ville de Fénétrange: S. 156.
Württembergische Landesbibliothek: S. 50 oben.
Archiv Silberburg-Verlag: alle anderen Abbildungen.

Familien- und Personenübersicht

Anmerkung: Die Kernfamilie ist jedem Teil vorangesetzt. Die Kinder sind in der Reihenfolge ihrer Geburt aufgeführt. Die Eltern (Vater, Mutter) und Geschwister (in der Reihenfolge ihrer Geburt) der Herzogin schließen an. Alle anderen Personen folgen alphabetisch.

Barbara Gonzaga

Barbara Gonzaga von Mantua »Barbarina« (1455–1503): Gräfin von Württemberg-Urach, später Herzogin von Württemberg.

verheiratet mit

Eberhard V./I. »im Bart« (1445–1496): Graf von Württemberg-Urach, später Herzog von Württemberg. Regent 1457/59–1496.

Kinder:

Barbarina (1475–1475): Tochter von Barbara Gonzaga und Eberhard im Bart.

Eltern:

Gonzaga, Ludovico II. (1423–1478): Markgraf (Marchese) von Mantua. Vater von Barbara Gonzaga.

Brandenburg, Barbara von (1423–1481): Markgräfin (Marchesa) von Mantua. Mutter von Barbara Gonzaga.

Geschwister:

Gonzaga, Federico (1441–1484): Markgraf (Marchese) von Mantua nach dem Tod des Vaters Ludovico II. Ältester Bruder von Barbara Gonzaga.

Gonzaga, Francesco (1444–1483): Kardinal, Bischof von Mantua. Bruder von Barbara Gonzaga.

Gonzaga, Gianfrancesco (1446–1496): Bruder von Barbara Gonzaga.

Gonzaga, Susanna (1447–1481): Nonne. Schwester von Barbara Gonzaga.

Gonzaga, Dorotea (1449/50 bis 1467): Schwester von Barbara Gonzaga.

Gonzaga, Cecilia (1451–1478): Schwester von Barbara Gonzaga.

Gonzaga, Rodolfo (1452–1495): Herr von Luzzara. Bruder von Barbara Gonzaga.

Gonzaga, Ludovico (1460–1511): Bischof von Mantua. Bruder von Barbara Gonzaga.

Gonzaga, Paola (1464–1495/96): Schwester von Barbara Gonzaga.

Sonstige Personen:

Alberti, Leon Battista (1404–1472): italienischer Architekt der Renaissance. Gilt als Universalgelehrter.

Brandenburg, Albrecht Achilles von (1414–1486): Markgraf von Ansbach und Kulmbach, später Kurfürst von Brandenburg.

Brandenburg, Dorothea von (1430–1495): Königin von Dänemark. Tante mütterlicherseits von Barbara Gonzaga.

Bonacolsi: Herrscherfamilie von Mantua in der zweiten Hälfte des 13. Jahrhunderts. Sie wurden von den Gonzaga 1328 gestürzt.

Christoph (1515–1568): Herzog von Württemberg.

Da Feltre, Vittorino (1378–1446): italienischer Renaissancelehrer und Humanist.

Da Schivenoglia, Andrea (1411–1484): italienischer Chronist.

D'Este, Isabella (1474–1539): Ehefrau von Barbaras Neffe Francesco II. Markgräfin von Mantua.

Eberhard der Jüngere (1447–1504): Graf von Württemberg-Stuttgart. Herzog von Württemberg. Cousin und Nachfolger von Eberhard im Bart.

Ehingen, Georg von (1428–1508): Reichsritter und Reisender.

Fancelli, Luca (um 1430 bis nach 1494): italienischer Architekt und Bildhauer.

Frater Epiphanio: gräflicher Gärtner von Barbara Gonzaga.

Friedrich III. (1415–1493): römisch-deutscher König 1440–1493 (Friedrich IV.), ab 1452 Kaiser.

Görz, Leonard von (1440–1500): Graf von Görz-Tirol. Ehemann von Paola Gonzaga.

Gonzaga, Eleonora: Nichte von Barbara Gonzaga.

Gonzaga, Francesco II. (1466–1519): Markgraf von Mantua nach dem Tod Federicos. Neffe von Barbara Gonzaga.

Guidotis, Stephanio: mantuanischer Kleriker.

Heinrich (1448–1519): Graf von Württemberg-Mömpelgard. Cousin von Eberhard im Bart.

Hertenstein, Barbara von: Ehefrau von Konrad von Hertenstein.

Hertenstein, Konrad von (ital. Name Tristano de Sasso duro): mantuanischer Rat.

Johann »der Alchimist« (1406–1464): Markgraf von Brandenburg-Kulmbach. Großvater mütterlicherseits von Barbara Gonzaga.

Karl I. (1427–1475): Markgraf von Baden.

Kasimir IV. (1427–1492): König von Polen, Großfürst von Litauen.

Ludwig I. (1412–1450): Graf von Württemberg. Vater von Eberhard im Bart.

Lupi, Raimondo: mantuanischer Rat.

Malatesta, Paola Agnese (1394–1449): Großmutter väterlicherseits von Barbara Gonzaga.

Mantegna, Andrea (1431–1506): italienischer Maler und Bildhauer der Frührenaissance.

Maximilian I. (1459–1519): römisch-deutscher König 1486–1519, ab 1508 Kaiser.

Österreich, Albrecht VI. von (1418–1463): Stiefvater von Eberhard im Bart.

Petrarca, Francesco (1304–1374): italienischer Dichter und Humanist.

Pfalz, Mechtild von der (1419–1482): Gräfin von Württemberg. Mutter von Eberhard im Bart.

Pforr, Antonius von (um 1410/15 bis 1483): Kleriker, Jurist, Schriftsteller.

Philipp (1448–1508): Kurfürst.

Rechberg, Margarete von (?–1536): Freundin von Barbara Gonzaga.

Sforza, Galeazzo Maria (1444–1476): Herzog von Mailand.

Sigismund »der Münzreiche« (1427–1496): Erzherzog von Österreich.

Sigismund (1368–1437): römisch-deutscher König 1411–1437, ab 1433 Kaiser.

Suntheim, Ladislaus (1440–1513): Historiograph der Habsburger.

Ulrich (1487–1550): Herzog von Württemberg. Nachfolger von Eberhard dem Jüngeren.

Ulrich V. »der Vielgeliebte« (1413–1480): Graf von Württemberg bzw. Württemberg-Stuttgart 1433–1480. Onkel von Eberhard im Bart.

Vergenhans, Johannes (1425/30 bis 1510): deutscher Gelehrter. Erzieher und Berater von Eberhard im Bart.

Vergenhans, Ludwig (1450–1512): Kanzler der württembergischen Regierung.

Wittelsbach, Margarete von (1442–1479): Ehefrau von Federico Gonzaga. Schwägerin von Barbara Gonzaga.

Sabina von Bayern

Sabina von Bayern (1492–1564): bayerische Prinzessin. Nichte von Maximilian I. Herzogin von Württemberg.

verheiratet mit

Ulrich/Taufname Eitel Heinrich (1487–1550): Herzog von Württemberg 1498–1550 (mit Unterbrechungen). Nachfolger von Eberhard dem Jüngeren.

Kinder:

Anna (1513–1530): Tochter von Sabina und Herzog Ulrich.

Christoph (1515–1568): Sohn von Sabina und Herzog Ulrich. Als Nachfolger seines Vaters Herzog von Württemberg 1550–1568.

Eltern:

Bayern, Albrecht IV. von »der Weise« (1447–1508): Herzog von Bayern. Sabinas Vater.

Österreich, Kunigunde von (1465–1520): Herzogin von Bayern. Sabinas Mutter.

Geschwister:

Bayern, Sidonie von (1488–1505): Sabinas Schwester.

Bayern, Sibille von (1489–1519): Sabinas Schwester.

Bayern, Wilhelm IV. von (1493–1550): Herzog von Bayern. Sabinas Bruder.

Bayern, Ludwig X. von (1495–1545): Herzog von Bayern. Dompropst in Freising. Sabinas Bruder.

Bayern, Susanna von (1499 bis 1500): Sabinas Schwester.

Bayern, Susanna von (1502 bis 1543): Sabinas Schwester (erhielt den gleichen Namen wie die 1500 verstorbene Susanna).

Bayern, Ernst von (1500–1560): Sabinas Bruder.

Sonstige Personen:

Baden-Durlach, Ernst I. von (1482–1553): späterer Ehemann von Ulrichs Jugendliebe Elisabeth.

Brandenburg-Ansbach, Elisabeth von (1494–1518): Jugendliebe von Herzog Ulrich.

Brandenburg, Elisabeth von (1451–1518): Gräfin von Württemberg-Stuttgart, später Herzogin von Württemberg. Ehefrau von Eberhard dem Jüngeren.

Brandenburg-Ansbach, Anna Maria von (1526–1589): Markgräfin. Nach ihrer Heirat mit Sabinas Sohn Christoph Herzogin von Württemberg.

Braunschweig-Wolfenbüttel, Maria von (1496–1541): Halbschwester von Herzog Ulrich.

Eberhard V./I. »im Bart« (1445–1496): Graf von Württemberg-Urach, später Herzog von Württemberg. Ziehvater Herzog Ulrichs.

Eberhard der Jüngere (1447–1504): Graf von Württemberg-Stuttgart. Onkel von Herzog Ulrich.

Ferdinand I. (1503–1564): Erzherzog von Österreich. Regierte Württemberg während der Habsburger Zeit von 1522 bis 1534, römisch-deutscher König 1531–1564, ab 1558 Kaiser.

Friedrich III. (1415–1493): römisch-deutscher König 1440–1493 (Friedrich IV.), ab 1452 Kaiser.

Friedrich V. (1460–1536): Markgraf von Brandenburg Ansbach. Vater von Ulrichs Jugendliebe Elisabeth.

Gaiß, Peter »Gaispeter«: Identifikationsfigur der Bauernbewegung in Württemberg (Armer Konrad).

Georg I. (1498–1558): Graf von Württemberg-Mömpelgard. Halbbruder Herzog Ulrichs.

Heinrich (um 1448–1519): Graf von Württemberg-Mömpelgard. Vater Herzog Ulrichs.

Hessen, Philipp I. von, »der Großmütige« (1504–1567): Landgraf von Hessen.

Hutten, Hans von (1477–1515): Stallmeister von Herzog Ulrich. Ehemann seiner vermutlichen Geliebten Ursula.

Hutten, Ludwig von: Hans von Huttens Vater.

Hutten, Ulrich von (1488–1523): Humanist und Sprecher der Familie Hutten.

Karl V. (1500–1558): römisch-deutscher König 1519 bis 1555/56, ab 1520/1530 Kaiser.

Maximilian I. (1459–1519): römisch-deutscher König 1486–1519, ab 1508 Kaiser. Onkel Sabinas.

Pfalz, Ludwig V. von der (1478 bis 1544): Kurfürst. Ehemann von Sabinas Schwester Sibille.

Portugal, Leonora Helena von (1436–1467): Gemahlin Kaiser Friedrichs III. Sabinas Großmutter.

Salm, Eva von (um 1468–1521): Gräfin von Württemberg-Mömpelgard. Stiefmutter von Herzog Ulrich.

Spät, Dietrich (?–1536): Obervogt in Urach. Vertrauter und Fluchthelfer Sabinas.

Thumb von Neuburg, Konrad (1465–1525): Erbmarschall des Herzogtums Württemberg.

Thumb von Neuburg, Ursula (1491–1551): Vermutliche Geliebte Ulrichs. Heiratete Hans von Hutten, den Ulrich ermordete.

Zweibrücken-Bitsch, Elisabeth von (nach 1464–1487): Gräfin von Württemberg-Mömpelgard. Mutter von Herzog Ulrich.

Zwingli, Huldrych (1484–1531): Schweizer Reformator.

Sibylla von Anhalt

Sibylla von Anhalt (1564–1614): anhaltinische Prinzessin. Herzogin von Württemberg.

verheiratet mit

Friedrich I. (1557–1608): Graf von Württemberg-Mömpelgard ab 1581. Herzog von Württemberg 1593–1608 in der Nachfolge des kinderlosen Herzog Ludwigs.

Kinder:

Johann Friedrich (1582–1628): erstgeborener Sohn von Sibylla und Herzog Friedrich. Als Nachfolger seines Vaters Herzog von Württemberg.

Georg Friedrich (1583–1591): zweiter Sohn von Sibylla und Herzog Friedrich.

Sibylla Elisabeth (1584–1606): erste Tochter von Sibylla und Herzog Friedrich. Durch Heirat Kurfürstin von Sachsen.

Elisabeth (1585–1585): zweite Tochter von Sibylla und Herzog Friedrich.

Ludwig Friedrich (1586–1631): dritter Sohn von Sibylla und Herzog Friedrich. Graf von Mömpelgard.

Joachim Friedrich (1587–1587): vierter Sohn von Sibylla und Herzog Friedrich.

Julius Friedrich (1588–1635): fünfter Sohn von Sibylla und Herzog Friedrich. Herzog von Württemberg-Weiltingen.

Philipp Friedrich (1589–1589): sechster Sohn von Sibylla und Herzog Friedrich.

Eva Christina (1590–1657): dritte Tochter von Sibylla und Herzog Friedrich. Durch Heirat Markgräfin von Brandenburg-Jägerndorf.

Friedrich Achilles (1591–1631): siebter Sohn von Sibylla und Herzog Friedrich.

Agnes (1592–1629): vierte Tochter von Sibylla und Herzog Friedrich. Durch Heirat Herzogin von Sachsen-Lauenburg.

Barbara (1593–1627): fünfte Tochter von Sibylla und Herzog Friedrich. Durch Heirat Markgräfin von Baden-Durlach.

Magnus (1594–1622): achter Sohn von Sibylla und Herzog Friedrich.

August (1596–1596): neunter Sohn von Sybilla und Herzog Friedrich.

Anna (1597–1650): sechste Tochter von Sibylla und Herzog Friedrich.

Eltern:

Anhalt, Ernst Joachim von (1536 bis 1586): Fürst von Anhalt. Sibyllas Vater.

Barby, Agnes von (1540–1569): Gräfin von Barby. Fürstin von Anhalt. Sibyllas Mutter.

Geschwister:

Anhalt, Anna Maria von (1561 bis 1605): Sibyllas Schwester.

Anhalt, Agnes von (1562–1564): Sibyllas Schwester.

Anhalt, Elisabeth von (1563 bis 1607): Sibyllas Schwester.

Anhalt, Johann Georg von (1567 bis 1618): Sibyllas Bruder.

Anhalt, Christian von (1568 bis 1630): Sibyllas Bruder.

Sonstige Personen:

Anhalt-Zerbst, Bernhard von (1540–1570): Fürst von Anhalt-Zerbst. Onkel Sibyllas.

Bauhin, Jean (1541–1612): französischer Arzt und Naturforscher.

Bidembach, Eberhard (1528–1597): Abt und Prälat aus Bebenhausen.

Braunschweig-Wolfenbüttel, Maria von (1566–1626): Prinzessin. Abgelehnte Heiratskandidatin Herzog Friedrichs.

Elisabeth I. (1533–1603): Königin von England 1558–1603.

Enzlinger, Matthäus (1556–1613): Jurist. Württembergischer Rat am Hof Herzog Friedrichs.

Eßlinger, Georg (1560–1622): Landprokurator. Württembergischer Rat am Hof Herzog Friedrichs.

Gäller, Georg: Landhofmeister am württembergischen Hof.

Georg I. (1498–1558): Graf von Württemberg-Mömpelgard. Vater von Herzog Friedrich.

Günther, Andreas: deutscher Baumeister der Renaissance.

Guise, Henri de (1550–1588): Herzog von Guise.

Hessen, Barbara von (1536–1597): Gräfin von Württemberg-Mömpelgard. Mutter von Herzog Friedrich.

Hessen, Wilhelm von (1532–1592): Landgraf von Hessen-Kassel. Onkel von Herzog Friedrich.

Hessen-Darmstadt, Georg von (1547–1596): Landgraf von Hessen-Darmstadt. Zweiter Ehemann von Eleonore von Württemberg.

Johann Georg I. (1585–1656): Kurfürst von Sachsen. Heiratete Sibylla Elisabeth, die Tochter Sibyllas und Herzog Friedrichs.

Kepler, Christoph: Zinngießer in Leonberg. Bruder des bekannten Astronomen Johannes Kepler.

Kepler, Johannes (1571–1630): deutscher Astronom, Mathematiker, Astrologe.

Ludwig (1554–1593): Herzog von Württemberg 1568/78–1593. Nachfolger seines Vaters Christoph.

Hoffmann, Nickel (um 1510–1592): deutscher Baumeister der Renaissance.

Madeleine: Wäscherin am Hof in Mömpelgard. Geliebte Herzog Friedrichs.

Möringer, Magdalena: Kupplerin.

Navarra, Heinrich von (1553–1610): zentrale Figur der Hugenottenkriege. König von Frankreich »Henri le Grand« von 1594–1610.

Pfalz-Veldenz-Lützelstein, Ursula von (1572–1635): Herzogin von Württemberg. Zweite Gemahlin von Ludwig von Württemberg.

Pont, Marquis du: Unterstützer von Henri de Guise.

Raiser, Johann/Hans: Goldschmied in Augsburg.

Rudolf II. (1552–1612): römisch-deutscher König 1575–1612, ab 1576 Kaiser.

Schickhardt, Heinrich (1558–1635): Architekt, Stadtplaner. Württembergischer Hofbaumeister der Renaissance.

Tabernaemontanus, Jacobus Theodorus (1525–1590): Mediziner und Botaniker.

Waldeck, Daniel zu (1530–1577): Graf von Waldeck-Wildungen. Zweiter Ehemann von Herzog Friedrichs Mutter.

Württemberg, Anna Maria von (1526–1589): Herzogin von Württemberg. Ehefrau Herzog Christophs. Mutter von Eleonore von Württemberg.

Württemberg, Eleonore von (1552–1618): Tochter von Herzog Christoph. Nach ihrer ersten Heirat Fürstin von Anhalt und damit die Stiefmutter Sibyllas. Nach ihrer zweiten Heirat Landgräfin von Hessen-Darmstadt.

Württemberg-Mömpelgard, Eva Christina von (1558–1575): Schwester von Herzog Friedrich.

Anna Catharina von Salm-Kyrburg

Anna Catharina von Salm-Kyrburg (1614–1655): Grafentochter. Herzogin von Württemberg.

verheiratet mit

Eberhard III. (1614–1674): Herzog von Württemberg 1633–1674.

Kinder:

Johann Friedrich (1637–1659): erster Sohn von Anna Catharina und Herzog Eberhard III.

Ludwig Friedrich (1638–1639): zweiter Sohn von Anna Catharina und Herzog Eberhard III.

Christian Eberhard (1639–1640): dritter Sohn von Anna Catharina und Herzog Eberhard III.

Eberhard (1640–1641): vierter Sohn von Anna Catharina und Eberhard III.

Sophia Luisa (1642–1702): erste Tochter von Anna Catharina und Eberhard III. Durch Heirat Markgräfin von Brandenburg-Bayreuth.

Dorothea Amalia (1643–1650): zweite Tochter von Anna Catharina und Eberhard III.

Christina Friederike (1644–1674): dritte Tochter von Anna Catharina und Eberhard III. Durch Heirat Gräfin von Oettingen-Oettingen.

Christina Charlotta (1645–1699): vierte Tochter von Anna Catharina und Eberhard III. Durch Heirat Fürstin von Ostfriesland.

Wilhelm Ludwig (1647–1677): fünfter Sohn von Anna Catharina und Eberhard III. Als Nachfolger seines Vaters Herzog von Württemberg von 1674–1677.

Anna Catharina (1648–1691): fünfte Tochter von Anna Catharina und Eberhard III.

Carl Christoph (1650–1650): sechster Sohn von Anna Catharina und Eberhard III.

Eberhardina Catharina (1651 bis 1683): sechste Tochter von Anna Catharina und Eberhard III. Durch Heirat Gräfin von Oettingen-Oettingen.

Friedrich Carl (1652–1698): siebter Sohn von Anna Catharina und Eberhard III. Herzog von Württemberg-Winnental.

Carl Maximilian (1654–1689): achter Sohn von Anna Catharina und Eberhard III.

Eltern:

Salm-Kyrburg, Johann Casimir von (1577–1651): Wild- und Rheingraf. Vater von Anna Catharina.

Solms-Laubach, Dorothea von (1579–1631): Wild- und Rheingräfin von Salm-Kyrburg. Mutter von Anna Catharina.

Geschwister:

Salm-Kyrburg, Agatha von: Anna Catharinas Schwester.

Salm-Kyrburg, Anna Barbara von: früh verstorbene Schwester Anna Catharinas.

Salm-Kyrburg, Anna Juliane von (1609–?): früh verstorbene Schwester Anna Catharinas.

Salm-Kyrburg, Johann Ludwig von (1609–1641): schwedischer Oberstleutnant. Gefallen bei Quedlinburg. Anna Catharinas Bruder.

Salm-Kyrburg, Georg Friedrich von (1611–1681): Nachfolger seines Vaters Johann Casimir als Wild- und Rheingraf von Salm-Kyrburg. Anna Catharinas Bruder.

Salm-Kyrburg, Sophie Juliane von (1612–1612): Anna Catharinas Schwester.

Salm-Kyrburg, Anna Claudia von (1615–1673): Anna Catharinas Schwester. Durch Heirat Gräfin zu Rappoltstein.

Sonstige Personen:

Andreä, Johann Valentin (1586 bis 1654): Mitglied der württembergischen Kirchenleitung und Hofprediger in Stuttgart.

Bardili, Carl (1600–1647): Mediziner. Arzt von Anna Catharina. Berühmte Nachkommen Carl Bardilis sind Uhland, Hauff, Hölderlin und Schelling.

Christoph (1515–1568): Herzog von Württemberg von 1550–1568.

Ferdinand II. (1578–1637): König von Böhmen 1617/18 und ab 1621. Sein Vorgehen in Böhmen löste den Dreißigjährigen Krieg aus. Römisch-deutscher König und Kaiser 1619–1637.

Ferdinand III. (1608–1657): römisch-deutscher König 1636–1657, ab 1637 Kaiser.

Friedrich V. (1596–1632): Kurfürst von der Pfalz 1614–1621. König von Böhmen »Winterkönig« 1619/20.

Gerhardt, Paul (1607–1676): bekannter deutscher Kirchenlieddichter.

Gustav II. Adolf (1594–1632): König von Schweden. Führte die schwedischen Truppen im Dreißigjährigen Krieg. Fiel in der Schlacht bei Lützen.

Johann Friedrich (1582–1628): Herzog von Württemberg 1608 bis 1628. Vater von Eberhard III.

Löffler, Jakob (1582–1638): Jurist. Württembergischer Kanzler im Dreißigjährigen Krieg.

Matthias (1557–1619): römisch-deutscher König und Kaiser 1612–1619.

Maximilian I. (1573–1651): Kurfürst von Bayern. Führte die »Katholische Liga«. Erhielt 1623 die pfälzische Kurfürstenwürde.

Oettingen-Oettingen, Maria Dorothea Sophia von (1639–1698): nach Anna Catharinas Tod zweite Ehefrau von Eberhard III.

Rappoltstein, Johann Jakob zu (1598–1673): Graf zu Rappoltstein. Entstammt einem elsässischen Adelsgeschlecht. Ehemann von Claudia von Salm-Kyrburg und damit Anna Catharinas Schwager.

Tilly, Johann Tserclaes von (1559–1632): Graf. Feldherr. Oberbefehlshaber der kaiserlichen Streitkräfte im Dreißigjährigen Krieg.

Varnbüler, Johann Konrad (1595 bis 1657): württembergischer Politiker und Diplomat.

Wallenstein, Albrecht Wenzel Eusebius von (1583–1634): entstammt altem böhmischem Adel. Feldherr. Oberbefehlshaber der kaiserlichen Streitkräfte im Dreißigjährigen Krieg.

Württemberg, Barbara Sophie von (1584–1636): geborene Markgräfin von Brandenburg. Mutter von Eberhard III.

Johanna Elisabetha von Baden-Durlach

Johanna Elisabetha von Baden-Durlach (1680–1757): Tochter des Markgrafen von Baden-Durlach. Herzogin von Württemberg.

verheiratet mit

Eberhard Ludwig (1676–1733): Herzog von Württemberg 1693–1733.

Kinder:

Friedrich Ludwig (1698–1731): Sohn von Eberhard Ludwig und Johanna Elisabetha.

Eltern:

Baden-Durlach, Friedrich VII. Magnus von (1647–1709): Markgraf von Baden-Durlach. Vater von Johanna Elisabetha.

Holstein-Gottorp, Augusta Maria von (1649–1728): Markgräfin von Baden-Durlach. Mutter von Johanna Elisabetha.

Geschwister:

Baden-Durlach, Friedrich Magnus von (1672–1672): Bruder von Johanna Elisabetha.

Baden-Durlach, Friederike Auguste von (1673–1674): Schwester von Johanna Elisabetha.

Baden-Durlach, Christine Sophie von (1674–1676): Schwester von Johanna Elisabetha.

Baden-Durlach, Klaudia Magdalene Elisabeth von (1675–1676): Schwester von Johanna Elisabeth.

Baden-Durlach, Katharina von (1677–1746): Schwester von Johanna Elisabetha. Durch Heirat Gräfin von Leiningen-Hartenburg.

Baden-Durlach, Karl III. Wilhelm von (1679–1738): Bruder von Johanna Elisabetha. Nachfolger seines Vaters als Markgraf von Baden-Durlach.

Baden-Durlach, Albertine Friederike von (1682–1755): Schwester von Johanna Elisabetha. Verheiratet mit dem Fürstbischof von Holstein-Gottorf.

Baden-Durlach, Christoph von (1684–1723): Bruder von Johanna Elisabetha.

Baden-Durlach, Charlotte Sophie (1686–1689): Schwester von Johanna Elisabetha.

Baden-Durlach, Marie Anna von (1688–1689): Schwester von Johanna Elisabetha.

Sonstige Personen:

Baden-Baden, Ludwig Wilhelm von, »Türkenlouis« (1655–1707): Markgraf von Baden-Baden.

Beutenmüller, Eva Christina: Amme.

Brandenburg-Schwedt, Henriette Marie von (1702–1782): Ehefrau von Erbprinz Friedrich Ludwig.

Carl Alexander (1684–1737): katholischer Vetter von Herzog Eberhard Ludwig. Herzog von Württemberg 1733–1737.

Carl Eugen (1728–1793): Herzog von Württemberg 1737/44 bis 1793.

Drommer, Wilhelm Adam (1672–1740): Oberhofprediger.

Grävenitz, Friedrich Wilhelm von (1679–1754): mecklenburgischer Offizier. Kammerjunker von Herzog Eberhard Ludwig. Bruder von Wilhelmine von Grävenitz.

Grävenitz, Christina Wilhelmine Friederike (1686–1744): Mätresse Eberhard Ludwigs. Durch Heirat Reichsgräfin und Landhofmeisterin von Würben.

Hessen-Darmstadt, Magdalena Sibylla von (1652–1712): Herzogin von Württemberg. Mutter von Eberhard Ludwig.

Joseph I. (1678–1711): römisch-deutscher König 1690–1711, ab 1705 Kaiser.

Karl VI. (1685–1740): römisch-deutscher König und Kaiser 1711–1740.

Krippendorf, Heinrich August: Sekretär.

Ludwig XIV., »Sonnenkönig« (1638–1715): König von Frankreich 1643–1715.

Menzingen, Friederike Auguste von: Hofdame von Johanna Elisabetha. Erste (außereheliche) Geliebte von Herzog Eberhard Ludwig.

Orléans, Elisabeth Charlotte, »Lieselotte von der Pfalz« (1652–1722): Schwägerin von König Ludwig XIV. von Frankreich.

Phull, Konrad Christoph von: Hofmeister von Johanna Elisabetha.

Pöllnitz, Karl Ludwig von (1692–1775): Freiherr »Baron«. Besucher am Ludwigsburger Hof.

Schütz, Johann Heinrich von (1669–1732): württembergischer Minister und Geheimer Rat.

Staffhorst, Johann Friedrich von (1653–1730): Oberhofmarschall. Mitglied des Geheimen Rats.

Thurn und Taxis, Maria Augusta von (1706–1756): Herzogin von Württemberg. Ehefrau von Herzog Carl Alexander.

Urlsperger, Samuel (1685–1772): Hofprediger.

Würben, Johann Franz Ferdinand von: böhmischer Reichsgraf. Ging eine Scheinehe mit Wilhelmine von Grävenitz ein.

Wittgenstein, Friederike Wilhelmine von: späte Mätresse Eberhard Ludwigs.

Württemberg, Eberhard Friedrich (1718–1719): Enkelsohn von Johanna Elisabetha.

Württemberg, Luise Friederike (1722–1791): Enkeltochter von Johanna Elisabetha.

Württemberg, Magdalene Wilhelmine von (1677–1742): Schwester von Herzog Eberhard Ludwig. Durch die Heirat mit Johanna Elisabethas Bruder Markgräfin von Baden-Durlach.

Württemberg, Wilhelm Ludwig von (1647–1677): Herzog von Württemberg 1674–1677. Vater von Herzog Eberhard Ludwig.

Franziska von Hohenheim

Franziska Theresia von Hohenheim (1748–1811): entstammte dem verarmten Landadelsgeschlecht der von Bernerdin. Baronin von Leutrum. Gräfin von Hohenheim. Herzogin von Württemberg.

verheiratet mit

Carl Eugen (1728–1793): Herzog von Württemberg 1737/44 bis 1793.

Eltern:

Bernerdin zum Pernthurn auf Pregrat, Ludwig Wilhelm von (1717–1774): Freiherr. Franziskas Vater.

Vohenstein zu Adelmannsfelden, Johanna Dorothea Charlotte Freiin von (1718–1793): Franziskas Mutter.

Geschwister:

Bernerdin, Johanna Ludovica Charlotta von (1740–1741): Schwester Franziskas.

Bernerdin, Marie Charlotta Wilhelmina von (1742–?): Schwester Franziskas. Durch Heirat Freiherrin Schertel.

Bernerdin, Louise Eberhardine Wilhelmina von (1744–?): Schwester Franziskas. Heiratete den Geheimrat von Pflug.

Bernerdin, Friederica Juliana Regina von (1746–1746): Schwester Franziskas.

Bernerdin, Johanna Eberhardine von (1752–?): Schwester Franziskas.

Bernerdin, Sophia Augusta von (1753–1754): Schwester Franziskas.

Bernerdin, Siegfried Eberhard Andreas von (1754–1755): Bruder Franziskas.

Bernerdin, Philippine Friederica von (1756–1759): Schwester Franziskas.

Bernerdin, Ehrenreich Ludwig Andreas von (1757–1762): Bruder Franziskas.

Bernerdin, Philippine Henrietta von (1758–1758): Schwester Franziskas.

Bernerdin, Juliana Augusta (1760–?): Schwester Franziskas.

Bernerdin: drei weitere Kinder, die früh verstarben.

Sonstige Personen

Auberlen, Samuel Gottlob (1758–1829): württembergischer Musiker und Komponist.

Böhnen, Leutnant/Baron von: Vertrauter Franziskas

Bonafini, Elisabeta Caterina (1751–1826): Mätresse und Lebensgefährtin von Herzog Carl Eugen.

Bonaparte, Napoleon (1769–1821): französischer General, Staatsmann, Kaiser.

Brandenburg-Bayreuth, Elisabeth Friederike Sophie von (1732–1780): erste Ehefrau Herzog Carl Eugens.

Braunschweig, Philippine Charlotte von (1716–1801): preußische Prinzessin. Durch Heirat Herzogin von Braunschweig-Wolfenbüttel.

Carl Alexander (1684–1737): Herzog von Württemberg 1733–1737. Vater von Herzog Carl Eugen.

Cotta, Christian Gottfried: Verleger.

Edelsheim, Wilhelm Freiherr von (1737–1793): badischer Minister.

Feodorowna, Maria (1759–1828): geborene Sophie Dorothee, Prinzessin von Württemberg. Großfürstin und Zarin von Russland.

Franchi, Eleonore: Mätresse von Herzog Carl Eugen.

Friedrich Eugen (1732–1797): Bruder Carl Eugens. Regent von Württemberg-Mömpelgard. Herzog von Württemberg 1795–1797.

Friedrich II., »der Große« (1712–1786): König von Preußen von 1740–1786.

Friedrich II. (1754–1816): Erbprinz. Neffe Carl Eugens (Sohn Friedrich Eugens). Herzog von Württemberg 1797–1806. 1806–1816 als Friedrich I. erster württembergischer König.

Gaisberg, Herr von: Vermittler zwischen Franziska und ihren Freundinnen.

Gellert, Christian Fürchtegott (1715–1769): deutscher Dichter und Moralphilosoph der Aufklärung.

Goethe, Johann Wolfgang von (1749–1832): bedeutender deutscher Dichter. Vorreiter und wichtigster Vertreter des Sturm und Drang und der Weimarer Klassik.

Grollmann, Henriette von: Franziskas Freundin.

Hahn, Johann Michael (1758–1819): Anhänger des radikalen Pietismus. Begründer der Gemeinschaft »Hahn'sche Brüder«.

Hahn, Philipp Matthäus (1739–1790): württembergischer Pfarrer und Ingenieur.

Hirschfeld, Christian Cay Lorenz (1742–1792): deutscher Universitätsgelehrter.

Hoven, Friedrich Wilhelm von (1760–1838): Arzt.

Joseph II. (1741–1790): römisch-deutscher König 1764–1790, ab 1765 Kaiser.

Maria Karolina (1752–1814): Königin von Neapel-Sizilien.

Kerner, Justinus (1786–1862): deutscher Dichter und Mediziner.

Klopstock, Friedrich Gottlieb (1724–1803): deutscher Dichter und Schriftsteller.

Knigge, Adolph Freiherr von (1752–1796): deutscher Schriftsteller und Aufklärer.

Lavater, Johann Caspar (1741–1801): Schweizer Theologe, Philosoph und Schriftsteller.

Leutrum, Philipp Christoph von (?–1785): Vater Reinhard von Leutrums.

Leutrum, Reinhard von (1742–1820): Baron. Erster Ehemann Franziskas.

Lichtenberg, Georg Christoph (1742–1799): deutscher Schriftsteller und Physiker.

Ludwig XVI. (1754–1793): König von Frankreich 1774–1791.

Ludwig Eugen (1731–1795): Bruder Herzog Carl Eugens. Herzog von Württemberg 1793–1795.

Maria Theresia (1717–1780): Erzherzogin von Österreich und Königin von Ungarn (mit Kroatien) und Böhmen.

Marie Antoinette (1755–1793): Königin von Frankreich 1744–1791.

Mylius, von: Obristleutnant.

Niemeyer, August Hermann (1754–1828): deutscher Theologe, Pädagoge und Schriftsteller.

Paul I. (1754–1801): russischer Großfürst. Zar von Russland 1796–1801.

Pius VI. (1717–1799): Papst 1775–1799.

Poeltzig, von: Rittmeister und Kammerjunker von Herzog Carl Eugen.

Schiller, Friedrich von (1759–1805): deutscher Dichter. Vertreter des Sturm und Drang und gemeinsam mit Goethe der Weimarer Klassik.

Schilling, Fräulein von: Franziskas Cousine.

Schubart, Christian Friedrich Daniel (1739–1791): deutscher Dichter, Journalist und Musiker.

Thurn und Taxis, Maria Augusta von (1706–1756): Herzogin von Württemberg. Mutter von Herzog Carl Eugen.

Wieland, Christoph Martin (1733–1813): deutscher Dichter, Übersetzer und Herausgeber im Geist der Aufklärung.

Württemberg-Mömpelgard, Friederike Sophie Dorothea (1736–1798): geborene Markgräfin von Brandenburg-Schwedt. Ehefrau Friedrich Eugens. Herzogin von Württemberg 1795–1797.

Zeittafel

Barbara Gonzaga

1328: Machtübernahme der Gonzaga in Mantua
1433: Die Gonzaga werden zu Markgrafen erhoben
1445: Geburt Eberhards (im Bart) am 11. Dezember im Uracher Stadtschloss
1455: Geburt Barbara Gonzagas am 11. Dezember in Mantua
1474: Hochzeit von Barbara Gonzaga und Eberhard im Bart (Mantua/Urach)
1475: Geburt und Tod der Tochter Barbarina
1477: Gründung der Universität Tübingen
1482: Wiedervereinigung Württembergs, Münsinger Vertrag. Umzug des Herzogpaares von Urach nach Stuttgart
1495: Württemberg wird Herzogtum
1496: Eberhard im Bart stirbt im Tübinger Schloss
1503: Barbara Gonzaga stirbt auf Schloss Böblingen

Sabina von Bayern

1487: Geburt Ulrichs in Reichenweier/Elsass am 8. Februar
1492: Geburt Sabinas von Bayern am 23. April in München
1498: Eberhard der Jüngere wird seines Herzogamtes enthoben. Ulrich wird Herzog, zunächst unter Vormundschaft. Eheabrede zwischen Ulrich und Sabina.
1503: Ulrich wird vorzeitig für volljährig erklärt und übernimmt die Regierung in Württemberg
1511: Ulrich und Sabina heiraten in Stuttgart
1513: Geburt der Tochter Anna
1514: Aufstand des »Armen Konrad«
1515: Ermordung Hans von Huttens durch Ulrich. Sabina verlässt ihren Ehemann, begibt sich nach Urach und bringt dort ihren Sohn Christoph zur Welt. Sabina flieht aus Württemberg

1519: Ulrich überfällt die Freie Reichsstadt Reutlingen. Truppen des Schwäbischen Bundes schlagen Ulrich vernichtend, worauf dieser das Land verlassen muss. Karl V. von Habsburg übernimmt die Regierung in Württemberg. Sabina kann wieder nach Württemberg zurückkehren

1522: Karl V. übergibt die Regierung an seinen jüngeren Bruder Erzherzog Ferdinand. Sabina lebt in Urach

1524: Bauernerhebungen

1525: Ulrich unternimmt einen erfolglosen Versuch, das Herzogtum zurückzuerobern

1530: Sabinas Tochter Anna stirbt

1534: Mit Unterstützung Hessens erobert Ulrich Württemberg. Württemberg wird evangelisch. Christoph kehrt an die Seite des Vaters zurück, wird jedoch nach Frankreich geschickt. Sabina flieht abermals, zunächst nach Bregenz, später nach München

1542: Christoph wird als Statthalter in Mömpelgard eingesetzt

1550: Ulrich stirbt. Christoph wird Herzog von Württemberg

1551: Sabina kehrt nach Württemberg zurück

1564: Sabina stirbt im Nürtinger Schloss

Sibylla von Anhalt

1557: Geburt Graf Friedrichs von Württemberg am 15. August im Mömpelgarder Schloss

1564: Geburt Sibyllas von Anhalt am 28. September im Schloss von Bernburg an der Saale

1569: Tod von Sibyllas Mutter

1571: Sibyllas Vater heiratet in zweiter Ehe Eleonore von Württemberg

1581: Sibylla heiratet Graf Friedrich von Württemberg-Mömpelgard. Das junge Paar zieht nach Mömpelgard, Friedrich übernimmt dort die Regierung

1582: Geburt des ersten Sohnes Johann Friedrich

1583–1597: Es folgen 14 weitere Geburten (siehe Personenregister)

1586: Friedrich reist nach Paris

1587/88: Truppen der Katholischen Liga verwüsten die Grafschaft Mömpelgard. Sibylla und ihre Familie müssen fliehen

1588: Die gräfliche Familie kehrt nach Mömpelgard zurück

1592: Friedrich unternimmt eine längere Reise nach England

1593: Der Graf übernimmt als Friedrich I. den württembergischen Herzogsthron

1594: Die Pest wütet in Stuttgart

1600: Württemberg ist wieder freies Reichslehen

1608: Friedrich der I. stirbt im Alten Schloss zu Stuttgart, sein Sohn Johann Friedrich wird Herzog. Sibylla zieht auf ihren Witwensitz in Leonberg

1614: Sibylla stirbt im Leonberger Schloss

Anna Catharina von Salm-Kyrburg

1614: Geburt Anna Catharinas von Salm-Kyrburg am 27. Januar in Finstingen/Lothringen. Geburt von Eberhard III. am 16. Dezember im Stuttgarter Alten Schloss

1618: Prager Fenstersturz, gilt als Beginn des Dreißigjährigen Krieges

1620: Die Grafenfamilie von Salm-Kyrburg muss wegen der Kriegsgeschehen in Finstingen Zuflucht suchen

1629: Kaiser Ferdinand befiehlt im Restitutionsedikt die Rückführung aller evangelisch gewordenen Güter des Reiches an die Katholiken

1630: Der schwedische König Gustav Adolf landet mit seinen Truppen an der Odermündung

1632: Gustav Adolf fällt in der Schlacht bei Lützen

1634: Der Kaiser lässt seinen Feldherrn Wallenstein ermorden. In der Schlacht bei Nördlingen erleidet die schwedische Bundesarmee (unter ihnen auch württembergische Einheiten) eine katastrophale Niederlage gegen die kaiserlichen Truppen. Württemberg wird besetzt. Herzog Eberhard III. flieht nach Straßburg und gründet eine Exilregierung

1635: Prager Frieden

1637: Eberhard III. heiratet Anna Catharina in Straßburg. Der erste Sohn Johann Friedrich wird geboren

1638–1654: Es folgen 13 weitere Geburten (siehe Personenregister)

1638: Eberhard III. einigt sich mit dem Kaiser in Wien hinsichtlich seiner Restitution und kehrt nach Württemberg zurück

1639: Anna Catharina und ihre Kinder folgen dem Herzog nach Stuttgart. Anna Catharina begibt sich nach Teinach zur Kur

1648: Westfälischer Friede, Ende des Dreißigjährigen Krieges

1655: Anna Catharina stirbt im Stuttgarter Alten Schloss

Johanna Elisabetha von Baden-Durlach

1676: Geburt Herzog Eberhard Ludwigs am 18. September
1680: Geburt Johanna Elisabethas von Baden-Durlach am 3. Oktober
1684: Geburt der Wilhelmine von Grävenitz
1689: Die Markgrafenfamilie von Baden-Durlach zieht sich aufgrund der Franzoseneinfälle nach Basel zurück
1693: Eberhard Ludwig übernimmt die Herrschaft in Württemberg
1697: Eberhard Ludwig heiratet Johanna Elisabetha. Er führt seine Frau nach Stuttgart
1698: Geburt des Sohnes Friedrich Ludwig
1700: Verspätete »Kavalierstour« Eberhard Ludwigs
1701: Der Herzog kehrt nach Stuttgart zurück
1701–1714: Spanischer Erbfolgekrieg
1704/1705: Gründung von Schloss Ludwigsburg
1706: Wilhelmine von Grävenitz kommt an den württembergischen Hof
1707: Eberhard Ludwig heiratet Wilhelmine
1708: Die Ehe des Herzogs mit Wilhelmine wird annulliert, die Mätresse muss das Land verlassen
1710: Aussöhnung zwischen Johanna Elisabetha und dem Herzog
1711: Wilhelmine kehrt an den Hof zurück
1718: Eberhard Ludwig verlegt seine Residenz offiziell nach Ludwigsburg
1722 und 1724: Johanna Elisabetha insistiert am Kaiserhof in Wien
1731: Wilhelmine von Grävenitz fällt in Ungnade. Der einzige Sohn des Herzogpaares stirbt ohne männlichen Erben
1733: Eberhard Ludwig stirbt in Ludwigsburg
1744: Wilhelmine stirbt im Berliner Exil
1757: Johanna Elisabetha stirbt im Stettener Schloss

Franziska von Hohenheim

1728: Geburt Herzog Carl Eugens am 11. Februar in Brüssel
1744: Carl Eugen übernimmt in Stuttgart den württembergischen Thron

1748: Geburt Franziskas von Bernerdin am 10. Januar. Carl Eugen heiratet Friederike von Brandenburg-Bayreuth

1756: Friederike verlässt den Herzog und kehrt in ihre Heimat zurück

1764: Carl Eugen verlegt seine Residenz offiziell nach Ludwigsburg

1765: Franziska heiratet Baron Reinhard von Leutrum

1770: Gründung der Hohen Carlsschule

1771: Franziska wird Carl Eugens Mätresse

1772: Die Ehe mit Reinhard von Leutrum wird geschieden. Carl Eugen gründet die École des Demoiselles

1774: Franziska wird Reichsgräfin von Hohenheim

1776: Carl Eugen verlegt die Sommerresidenz von der Solitude nach Hohenheim

1777: Der Dichter Schubart wird auf dem Hohenasperg interniert

1778: Kanzelmanifest des Herzogs

1780: Franziska beginnt ihre Tagebuchaufzeichnungen. Carl Eugens Ehefrau Friederike stirbt

1782: Friedrich Schiller flieht aus Württemberg

1785: Carl Eugen heiratet Franziska »zur linken Hand«

1789: Franziska und Carl Eugen reisen nach Frankreich und England. Beginn der Französischen Revolution

1791: Franziska wird rechtmäßige Herzogin von Württemberg

1793: Marie Antoinette und Ludwig XVI. von Frankreich werden hingerichtet. Carl Eugen stirbt in Hohenheim

1794: Franziska zieht sich nach Sindlingen zurück

1795: Franziska bezieht ihren Witwensitz in Kirchheim unter Teck. Sie beendet ihre Tagebuchaufzeichnungen

1805/06: Württemberg wird Königreich

1811: Franziska stirbt im Kirchheimer Schloss